本书为河南省高等学校哲学社会科学研究"三重"重大项目（2014-SZZD-11）、河南省高等学校哲学社会科学创新团队支持计划（2014-CXTD-03）、河南省教育厅人文社科重点研究基地课题（2013-JD-25）的研究成果

河南大学经济学学术文库

河南省工业化、信息化、城镇化与农业现代化同步发展研究

李恒 等著

社会科学文献出版社

SOCIAL SCIENCES ACADEMIC PRESS (CHINA)

河南大学经济学科自 1927 年诞生以来，至今已有近 90 年的历史了。一代一代的经济学人在此耕耘、收获。中共早期领导人之一的罗章龙、著名经济学家关梦觉等都在此留下了足迹。

新中国成立前夕，曾留学日本的著名老一辈《资本论》研究专家周守正教授从香港辗转来到河南大学，成为新中国河南大学经济学科发展的奠基人。1978 年我国恢复研究生培养制度以后，周先生率先在政治经济学专业招收、培养硕士研究生，并于 1981 年获得首批该专业的硕士学位授予权。1979 年，河南大学成立了全国第一个专门的《资本论》研究室。1985 年以后，又组建了河南大学历史上的第一个经济研究所，相继恢复和组建了财经系、经济系、贸易系和改革与发展研究院，并在此基础上成立了经济学院。目前，学院已发展成拥有 6 个本科专业、3 个一级学科及 18 个二级学科硕士学位授权点、1 个一级学科及 12 个二级学科博士学位授权点、2 个博士后流动站、2 个一级省重点学科点、3000 多名师生规模的教学研究机构。30 多年中，河南大学经济学院培养了大批本科生和硕士、博士研究生，并且为政府、企业和社会培训了大批专门人才。他们分布在全国各地，服务于大学、企业、政府等各种各样的机构，为国家的经济发展、社会进步、学术繁荣做出了或正在做出自己的贡献，其中也不乏造诣颇深的经济学家。

在培养和输出大量人才的同时，河南大学经济学科自身也造就了一支日益成熟、规模超过 120 人的学术队伍。近年来，60 岁左右的老一代学术带头人以其功力、洞察力、影响力，正发挥着越来越大的引领和示范作用；一批 50 岁左右的学者凭借其扎实的学术功底和丰厚的知识积累，已进入著述的高峰期；一批 40 岁左右的学者以其良好的现代经济学素养，开始脱颖而出，显现领导学术潮流的志向和实力；更有一大批 30 岁左右受过系统经济学教育的年轻人正蓄势待发，不少已崭露头角，初步展现了河南大学经济学科的巨大潜力和光辉未来。

我们有理由相信河南大学经济学科的明天会更好，经过数年的积累和凝练，它已拥有了支撑自己持续前进的内生动力。这种内生动力的源泉有二：一是确立了崇尚学术、尊重学人、多元发展、合作共赢的理念，营造了良好的学术氛围；二是形成了问题导向、服务社会的学术研究新方法，并据此与政府部门共建了中原发展研究院这一智库型研究平台，获批了新型城镇化与中原经济区建设河南省协同创新中心。学术研究越来越得到社会的认同和支持，也对社会进步产生了越来越大的影响力和推动力。

河南大学经济学科组织出版相关学术著作始自世纪交替的 2000 年前后，时任经济学院院长许兴亚教授主持编辑出版了数十本学术专著，在国内学术界产生了一定的影响，也对河南大学经济学科的发展起到了促进作用。

为了进一步展示河南大学经济学院经济学科各层次、各领域学者的研究成果，更为了能够使这些成果与更多的读者见面，以便有机会得到读者尤其是同行专家的批评，促进河南大学经济学学术研究水平的不断提升，为繁荣和发展中国的经济学理论、推动中国经济发展和社会进步做出更多的贡献，我们从 2004 年开始组织出版"河南大学经济学学术文库"。每年选择若干种河南大学经济学院在编教师的精品著述资助出版，也选入少量国内外访问学者、客座教授及在站博士后研究人员的相关著述。该文库分批分年度连续出版，至今已持续 10 年之久，出版著作总数多达几十种。

感谢曾任社会科学文献出版社总编辑的邹东涛教授，是他对经济学学术事业满腔热情的支持和高效率工作，使本套丛书的出版计划得以尽快达成并付诸实施，也感谢社会科学文献出版社具体组织编辑这套丛书的相关负责人及各位编辑为本丛书的出版付出的辛劳。还要感谢曾经具体负责组织和仍在组织本丛书著作遴选和出版联络工作的时任河南大学经济学院副院长刘东勋教授和现任副院长高保中教授，他们以严谨的科学精神和不辞劳苦的工作，回报了同志们对他们的信任。最后，要感谢现任河南大学经济学院院长宋丙涛教授，他崇尚学术的精神和对河南大学经济学术事业的执着，以及对我本人的信任，使得"河南大学经济学学术文库"得以继续编撰出版。

　　分年度出版"河南大学经济学学术文库"，虽然在十几年的实践中积累了一些经验，但由于学科不断横向拓展、学术前沿不断延伸，加之队伍不断扩大、情况日益复杂，如何公平和科学地选择著述品种，从而保证著述的质量，需要在实践中不断探索。此外，由于选编机制的不完善和作者水平的限制，选入丛书的著述难免会存在种种问题，恳请广大读者及同行专家批评指正。

耿明斋

　　2004 年 10 月 5 日第一稿，2007 年 12 月 10 日修订稿，2014 年 6 月 21 日第三次修订

前　言

　　经济是一个完整的系统，各产业发展是其子系统。虽然各子系统的内容和运行规律存在差异，但这一系统本身是完整的。每个子系统之间的关联运行具有协调性和同步性。如果这一协调性和同步性能够得以体现，整个系统的运行是最有效率的；如果各部分之间的关联出现障碍，则经济运行效率会受到影响。

　　人们很早就注意到了系统之间的内在关联性质，尤其是在经济社会领域，就农业发展而言，它不但是工业化的基础，而且受工业化的进程和性质的制约，早在 1948 年，发展经济学的先驱张培刚先生在其获得威尔士奖的博士学位论文《农业与工业化》中就对这一问题进行了详细的阐述，认为落后国家的工业化必然是在农业基础上的发展和转型。从产业升级角度来看，经济社会是从农业社会开始的，农业作为基本产业提供了人类生存发展的物质基础，并提供了产业转型升级的必要积累，但工业社会并不意味着对农业的排斥，工业越是发达的国家其农业发展水平也越高。美国是当前世界上唯一的超级大国，其创新能力和工业发展走在世界的前沿，其农业生产也是世界上最先进的，就农业劳动生产率而言，美国是中国的 88 倍之多。同时，美国作为世界农产品贸易大国，其农产品贸易额占全球农产品贸易额的 9.2%，在世界农产品贸易中占有重要地位。其他发达国家如日本，人多地少，不能像北美及澳洲那样发展现代农场，但其农业劳动生产率在世界上居于前列。这些现实表明，发达的工业必然有发达的农业，工业与农业的关系不是替代关系，二者相互促进、互为基础。

　　在我国，农业生产特别是种植业的发展历史悠久，在沟洫农业长达三千年的耕作史中，人们积累了相当丰富的耕种知识，这些对于农业在现代的发展具有至关重要的影响。农业生产对精耕细作的强调以及一家一户耕

1

种的传统，把农业囿于一个封闭的系统，割裂了它与现代产业的联系。观察新中国成立以来我国农业发展的历程，从一开始的家庭小农经济体系，到集体大生产形式，再到改革开放的家庭联产承包责任制，一直无法打破家庭经营的体制约束。这也导致农业发展与工业和城市的运行存在性质上的不同，在市场中的行为特征存在差异，这也是导致工业化进程中农业、工业与城镇化之间不协调的主要原因。

在有关经济发展与经济转型的文献中，人们更关注结构优化及其效果，并将结构改革和要素重置对增长和生产率的正向影响称为结构红利，并在研究中广泛应用。由于农村地区的工业化效率低下，缺乏城市工业的规模经济和集聚效应，也降低了工业化和城镇化的整体效率。国家很早就注意到了片面工业化或城镇化的弊端，一直在关注工业化、城镇化和农业现代化发展的协调问题。到 2011 年年底，我国城镇化率已经突破 50%，进入以城市社会为主的时代。在此基础上，党的十八大提出了具有中国特色的"四化"同步发展目标，并对其内涵做了深刻的描述，即信息化和工业化深度融合、工业化和城镇化良性互动、城镇化和农业现代化相互协调，"四化"同步本质上是一个整体系统，在互动中同步，在协调中发展，实现整个社会的发展转型。

河南是一个传统农业大省，目前处于向现代工业大省的转型过程中。由于其发展历史的特殊性、发展基础的典型性和发展道路的代表性，河南对转型发展中工业化、城镇化和农业现代化的协调关系有更深刻的认识。2010 年河南八届十一次全会通过的《中原经济区纲要（试行）》指出，必须把城镇化带动"三化"协调发展作为建设中原经济区、加快中原崛起和河南振兴的战略举措，把中原经济区建设成为全国"三化"协调发展示范区，在党的十八大提出"促进工业化、信息化、城镇化、农业现代化同步发展"后，又强调了信息化在推进"三化"协调发展中的作用与意义。

正是在上述背景下，"制度变迁与经济发展"河南省高校哲学社会科学创新团队对河南经济转型发展中的"四化"同步一系列主题进行了系统的研究，本书是对这一过程中研究成果的集中呈现。参与本书初稿撰写的有刘苗（第一章）、李博（第二章）、赵明奇（第三章）、赵耀中（第四章）、李映臻（第五章）、刘琳（第六章）、王变霞（第七章），而研究和写作提纲的拟定、全书的统稿均由李恒完成。博士研究生石琳琳认真通读了书稿，订正了文献、文字、图表和体例，对她的认真工作表示感谢。同时，感谢河南大学经济学院出版基金的支持，感谢社会科学文献出版社的田康编辑，他高效的工作和认真负责的态度令我们深受感动。我们希望本书能够为河南省转型发展中工业化、信息化、城镇化和农业现代化同步发展的相关提供有价值的参考，能够为有关部门科学决策提供依据。由于资料、数据的限制及自身研究能力所限，本书难免存在不足之处，希望同行指教和批评。

李　恒

2017 年 5 月于开封

目　录

第一章　工业化与城市化互动发展

第一节　研究背景与文献评论

一　研究背景

从工业革命开始，机器设备的研发及其在生产中的广泛应用极大地提高了生产效率，农村剩余劳动力也开始向城市转移，工业经济迅速发展，并向全世界范围扩展。从世界经济发展的历史来看，工业化在发达国家经济发展中影响深远。工业发展带动了人口聚集，城市的形成与扩张加快了工业化的进程。工业化成为城市化的经济表现形式，城市化反过来又成为工业化的空间存在形式，工业化与城市化的互动发展推动经济社会的进步，二者的相互作用机制吸引了众多经济学家和研究者的关注。

改革开放以来，我国经济发展取得了巨大的成就。河南省地处中原腹地，是我国的粮食主产区，工业基础薄弱，人口基数大。依托自身优势并顺应国家发展战略与转型重点推进工业化和城市化进程是河南省的发展重点。工业化与城市化协调发展机制，也成为河南经济转型发展研究的重点。党的十六大以来，国家提出促进中部地区崛起的总体战略，河南省抓住机遇，以中原城市群为重点，充分发挥区位优势，促进产业结构升级，加快推进工业化。与此同时，河南省通过大力推进城乡改革、建设社会主义新农村、吸引在外务工人员返乡等一系列改进措施，努力推动城市化的发展。

在区域经济发展过程中，工业化和城市化是密不可分的。工业化聚集

1

了人口、资本等生产要素，为城市化奠定坚实的要素基础；城市化的发展会带来工业上更高层次的需求，这就形成工业化发展的动力保障。两者在相互影响、相互促进的同时推动着经济的协调、稳定、快速、有序发展。本章即以河南省工业化与城市化互动发展机制为主题，结合河南省的具体实际，研究河南省工业化和城市化的互动发展机制，并讨论其对河南省的工业化、城市化和区域经济产生的积极促进作用。

二　文献评论

工业化与城市化作为经济发展的重要推动力，二者的互动发展机制研究吸引了学者们的广泛关注。西方发达国家的工业化进程开始较早，其工业化与城市化发展较为成熟与协调，已经形成了稳定且具有借鉴意义的发展理论和经验；而发展中国家由于经济基础薄弱、发展起步晚，在经济发展过程中对工业化与城市化协调发展问题的处理不当，以至于经济发展速度减缓，制约了国民经济的发展。

关于城市化与工业化的动态关系，国外学者利用不同国家不同时期的相关数据进行了研究，而研究结果也不尽相同。在工业化与城市化互动发展机制方面的研究主要有三种观点。第一种观点认为工业化推动城市化发展，其代表人物是科林·克拉克、西蒙·库兹涅茨、霍利斯·钱纳里、塞尔奎因等。科林·克拉克（1957）指出，经济结构的变化推动经济增长，工业与服务业的产出和就业比重上升，而农业的产出和就业比重下降。库兹涅茨（1966）通过大量的数据分析，验证了科林·克拉克的结论。钱纳里和塞尔昆（1989）指出，城市化是工业化发展的结果，在一个连续均衡的国民经济中，城市化可能表现为因果链条上的各类事件的最后结果，以导致工业化的贸易和需求的变化为开端，以农村劳动力向城市就业的平缓移动为结果，对低收入发展中国家来说，经济增长的核心是经济结构的优化升级，而工业化的发展直接影响经济结构的转变。也就是说，工业化的发展推动经济结构转变，进一步带动城市化的发展。

第二种观点认为工业化与城市化的发展是同步进行的，二者相互促进，其代表人物是刘易斯。刘易斯模型以发展中国家的二元结构为基础，分析了农村与城市剩余劳动力这一生产要素在工业与农业间的流动过程，指出了工业化与城市化是同步进行的（Lewis，1954）。刘易斯理论的分析是基于发达国家工业化与城市化的发展进程，但是与发展中国家的现实不符，发展中国家的城市存在失业，以及劳动力增加与经济发展不成比例等现象。随后费景汉和拉尼斯对该理论进行了修正和补充，形成了刘易斯－费景汉－拉尼斯模型，指出农业与工业部门的生产率增长要保持同步，发展中国家可以考虑采用劳动偏向技术。

第三种观点认为工业化与城市化的互动发展关系是松散的趋势化过程，在工业化的不同阶段、不同经济发展状况下存在较大的差别。诺瑟姆（1979）通过分析欧美城市化发展历程提出了城市化进程的 S 形曲线。在工业化初期，城市化发展速度较慢；在工业化中期，城市劳动力需求增加，农村隐性劳动力向城市聚集，城市化进程加快；在工业化后期，也就是城市化成熟阶段，城市化率大于70%，发展速度趋缓甚至停滞，最终形成动态平衡。在不同经济状况下，经济越落后，工业化与城市化发展越缺乏连续性，二者互动关系恶化；当经济发展稳定且良好时，工业化与城市化发展速度较快，且二者的协调发展关系显著；到最终经济发达阶段，工业化与城市化发展逐渐趋于稳定，二者的互动效应也逐渐弱化。

国内关于工业化与城市化关系的研究主要集中于二者的关系类型，对我国工业化与城市化发展关系的研究结论大致也有三种。一是认为我国的城市化发展水平严重滞后于工业化发展水平。王小鲁、樊纲（2004）以钱纳里世界标准为参照，指出中国在不同时期城市化率均滞后于工业化率，且城市化水平较低。杨波（2001）以世界平均工业化率与城市化率之比、非农化率与城市化率之比为模型，得出 1998 年我国城市化率已经比标准低了 17.5 个百分点。

二是认为我国城市化率与工业化率相对持平，也就是说城市化进程与工业化进程相对一致。程开明（2000）认为中国城市化是以城市人口统计的显性城市化，忽略了隐性城市化①，以二者相加得出的城市化率与世界平均水平相比，中国的城市化率并没有滞后于工业化率。"工业化与城市化协调发展研究"课题组（2002）认为在比较分析中国工业化与城市化和世界平均水平时，要充分考虑货币价值、区域差异、我国实际发展情况等

---

① 隐性城市化是指在城市化度量过程中，已经完成身份转换，但没有被统计在内的乡镇企业职工和外出打工劳动者是被忽略的城市的一部分。

因素，这样得出的结论是中国城市化与工业化发展水平相对持平，不存在超城市化现象。

三是认为工业化与城市化发展关系的差异是工业化和城市化测度指标的差异导致的。石忆邵（2003）认为，不同的国家工业化发展道路不同，经济发展水平也参差不齐。以发达国家的工业化率和城市化率为标准来衡量中国的工业化与城市化关系不是十分合理。黄群慧（2006）指出，应该用动态的历史演进角度来分析我国工业化与城市化的发展关系，在一定时期里我国的城市化发展水平滞后于工业化发展水平，主要原因是非农产业就业人员与城市化人口的转化问题，只有解决这一问题，我国的工业化与城市化才能达到协调。

关于工业化和城市化的互动发展机制方面的研究，目前已有诸多研究成果。胡爱华（2004）立足于对前人研究成果的辨析，将经济发展理论与城市化相结合，从产业结构和集聚经济的角度分析工业化和城市化的互动发展机制。徐维祥（2005）的研究主要集中于全球经济一体化背景下具有中国特色的产业集群与城镇化的互动发展机制及运作模式。车莹（2006）基于长三角的经济发展情况，认为工业化与城市化是经济发展重要的动力，并对此进行了理论与实证研究。徐和平（2009）构建了城市化与工业化的互动机制，并为推动贵州省城乡经济长期发展和解决就业问题提供建议。肖立军（2012）认为在经济发展中，由于资源型城市的工业化和城市化特殊的规律互动机制出现不协调的问题，因此应从促进资源型城市经济社会可持续发展的角度来重构工业化和城市化互动机制。

已有文献对城市化与工业化之间关系的研究取得了较好的成果，为后续的研究奠定了较好的基础。但综观现有文献发现，还存在以下几个问题。第一，已有的文献多是基于理论的角度检验发达国家城市化与工业化之间的关系，理论成熟且具有多样性；而针对发展中国家城市化和工业化的研究多是直接套用发达国家标准和经验数据理论，对其复杂发展历程缺少相应的理论研究和解释。第二，国内关于工业化与城市化的研究起步较晚，受西方经济学家的影响，我国学者大多关注于工业化与城市化之间的发展关系是否同步，且争论较大；我国经济发展的阶段性特征比较明显，而且受政策的影响较为深远，不能单从经济的角度分析。第三，研究方法以规范分析为主，实证分析较少，二者各有优点和缺陷。规范分析的理论基础扎实，缺少数据支持，对未来趋势的分析预测依据不足；实证分析以计量分析方法为主，侧重从数据的角度分析问题，缺少对政策、制度的研究，说服力有限。第四，已有研究多是基于宏观层面即全国层面研究了城市化与工业化之间的关系，缺乏基于中观层面即省际层面的研究，更缺乏对河南省城市化与工业化之间互动关系的实证检验。虽然城市化与工业化的发展具有相同的特点和协调的关系，但是不同省份的经济发展基础不同，区位条件和重点发展产业也差别很大，因此不同省份的工业化与城市化的发展就具有了独特的地域性和时序性。

第二节　工业化与城市化互动发展机制与理论

一　工业化与城市化的概念

（一）工业化

伴随着工业革命的发展，"工业化"这一名词也开始出现在人们的视野中，但是目前对于这一概念依然没有形成统一的结论。在目前的主流经济学文献与论著中，主要有以下四种代表性定义。

一是从国民经济结构转变的角度来定义工业化。撒克指出，工业化的转变是从脱离农业结构化开始的，也就是说工业化是一个过程。一方面，农业的产值和就业人数在国民收入和就业总人数中的比例下降；另一方面，非农产业的产值和就业比例在国民收入和就业方面的比例不断上升（车莹，2008）。吴敏一、郭占恒（1991）对工业化的定义进行了补充，认为"工业化是指一国通过发展制造工业，推动和改进国民经济的各个部门，进而实现向工业国的转变"。

二是从社会生产方式变化的角度来定义工业化。张培刚（2002）指出，工业化是"一系列基要生产函数连续发生变化的过程"。在这种定义下，工业化推动工业发展，更推动社会生产力变革，即"国民经济中一系列基要生产函数（或生产要素组合方式）连续发生由低级向高级的突破性变化（或变革）的过程"。

　　三是从工业化的表现形式来定义工业化，也就是说根据工业增加值在国民收入和劳动就业方面的比例变化来定义工业化。《新帕尔格雷夫经济学大辞典》将工业化定义为表现有以下特征的过程："第一，来自制造业活动和第二产业的国民收入份额一般上升"；"第二，从事制造业和第二产业的劳动人口一般也表现为上升的趋势"。

　　四是从资源配置结构的转换角度来定义工业化，也就是说工业化是其资源配置领域从农业向工业转化的过程。西蒙·库兹涅茨（2002）指出，工业化的过程表现为"产品的来源和资源的去处从农业活动转向非农业生产活动"。

　　通过以上观点的对比和分析，不难发现，虽然各自的观点和角度不同，但是共同之处就是工业化对经济的发展有着巨大的推动作用。因此，工业化不仅指工业发展，还表现为，工业生产活动在一个国家和地区的国民经济中所占比重越来越大，以致取得主导地位的过程。

（二）城市化

　　城市化，在外文文献中被译为 Urbanization，意指"使……具有城市特性"。在国际经济学领域里，城市化一词的出现较早，而城镇化是我国在20世纪末提出的，人们也常常用"城镇化"替代"城市化"。因此，本书采用"城市化"的说法更为严谨。对于城市化的概念，各种文献和著作也是众说纷纭。不同的学科、不同的研究角度或方法，都会定义出不同的范畴，其中主要分为以下几种观点。

　　从狭义来看，城市化可以理解为农业人口转变为非农业人口或城市人口的过程。要实现城市化，需要考虑很多方面，如农业和工业的发展程度、农村土地流转问题、户籍制度问题、城市公共建设问题等。

　　从广义来看，城市化是一个社会的经济动态变化的过程。蔡孝箴（1998）认为，城市化是"一种世界性的社会经济现象，是乡村分散的人口、劳动力和非农业经济活动不断在空间上的聚集，逐渐转化为城市的主要要素，城市相应地成长为经济发展的主要动力的过程"。由此得出，城市化的内涵包括三个方面：第一，非农业人口占总人口的比例逐渐增加，城市人口规模不断扩张；第二，农村土地逐渐转化为城市用地，城市面积不断向郊区扩展，城市规模变大；第三，城市生产方式的改变。随着城市人口规模的扩张和城市规模的扩大，城市的产业结构升级，城市的生产方式不断向外传播、扩散，城市与农村的差距越来越小，最终消灭城乡差别，实现城市一体化。

二 工业化与城市化互动发展机制

（一）工业化对城市化的推动作用

工业化的发展离不开技术进步。技术进步的量的积累到质的改变推动工业化的变革和发展，所以说技术水平是衡量工业化程度的标志之一。在不同的国家和不同的发展阶段，技术进步推动了工业化，工业化的发展又积极影响着技术的改进。这样，社会才能不断发展、不断进步。

在工业革命的不同阶段，我们也注意到了随着技术的进步，产业结构也随之发生变化：从最初的手工业为主的生产，到电力机器的生产，逐渐发展到现在的计算机自动化生产。英国经济学家配第发现了产业间收入的相对差异引起劳动力流动的规律。随后克拉克通过分析产业结构的变化趋势认为，随着经济的发展、人均国民收入的提高和不同产业收入的相对差距扩大，劳动力会逐渐由第一产业向第二产业流动，进而流向第三产业。这就是著名的配第－克拉克定理。

美国经济学家西蒙·库兹涅茨以国家为基本单位，在分析和比较国家每个时间段经济的增长量和就业结构比例的改变等特征数值的基础上，研究相关因素的关系，得出结论：随着经济的发展，经济结构将逐渐从农业主导转变为制造业主导，进而转变为服务业主导。该结论也印证了配第－克拉克定理，即产业结构的改变推动了工业化的发展。

随后钱纳里等经济学家对产业结构和工业化的变动趋势进行了深入的研究与分析，提出了钱纳里－塞尔昆模型。从该模型可以看出，随着人均国民生产总值的提高，第一产业的产值占 GDP 的比例逐渐减小，第二产业和第三产业的产值占比则逐渐增大。同时就业结构比例变化也表明劳动力逐渐从第一产业转向第二产业和第三产业。其中，第二产业的生产总值和就业人数所占的比例始终是稳定上升的，且比例较大。

随着产业结构的变化，劳动力就业结构也会相应发生改变。产业结构在从劳动密集型产业转向资本密集型产业的过程中，劳动力逐渐从第一产业转移向第二产业和第三产业，也就是说生产资源从农业转向工业，这就是工业化逐渐发展的过程。在工业化初始阶段，劳动力在零散的手工工厂工作，农民从事农业生产，这种生产模式是一种分散的、不集中的生产模式。随着工业的发展、生产规模的扩大，劳动力逐渐集中到工厂，工厂规模也逐渐扩大。到 20 世纪四五十年代稳定的大工业体系形成时，工业已经形成了生产规模，进而引起就业结构的变动。在劳动力向城市转移和集中的过程中，人口的集中产生了巨大的需求效应，进而推动了工业的发展。所以说工业化的集聚效应推动了城市化的发展，城市化的发展又积极作用于工业化的发展。

综上所述，在经济发展的初始阶段或者工业化的中期阶段以前，工业化对城市化的推动作用主要表现在工业方面，工业生产方式的改变带动就业结构的改变，进而促进人口的集中和聚集，推动城市规模的扩大。在工业化发展到中期阶段时，产业结构逐渐发生改变，城市化的发展提供了更大的市场需求，服务业迅速发展，逐渐成为推动城市化发展的主要动力。在工业化发展到高级阶段时，第三产业等新兴产业的产生将进一步提升城市化的水平，不仅从物质方面，而且从教育、文化等方面影响城市化的发展。

（二）城市化对工业化的促进作用

城市化的表现特征是人口和资本的集中与聚集，正是这种集聚效应的影响带来的外部效益推动了工业化的发展。城市化本身最显著的特性就是"集聚经济"，最早提出集聚经济概念的是德国工业区位经济学家韦伯，他指出集聚经济是企业通过空间集聚形成新的生产力布局，节省交易成本和运输费用，并创造出更多的经济利益。在城市化发展到一定水平后，人口和资本的集聚产生了巨大的市场需求，企业为了提高市场占有率和增加利润，就会在原有的基础上从数量上扩大生产规模、增加产品种类，从质量上提高生产效率以降低成本。这就是企业内部的集聚经济效益。在这种生产模式下，企业既提高了生产的专业化和分工化水平，又促进了产品的多样化发展。专业化和分工化一方面可以提高企业本身的生产效率；另一方面可以通过经验和知识的传播等溢出效应，间接提高行业整体的生产效率，推动行业的发展。同时，产品的多样化又加强了对市场需求的刺激，吸引其他行业加入市场竞争，在这种情况下，由于企业的外部竞争加大，产业内部的关联增强引起的经济发展又称为"区位经济"。

另一位英国经济学家巴顿（K. J. Button）在企业集群理论研究中也提到了企业集群与创新的相互影响和相互促进的关系。一方面，企业在特定区域的集聚必然会形成相对公平的竞争机制，在这种机制下，企业的创新能力会得到极大的提高。另一方面，信息在企业、顾客与市场之间的流动速度会加快，信息沟通速度的加快有利于提高企业采纳信息并进行改进的速度。在这种机制的作用下，特定区域内的行业发展加快，也提高了该区域的工业化程度。

在奥格尔与邓肯的研究中发现，美国 1900～1935 年的 600 项创新改革中有 50% 以上的比例是发生在人口超过 30 万的城市。由此可见，人口的集聚对创新的推动也是不容忽视的。

城市化经济的本质特征在于其集聚效应，城市化经济是空间经济的集聚化，是城市各种经济要素和经济活动互动发展的机制。这种集聚效应理论受到广大研究者的关注，他们又结合经济地理学、创新经济学、地区竞争优势理论等研究角度，提出了相应的理论。以克鲁格曼为代表的新经济地理学派提出的中心外围理论，主要研究经济地理集聚的内在运行机制，认为集聚力的大小取决于贸易成本和贸易自由化水平的高低。在创新经济学中，根据罗默的总生产函数模型，创新增量方程和创新速率方程的相互作用形成了创新的动力机制，其结果是一方面带来了创新的经济溢出效应——规模递增，另一方面揭示了经济增长的原动力——技术创新。波特的地区竞争优势理论认为产业地理的集中可以提高地区的竞争力，推动地区经济的发展，也就是说产业的聚集是城市地区经济发展的原动力。

除了上述理论研究以外，我国学者结合我国的社会主义发展状况也提出了相应的城乡一体化理论。我国科学家钱学森最早提出了山水城市论，指出城市规划要考虑到生态环境，体现"尊重环境""以人为本"的理念。杨培峰也提出，城乡一体化使经济资源得到合理利用和配置，还共享现代文明的"自然－空间－人类"系统。在城乡一体化的动态发展过程中，郊区经济是一个很模糊的概念，这里既有农业活动又有非农业活动，随着城市经济的成熟，郊区经济也逐渐被城市经济吸收，最终实现城市化的整体扩张。

（三）工业化与城市化互动发展理论模型

研究工业化与城市化的经典模型是钱纳里 - 塞尔昆模型，该模型通过对 1950 ~ 1970 年的 101 个国家的相关数据进行回归分析后，解释说明了部门产出结构与就业结构之间的数量关系，概括了城市化与工业化关系的一般变动模式。根据钱纳里 - 塞尔昆模型，随着工业化水平的提高，相应的城市化水平也会提高。在一定范围内，人均国民生产总值与城市化率之间呈正比例对应关系这一定论也被经济学家称为"钱纳里标准"。因此，很多学者在研究工业化与城市化的关系时，都选择钱纳里 - 塞尔昆模型的对应关系来分析。

实际上，采用钱纳里标准来分析一个国家或地区的城市化发展水平是相对具有参考意义的，但是仅仅采用钱纳里 - 塞尔昆模型来分析工业化与城市化的关系就过于狭隘了。因为一个国家或地区的工业化水平的衡量指标有很多种，该模型所提供的数据不足以说明一个国家或地区的工业化发展水平。

世界银行（1983）提出了改进的模型：$U = 0.052 + 1.882I$，$r = 0.993$。式中 U 代表城市化率，I 代表工业化率（工业就业人数占总就业人数的比重），r 为相关系数。由公式可知，在其他条件不变的情况下，I 每变化 1%，U 也随之变化 1.882%，其中定义 $IU = I/U$。参考世界经济和城市化的发展过程及经验，当工业化与城市化的发展比较适度且二者呈耦合联动、协调发展状态时，IU 大致为 0.5。以 $IU = 0.5$ 为参考标准，当 IU 明显低于 0.5 时，说明城市化率远远大于工业化率，此时，城市的人口既包括非农业人口也包括农业人口，且城市化发展水平高于工业化发展水平；当 IU 明显高于 0.5 时，说明非农业人口没有全部集中在城市，城市发展较为落后，城市化率远远小于工业化率。在实际研究中采用该标准的学者认为，该标准对于衡量工业化与城市化的关系具有可靠的参考性。

第三节　河南省城市化与工业化发展概况

河南省地处中原腹地，地形多以平原为主，西部和南部多为山地。一方水土养一方人，河南省紧靠黄河，水力资源丰富。河南省以农业为基础产业，是全国粮食大省，是我国主要的粮食基地。同时，河南的人口也逐渐增加，成为我国的人口大省。工业基础薄弱、人口基数大，是河南省长期的典型特征。

改革开放以来，全国经济形势一片大好，各省份竞相发展，河南省也不落后。河南省国民生产总值从 1978 年的 162.92 亿元增长到 2012 年的 29599.31 亿元，年均增长率始终保持在 11% ~ 12%。2013 年，全省地区生产总值为 32155.86 亿元，比上年增长 9.0%，位居全国第五。其中农业生产形势总体平稳，工业发展速度缓慢地提高，服务业发展迅速，总体经济稳步上升。

党的十八大报告提出工业化、城镇化、现代化、信息化"四化"同步发展的战略布局后，推动工业化与城市化的良性循环互动，不仅要促进工业化的发展，而且要提高城市化率，缩小城乡差距，实现城乡一体化。研究工业化与城市化的互动机制，从河南的实际情况出发，理论结合实际，对于推动河南省的工业化与城市化发展具有重大意义。

一　河南工业化发展历程

改革开放初期，河南的工业化基础薄弱，1978 年全省国民生产总值仅为 162.92 亿元，其中工业生产总值为 59.20 亿元，人均国民生产总值仅为 232 元，远远落后于同期 381 元的全国人均国民生产总值。党的十一届三中全会提出以经济建设为中心、坚持改革开放的发展战略后，在 30 多年的时间里河南省的工业化逐渐由工业化初期过渡到了中期加速发展阶段。

一是工业发展速度平稳提高。工业生产总值由 1978 年的 59.20 亿元稳步上升到 2012 年的 15017.56 亿元，约是 1978 年的 254 倍，其中工业增加值达到 1068.24 亿元，是 1981 年工业增加值的 25 倍。工业生产总值占国民生产总值的比重也从 1978 年的 36.33% 上升到了 2012 年的 50.74%，工业的产业贡献率也从 1981 年的 10.2% 提高到了 2012 年的 59.8%，由此可见，工业的平稳发展是河南经济发展的基础动力。

二是工业产业结构的优化升级。重工业增加值远远高于轻工业，且比例一般来说是 3:1，重工业增加值占全省工业增加值的 68%，极大地推动了全省的工业化发展。优势产业的发展出现分化，传统的高消耗、低产能的产业发展速度减缓，尤其是煤炭、钢铁、化工等产业增速仅为 5% 左右，增幅比全省平均水平低了 6 个百分点。同时，电子信息、通用设备、汽车制造等产业均保持了 15% 左右的增速，极大地拉动了全省工业增长。其中终端产品和高技术产品的产量明显增加。

三是工业经济效益总体上升。全省规模以上工业增加值从 2000 年的 1154.39 亿元上升到 2012 年的 12654.83 亿元，2012 年的主营业务收入高达 52276.38 亿元，比上年同期增长 13.5%，增速比上年同期提高 0.4 个百分点。其中，工业企业利润总额税前达到 6107.52 亿元，税后为 4016.39 亿元，利润增长率为 12.5%。

四是就业人员增长较快。工业从业人数从 1980 年的 304 万人上升到了 2012 年的 1919 万人，尤其是 2004 年后，年均增加值在 100 万人左右。工业从业人数占总就业人数的比例也从 1980 年的 10.4% 提高到了 2012 年的 30.5%。从以上数据可以看出，工业化的发展引起劳动力集聚，扩大了就业规模。

总体来说，河南工业化的发展速度一直稳步上升，工业产业结构不断优化升级，总体经济效益显著增加，就业人员比例明显提高。河南省已经从工业化初期阶段进入工业化中期阶段，逐渐形成了以工业为主导的经济发展模式，以努力实现"中原崛起"。

二　工业化水平的测度

1931 年，德国经济学家霍夫曼（W. G. Hoffmann）提出了著名的"霍夫曼定理"。该定理指出，在一个国家的工业化进程中，资本资料工业在制造业中所占的比例不断上升，并逐渐超过消费资料在制造业中所占的比例。其中，消费资料工业的净产值与资本资料工业的净产值之比就是霍夫曼比例。霍夫曼比例越小，表明该地区的工业化水平越高。在研究工业化水平时，霍夫曼比例是不错的参考标准。本章采用《河南统计年鉴》中轻工业与重工业产值之比来代替霍夫曼比例，进而测度河南省的工业化水平。

根据霍夫曼比例，工业化进程可以分为四个阶段：第一阶段，消费资料产业发展迅速，资本资料产业发展较为落后，二者之比约为 5，霍夫曼比例为 5（±1）；第二阶段，消费资料产业发展速度减缓，但仍在发展，资本资料产业发展迅速，但其产值远小于消费资料产业产值，前者与后者之比约为2.5，霍夫曼比例为2.5（±1）；第三阶段，消费资料产业与资本资料产业发展规模大概一致，二者之比约为1，霍夫曼比例为1（±0.5）；第四阶段，资本资料产业继续发展，其产值超过消费资料产业的产值后继续上升，二者之比小于1，霍夫曼比例也就在1以下。

由表1-1可以看出，改革开放以来，河南省在工业化发展过程中，轻工业产值与重工业产值之比一直保持在1左右，根据霍夫曼比例，河南省处于工业化进程的第四阶段，也就是说河南省工业化水平较高。但是，结合河南省的实际情况，上述判断是错误的。因此，霍夫曼比例不能正确测度河南省的工业化水平。出现这种情况的主要原因是，霍夫曼定理是根据欧美国家的工业化早期发展现象总结出来的结论，但是随着经济的发展，技术进步、效率提高和第三产业发展，都会影响霍夫曼比例测度的正确性。

表1-1　1978~2008年河南省轻重工业产值比重

年份	1978	1980	1985	1990	1995	2000	2005	2008
轻工业产值比重（%）	45.77	51.25	44.10	42.77	41.47	39.49	38.86	37.89
重工业产值比重（%）	54.23	48.75	55.90	57.23	58.53	60.51	61.14	62.11
霍夫曼比例	0.84	1.05	0.79	0.75	0.71	0.65	0.64	0.61

1940年克拉克提出了配第-克拉克定理，即随着人均国民收入的增加，劳动力从第一产业向第二产业转移，最后转移至第三产业。该理论主要反映了人均GDP、劳动力就业结构与工业化发展的规律（见表1-2）。

表1-2　配第-克拉克定理

阶段	一	二	三	四	五
人均GDP（元）	357	746	1529	2548	5096
第一产业就业比重（%）	80.5	63.3	46.1	31.4	17
第二产业就业比重（%）	9.6	17.0	26.8	36.0	45.6
第三产业就业比重（%）	9.9	19.7	27.1	32.6	37.4

根据《河南统计年鉴》，从1980年到2012年的人均GDP与劳动力就业结构如表1-3所示。

表 1 - 3　河南省三次产业就业比重

年份	1980	1990	1995	2005	2012
人均 GDP（元）	317	1091	3297	1346	31499
第一产业就业比重（%）	81.2	69.3	62.4	55.4	41.8
第二产业就业比重（%）	10.4	16.4	20.6	22.1	30.5
第三产业就业比重（%）	8.4	14.2	17.0	22.5	27.7

　　从表 1 - 2 和表 1 - 3 的对比中可知，河南省第一产业就业比重有了较大幅度的下降，从 1980 年的 81.2% 下降到了 2012 年的 41.8%；第二产业和第三产业的就业比重稳步上升，分别从 1980 年的 10.4% 和 8.4% 上升到了 2012 年的 30.5% 和 27.7%。结合表 1 - 2 和表 1 - 3，按照配第 - 克拉克定理，河南省工业化进程已经从第三阶段向第四阶段发展，也就是说河南省工业化发展处于中期阶段。

　　1941 年美国经济学家西蒙·库兹涅茨在配第 - 克拉克定理的基础上，把第一产业、第二产业和第三产业分别称为农业部门、工业部门和服务业部门，利用各国经济发展数据分析得出人均 GDP 与产业结构变化之间存在规律的结论，也就是库兹涅茨发展模式（见表 1 - 4）。

表 1 - 4　库兹涅茨发展模式

阶段	一	二	三	四	五	六	七	八
人均 GDP（美元）	264	421	703	1126	1835	2752	4407	7043
第一产业产值比重（%）	53.6	44.6	37.9	32.3	22.5	17.4	11.8	9.2
第二产业产值比重（%）	18.5	22.4	24.6	29.4	35.2	39.5	52.9	50.2
第三产业产值比重（%）	27.9	33.0	37.5	38.3	42.3	43.1	35.3	40.6

　　改革开放以来，河南省人均 GDP 涨幅较快，从 1980 年的 317 元提高到 2012 年的 31499 元，产业结构从传统农业向现代工业发展，其中三次产业产值占国民生产总值的比例从 1980 年的 40.7∶41.2∶18.1 逐渐转变为 12.7∶56.3∶31.0。其中第一产业产值比重下降幅度最大，第三产业产值比重上升最明显，第二产业产值比重已经超过 50%，达到高位稳定期。与库兹涅茨发展模式相比，我们发现，河南省基本处于工业化中期。随着工业

化的发展、第三产业产值比重的上升，基本可以判断第三产业产值比重会逐渐超过第二产业产值比重，河南将进入工业化后期。

三　河南城市化水平测度

从 1978 年十一届三中全会制定了以经济建设为中心的领导方针以来，河南省的城市化建设开始稳步发展。1983 年，按照国务院"严格控制大城市规模，合理发展中等城市，积极发展小城镇"的城镇化方针，河南省以稳步发展小城镇为基础，发挥各自的特长优势，以经济水平划分行政等级，积极推动小城镇发展为城市。到了 1991 年，河南省的城市数量为 27 个，是 1978 年城市数量的 2 倍，城市人口达到 1525 万人，占全省人口的比例为 17.4%。

1992 年，党的十四大会议明确提出要建立社会主义市场经济体制，通过加大资金、资源、技术等各方面的投入，推动发展基础工业、基础设施和第三产业，进而推进城市化的发展。在国家宏观调控的基础上发展市场经济，扭转国有企业经营机制，由粗放型的经济增长方式转变为集约型的经济增长方式，深入改革市场经济体制。到了 2002 年，河南省人均国民生产总值高达 6487 元，城市人口达到 2480 万人，城市化率为 25.8%。

党的十六大会议明确提出建设小康社会的奋斗目标，2003 年，河南省城市化率仅为 27.2%，远低于全国城市化率 40.53% 的平均水平。河南省加快小城镇建设步伐，提高城镇基础设施建设水平，加快工业化进程，吸引更多的农村富余劳动力从事非农业生产。这些政策的制定与措施的实施推动了全省城市化发展进程。2013 年河南省城市化率已达到 43.8%，全国城市化率为 53.73%，仅比全国平均水平低 9.93 个百分点，这说明河南省的城市化率与全国平均水平的差距越来越小。同时，河南省还实施中心城市发展战略，建立城市新区和产业集聚区，并全面放开县（市）及小城镇户籍限制，这些措施都加快推动了河南省城市化发展进程。

按照《中国统计年鉴》的解释，城市化率的值为城市人口与总人口的比值。因此，对比分析 1980～2012 年河南省与全国的城市化率可以看出：改革开放初期，由于全国经济比较落后，二者差距较小；随着经济的发展，全国经济发展较为迅速，河南省经济较为落后，城市化率年增加值小于全国城市化率年增加值，因此城市化率差距逐渐加大，2003 年二者差距达到最大值 13.33 个百分点。随后二者差距逐渐缩小，河南省城市化率增长幅度大于全国城市化率增长幅度，到 2013 年年底，河南省城市化率提高到了 43.8%，全国城市化率为 53.73%，而同期较为发达的省份的城市化率为：江苏省 63%，浙江省 63.20%，广东省 67.40%。[①] 所以说，河南省的城市化率还比较低，城市化发展空间大。随着我国经济的发展、人口集聚程度的提高，城市结构的合理化也越来越重要。随着河南省城市化的发展、农业人口转化为非农业人口、劳动力转移，城市人口集聚程度提高得越来越明显。1990 年，河南省的城市数量仅为 26 个，实行城镇化发展战略后，河南省城市化发展迅速，其中城市数量迅速增加，在 1995 年年底达到了 36 个，2000 年发展到了 38 个；城区建成区面积扩张明显，从 1990 年的 605 平方公里扩张到 2000 年的 1074 平方公里，随后扩张到 2012 年的 2219 平方公里。

按照国务院《关于调整城市规模划分标准的通知》对城市规模的认定，以市区人口为标准，各城市等级划分标准分别为：小城市人口数量在 50 万人以下，中等城市人口数量为 50 万~100 万人，大城市人口数量为 100 万~500 万人，特大城市人口数量为 500 万人以上。城市规模划定标准将重设，众小镇将变为"市"。2012 年，郑州市常住人口已经达到 903 万人，其中城镇人口为 599 万人，已经达到了特大城市的标准；100 万人以上的城市有四个，即洛阳、商丘、南阳、新乡；50 万~100 万人的城市有 10 个，20 万~50 万人的城市和县城有 14 个，10 万~20 万人的城市和县城有 30 个，3 万人以下的建制镇有 747 个，初步形成了特大城市、中小城市、小城镇相互竞争、相互影响、相互结合的发展模式。目前，河南省已经形成了颇具规模的四大经济区：中原城市群、豫北经济区、豫西豫西南经济区、黄淮经济区。由于自然禀赋、产业布局、区位条件和区域分工的不同，四大经济区的经济快速发展，尤其是以郑州为中心的中原城市群起到了明显的支撑和带头作用。2012 年，中原城市群实现工业增加值 7846.76 亿元，占全省的 61.9%；豫北经济区实现工业增加值 1590.58 亿元，占全省的 12.55%；豫西豫西南经济区实现工业增加值 1480.5 亿元，占全省的 11.68%；黄淮经济区实现了工业增加值

① 根据《中国统计年鉴》和《河南统计年鉴（2013）》整理计算。

1757.86 亿元, 占全省的 13.87%。

四 河南工业化与城市化的协调度

根据 1980~2012 年河南省工业化与城市化的实际发展情况, 结合前文世界银行在《1981 年世界发展报告》中提出的模型, 对河南省城市化与工业化的关系进行分析, 结果如表 1-5 所示。

表 1-5 河南工业化与城市化协调度

年份	U	I	I/U	偏差	年份	U	I	I/U	偏差
1985	14.8	14.9	1.01	0.51	1999	22	17.5	0.80	0.30
1986	15	15.8	1.05	0.55	2000	23.2	17.5	0.75	0.25
1987	15.1	16.3	1.08	0.58	2001	24.4	18.1	0.74	0.24
1988	15.3	16.8	1.10	0.60	2002	25.8	18.8	0.73	0.23
1989	15.4	16.7	1.08	0.58	2003	27.2	19.6	0.72	0.22
1990	15.5	16.4	1.06	0.56	2004	28.9	20.4	0.71	0.21
1991	15.9	16.3	1.03	0.53	2005	30.7	22.1	0.72	0.22
1992	16.2	16.7	1.03	0.53	2006	32.5	23.6	0.73	0.23
1993	16.5	18.4	1.12	0.62	2007	34.3	25.8	0.75	0.25
1994	16.9	19.4	1.15	0.65	2008	36	26.8	0.74	0.24
1995	17.2	20.6	1.20	0.70	2009	37.7	28.2	0.75	0.25
1996	18.4	21.3	1.16	0.66	2010	38.8	29	0.75	0.25
1997	19.6	21	1.07	0.57	2011	40.6	29.9	0.74	0.24
1998	20.8	19.2	0.92	0.42	2012	42.4	30.5	0.72	0.22

由表 1-5 可知, 改革开放以来, 河南省的 I/U 一直在 0.7 以上, 尤其是 1985~1997 年 I/U 超过 1, 说明城市化水平严重滞后于工业化水平。这主要是由于河南省工业基础薄弱、农村劳动力规模较大、城市发展规模有限, 所以城乡二元化比较严重, 制约了城市化的发展。在 1997 年以后, 在国家调整经济发展结构的战略指导下, 河南省 I/U 的值开始逐渐下滑, 说明城市化的发展速度开始快于工业化的发展速度, 但是由于河南省的特殊情况, I/U 始终保持在 0.7 左右, 说明了河南省城市化发展进程仍然滞后于工业化发展进程。

第四节　城市化与工业化动态关系的实证研究

一　数据的选取与处理

由上文分析可知，工业化与城市化并不是以同步增减的速度发展的，而是相互影响、相互促进，共同推动经济发展。那么从本章的研究方向分析在河南省的工业化与城市化的发展进程中二者之间的互动发展机制，就要运用计量经济学的实证分析方法来检验。工业化水平衡量指标的选取决定着分析判断的基础，针对我国工业化进程的特征，以工业增加值比重衡量工业化水平的方法会高估工业化水平，以人均 GDP 指标反映的工业化水平与实际工业化水平会有所偏差，以非农就业结构反映工业化水平会受到农业及其他因素影响而有所偏差。综上所述，本章以工业增加值占全部生产总值的比重表示工业化率（I），以城市人口占总人口的比重表示城市化率（U），对应上文所列指标，本章选取的数据指标来自《河南统计年鉴（2012）》的年度数据，选取 1990～2012 年共 23 年的时间序列数据。由于数据的数值较大，为消除异方差，本章对数据采取取对数的方法，分别以其对数值指代实证分析中的城市化率与工业化率。第一步是对 U、I 进行平稳性检验，也就是单位根 ADF 检验，检验该时间序列数据是否平稳；第二步是确定 U 与 I 两个变量之间是否存在协整关系，二者只有在满足以上两个条件时才能进行下一步；第三步是格兰杰检验，验证二者之间的因果关系，进而得出最后的回归方程。

二　实证检验结果

（一）时间序列的平稳性检验（ADF 检验）

平稳性检验是时间序列分析有效的基础，能够避免出现虚假回归的问题。通常采用单位根检验的方法对数据进行平稳性检验，也就是 ADF 检验。

对原序列进行平稳性检验，根据偏自相关系数的值可以判定变量的时间序列数据均不平稳，然后对数据的一阶差分进行 ADF 检验。本章在对所有变量进行协整检验之前，要确定时间序列的平稳性。序列平稳是指序列与时间无关，同时方差不随时间推移发生系统变化。若一个变量序列 $P_{k,1}$，$P_{k,2}, \cdots, P_{k,n}$ 在成为平稳序列之前经过了 d 次差分，则该序列被称为 d 阶平稳序列，记作 $I(d)$。检验结果如表 1 – 6 所示。

表 1 – 6　一阶差分平稳性检验结果

名称	变量	t 统计量	P 值*	(t, c, n)	临界值	平稳性
工业化率	I	– 3.083360	0.0461	$(0, c, 3)$	– 3.040391	平稳
城市化率	U	– 3.012376	0.0438	$(0, c, 4)$	– 2.662169	平稳

* 表示在 10% 的水平上显著。

由 ADF 检验结果可知，变量均为非平稳序列，而它们的一阶差分序列均为平稳序列。在 1% 的显著性水平下，ADF 检验值小于显著水平值，通过检验，即时间序列是平稳的。通过一阶差分检验单位根，P 值分别为 0.0461 和 0.0438，也就是说否定原假设，U 与 I 的一阶差分序列都是平稳的，可以进行第二步——协整检验。

（二）Johansen 检验

由上一步得出的两个平稳时间序列的单整结果相同，说明二者有可能存在协整关系，所以本小节进行协整检验。对一阶差分通过平稳性检验的两组数据进行 Johansen 检验，时间序列可能包含确定趋势项和随机趋势项，协整方程可能包含截距和趋势项。协整方程有以下五种情况。

第一种情况，序列 y 没有确定趋势项且协整方程无截距：

$$H_2(r): \prod y_{t-1} + Bx_t = \alpha \beta' y_{t-1} \qquad (1-1)$$

第二种情况，序列 y 没有确定趋势项且协整方程有截距：

$$H_1^*(r): \prod y_{t-1} + Bx_t = \alpha(\beta' y_{t-1} + \rho_0) \qquad (1-2)$$

第三种情况，序列 y 有线性趋势项但协整方程只有截距：

$$H_1(r): \prod y_{t-1} + Bx_t = \alpha(\beta' y_{t-1} + \rho_0) + a^* \gamma_0 \qquad (1-3)$$

第四种情况，序列 y 和协整方程都有线性趋势项：

$$H^*(r): \prod y_{t-1} + Bx_t = \alpha(\beta' y_{t-1} + \rho_0 + \rho_1 t) + a^* \gamma_0 \qquad (1-4)$$

第五种情况，序列 y 有二次趋势项且协整方程有线性趋势项：

$$H(r): \prod y_{t-1} + Bx_t = \alpha(\beta' y_{t-1} + \rho_0 + \rho_1 t) + a^*(\gamma_0 + \gamma_1 t) \qquad (1-5)$$

其中，a^* 是 $m \times (m-t-r)$ 阶矩阵，并且满足 $a'a^* = 0$，且 $rank(|aa^*|) = m$。对于上述五种情况，采用系数矩阵的协整似然比检验方法。协整似然比检验假设为：H_0：至多有 r 个协整关系，H_1：有 m 个协整关系。

检验迹统计量：

$$Q_r = -T \sum_{t=r+1}^{m} \log(1 - \lambda_i) \qquad (1-6)$$

其中，λ_i 是按大小排第 i 的特征值，T 是观测总数。

Johansen 检验结果如表 1-7 所示。

表 1-7　Johansen 检验结果

原假设检验结果	特征值	迹统计量	5% 临界值	1% 临界值
不存在协整关系**	0.781209	53.36233	42.44	48.45
最多一个协整关系	0.493491	21.44990	25.32	30.45

** 表示在 5% 的水平上显著。

由表 1-7 中数据可知，二者存在协整关系，说明在工业化与城市化进程中，二者一体化水平较高，同步发展。

（三）格兰杰因果检验

在时间序列平稳性检验和协整检验的基础上，对存在显著协整关系的一阶差分序列进行格兰杰因果检验，结果如表 1-8 所示。

表 1-8　格兰杰因果检验结果

原假设	F 统计量	P 值	结论
$\ln I$ 不是 $\ln U$ 的格兰杰原因	0.17903	0.083773	接受*

原假设	F 统计量	P 值	结论
ln U 不是 ln I 的格兰杰原因	9022371	0.00217	拒绝

* 表示在 10% 的水平上显著。

格兰杰因果检验结果表明，VAR 模型中的变量城市化率的一阶差分是工业化率的格兰杰原因，由此可以判断，城市化是推动工业化发展的主要原因。由于河南省的经济基础薄弱，在 1990～2012 年的发展过程中金融经济、房地产经济发展迅速，城市化发展是推动城市各种经济要素和经济活动发展的主要动力，形成空间经济的集聚化效应，带动工业化的发展。

（四）回归结果

根据上文分析，分别以城市化率为因变量，以工业化率为自变量进行回归分析，得出回归方程如下：

$$\ln U = -1.239744 + 1.4568 \ln I$$
$$t = 2.147974, \quad R^2 = 0.739574 \qquad (1-7)$$

由回归方程分析可知，回归系数为正，且数值较高，说明河南省的工业化与城市化的相关程度较高，工业化率每增加 1%，城市化率就会相应提高 1.4568%。这与实际发展情况相符。F 统计量为 59.64332，对应的 P 值为 0，小于 0.05，表明方程总体线性显著。R^2 的数值为 0.739574，表明解释变量可以解释被解释变量 73.9574% 的变动，对于 VAR 模型的时间序列数据来说，这种拟合水平也是可以的。总的来说，河南省工业化与城市化的互动发展机制运行良好。

三 河南省工业化与城市化互动发展的影响因素

河南省的发展离不开中原经济区的优越区位条件：一是表现为国家政策的倾斜，鼓励河南省积极承接产业结构转移和升级；二是表现为丰富的劳动力资源和便捷的交通设施网络。因此，本章从固定资产投资、非农产业就业比重、对外贸易这三个影响因素出发来分析河南省城市化与工业化的互动发展情况。其中，固定资产投资指数用实际固定资产投资总额表示，非农产业就业比重用第二、第三产业就业比例之和表示。本章分别以工业化率、城市化率为因变量，进行回归方程分析。

固定资产投资主要包括基本建设、更新改造、房地产开发投资和其他固定资产投资四个部分，是反映固定资产投资规模、速度和比例关系的重要指标。随着河南省工业化发展的加速，固定资产投资在工业发展中占有很重要的地位，能够带动城市化的发展。

从世界各国的经济发展历程来看，在工业化与城市化的初期阶段，工业化率高于城市化率，工业化的发展支撑城市化的发展，是推动城市化发展的主要动力；在中期阶段，工业化率与城市化率持平，工业化对城市化的推动作用逐渐减弱，城市化带来的人口集聚和产业集聚效应开始发挥作用；在后期即工业化与城市化成熟阶段，城市化率高于工业化率，此时第三产业发展水平超过第二产业，成为城市化发展的主要动力。同时，相关的实证研究也表明，1870～1970 年美国的城市化率与第二产业、第三产业发展的相关系数分别是 0.6055 和 0.9770，1920～1979 年日本的城市化率与第二产业、第三产业发展的相关系数分别是 0.8621 和 0.9287。可见，工业化的发展不仅表现为第二产业或工业产值的增加，而且表现为对第三产业的影响。因此，在分析城市化与工业化的互动发展机制中，第三产业就业比重具有很重要的地位。

在全球化经济的发展浪潮下，对外贸易与工业化、城市化的关系密不可分。一方面，通过进出口贸易扩大生产规模、改进技术、扩大技术溢出效应来加速工业的发展，同时工业化的发展优化了产业结构，调整了产品结构，更有利于对外贸易的发展；另一方面，对外贸易的发展加快了资本的积累，促进了城市化的发展，同时城市化的发展带动了居民收入增加，刺激了居民的消费，进而促进了贸易的交流。

本章以固定资产投资额（F）、第三产业就业比重（N）、进出口总额（T）为自变量，分别以工业化率（I）、城市化率（U）为因变量，样本选取年份为 1990～2012 年，所有数据均来源于《河南统计年鉴》。由于数据的数值较大，为消除异方差的问题，本章对数据采取取对数的方法，通过回归方程的分析来说明它们之间的关系。通过 Eviews 6.0 用最小二乘法对参数进行估计，得出：

$$I = 1.9028N + 0.466F + 0.056T - 0.8130$$

$$(5.762)\quad(3.899)\quad(2.796)$$

$$R^2 = 0.8872 \qquad\qquad\qquad\qquad (1-8)$$

$$U = 0.5560N + 0.0783F + 0.1934T + 0.660$$

$$(3.368)\quad(3.950)\quad(4.573)$$

$$R^2 = 0.9046 \qquad\qquad\qquad\qquad (1-9)$$

其中 N、F、T 的系数为正，说明三者与工业化率、城市化率是正相关关系，对应的 P 值为 0，小于 0.05，说明该回归方程总体线性显著。同时，各个变量的 t 统计量对应的 P 值都小于 0.05，说明 N、F、T 三个变量对 I、U 的影响是显著的。R^2 分别为 0.8872 和 0.9046，说明方程变量对 I、U 的解释程度较高，作为时间序列数据，这种拟合水平是正常的。

第五节　结论与政策建议

一　结论

改革开放以来，河南省工业化与城市化稳步发展，由于河南省经济基础薄弱、人口基数大等，其在工业化和城市化发展中存在一系列问题，主要体现在以下几方面。

（一）城乡二元结构限制城市化的发展

在发展中国家由传统农业社会向发达工业社会转变的历史进程中，城乡二元结构是不可避免的结构模式。城乡二元结构是以农业经济发展为主的农村与以现代工业经济发展为主的城市并存的社会结构。党的十八大会议明确提出"城乡一体化"的政策，就是要打破历史的城乡二元结构，努力解决农业、农村、农民的"三农"问题。河南作为农业大省，城乡二元结构的遗留问题更加明显。

1990 年，河南省城镇居民家庭人均可支配收入为 1267.73 元，农村居民家庭人均纯收入为 526.95 元，二者比值也就是城乡收入比为 2.41；2001 年城镇居民家庭人均可支配收入为 5267.42 元，农村居民家庭人均纯收入为 2097.86 元，城乡收入比为 2.51；到 2012 年年底，城镇居民家庭人均可支配收入为 20442.62 元，农村居民家庭人均纯收入为 7524.94 元，城乡收入比已经高达 2.72。如果这种差距继续发展的话，将严重影响河南省的经济发展。

随着城市化的发展，河南省的城市化率从 2000 年的 23.2% 以平均每年 1.58 个百分点的速度稳步增长，到 2013 年全省城镇常住人口已经达到 4123 万人，城市化率高达 43.8%。与此同时，河南省城市化率与全国城市化率的差距也缩小为 9.93 个百分点。在河南省城市化快速扩张和发展的同时，城市化发展模式比较粗放，出现了很多新的问题，对河南省城市化的进一步发展形成了阻力。

首先，城市制度还不完善，尤其是户籍管理制度、社会保障制度，极大地限制了外来人口在居住地享受城镇居民的同等待遇。在城市规模扩张的过程中必然伴随着行政区域面积的扩大，一部分农村土地被划为城市土地，这就涉及土地管理制度对农民的相关补偿权利的保护。其次，在城市化建设过程中，城市功能欠缺，比如城市基础设施落后、公共服务不足严重影响居民生活质量等。最后，城市化发展格局不协调，大量的农村富余劳动力主要流向郑州、洛阳等城市，而忽视中小城市，形成了中心城市人口数量的井喷现象。这些问题的出现导致新的城乡二元结构，严重影响了河南省的城市化发展速度。因此，要逐步推进城乡一体化，必须扭转城乡二元结构的发展模式。

要实现河南省经济的全面发展、工业化与城市化的协调统一，就要狠抓突出问题，有针对性地解决。在国家促进中部地区崛起的政策支持下，抓住机会，稳步发展工业化，努力推进城市化，不仅要充分发挥河南省的区位优势和资源优势，还要切实转变发展方式，实现经济又稳又快发展。

（二）市场有效需求不足导致产能浪费

根据凯恩斯的有效需求不足理论，有效需求是指在产品的总供给价格和总需求价格达到均衡时的社会总需求。受国际金融危机的广泛影响，国际市场形势低迷，对我国经济的发展也造成了不良的影响。市场有效需求不足主要表现在以下两方面：一是市场供给不能满足人们的实际需要；二是消费者购买能力和购买意愿较低。

首先，市场供给不能满足人们的实际需要主要是因为河南省产品的科技含量较低、竞争力不强。根据工业生产者出厂价格指数与购进价格指数之差的对比，从 2000 年开始，河南省两个指数之差就以 -1% 居多①，说明了河南省工业产品层次较低，而且产能过剩。

其次，消费者购买能力和购买意愿较低是受国际形势的影响，国内市场需求减少，行业竞争更加激烈。由于河南省工业制成品的技术含量低，市场竞争力不强，在行业竞争加剧的情况下，工业制成品价格持续走低，并造成全省部分行业产能利用率下降。2012 年，河南省原煤、焦炭、粗钢、钢材等传统优势行业的产能利用率仅为 76.7%、62.8%、61.7%、65.0% 等，与 2009 年相比平均下降了 13.6 个百分点。同时，由于市场有效需求的不足，企业生产者的供给数量下降。由于工业生产者出厂价格指数与购进价格指数差额的存在，企业利润降低，企业投资者投资意愿降低。2012 年，工业投资总额占固定资产投资总额的比例更是从平稳增长变为降低，仅为 52.62%，比 2011 年减少 0.17 个百分点。

市场有效需求不足是影响经济发展的外因，产品竞争力低是影响经济发展的内因。要想全面发展工业化，不仅需要政府宏观调控的支持，还需要企业提高自身产品竞争力，抵抗外界因素对经济发展的影响。这样河南省的经济才能全面发展，走出中国，走向世界，走得更久。

（三）产业结构问题抑制工业化的发展速度

随着国际产业专业化与分工化的加速发展，以及国家"中部崛起"政策的引导，河南省的工业化发展速度明显加快，但是长期发展过程中积累的产业结构矛盾也越来越突出。河南省地理位置优越，是我国粮棉主产区，其中，小麦、烟草和芝麻的产量一直居全国首位。2012 年，全省粮食总产量达到 5638.60 万吨，其中小麦产量高达 3177.35 万吨，玉米产量提高到了 1747.75 万吨，解决了全省人民的吃饭问题，还往全国其他各省份调运。

在稳定的农业基础上，河南省与农业相关的产业，如农副加工产业、食品行业、纺织产业等产业的发展都集中在产业链的上端，技术含量较低，主要生产传统产品和初加工产品。2012 年，全省规模以上工业增加值

---

① 仅 2002 年为 1%，2008 年和 2012 年为 0.2%，其余年份均为 -1%。

中以农产品为基础原料的农副食品加工业、食品制造业和纺织业的工业增加值分别为885.33亿元、375.43亿元、485.62亿元，占整体工业增加值的比例仅为7.0%、3.0%、3.8%。由此可见，生产效率不平衡，工业产业发展不均衡。

在河南省工业化发展进程中，能源资源工业虽然较为发达，但是对自然资源的依赖性比较大。随着工业化的发展，资源开采利用规模也逐渐扩大，工业对资源的消耗比较严重，尤其是不可再生资源，比如原煤、原油、铝矿等自然资源。根据河南省统计数据分析可知，全省金矿、铜矿等矿种储量余量仅为50%左右，铝土矿的余量仅能开采15年左右。目前河南省的一些行业发展已经受到了能源、资源、原材料的影响，如电厂用煤告急，电力供应出现紧张，电力价格的上升会给部分企业的生产带来困难；国产氧化铝价格也翻倍增长为每吨3700多元。

从规模以上工业产业结构来分析，河南省多数工业产业生产位于产业链上游，技术含量较低，产品附加值小，同样处于价值链底端。而技术水平含量高、附加值较高的产业如石油化工类、数控金属成型机床、有色金属深加工行业的产值占工业发展产值的比例低，产业规模小。尤其是在金融危机等经济形势下，产业链上游和价值链底端的产业对市场波动的适应性比较差，市场竞争力较弱，制约了河南省工业化的发展。因此，在河南省工业化发展的中期阶段，产业结构不合理极大地影响了工业化进程。

产业结构发展的不平衡导致工业企业发展不平衡。一是具有竞争力的大型企业较少，由中国企业联合会发布的"2014中国企业500强"排行榜可知，河南仅有10家，比往年减少了4家，而且排名靠后。二是企业所有制结构不平衡。河南的大型工业企业都是国有企业，非公有制企业和小型企业由于资金力量有限，发展规模大都较小，工业生产能力有限。有的行业由于缺乏领军企业带头，多数企业规模不经济，没有形成产业集聚效应，进而降低了生产要素的使用效率，减少了企业的利润空间。

产业结构问题突出不仅仅表现在河南省，全国都存在这一问题。随着宏观经济环境的改善和国家发展非公有制政策的支持，产业结构转型迫在眉睫。产业结构只有不断优化升级，才能成为推动工业化发展的基础动力，进而促进河南省经济全面发展。

二　政策建议

当工业化过度超前于城市化时，由于城市配套设施的不足和不完善，会出现交通拥挤、资源短缺、环境污染、房价暴涨等一系列民生问题。反之，若城市化明显滞后于工业化，由于城市化发展缺乏必要的产业支撑，会出现产业空心化和就业不足现象，产生贫民窟等一系列社会问题。因此，河南省必须夯实"两化"基础，提高"两化"质量，协调区域发展，形成城乡一体化发展新格局，同步实现现代化。工业化发展缺乏强劲支撑力，城市化严重滞后于工业化，是河南省工业化与城市化协调发展过程中的主要矛盾。

（一）促进城乡协调发展，完善城镇体系

一是统筹区域规划。首先是统筹城乡建设规划。优化行政区划，重点发展城乡结合区域，优化产业布局，实现产城互动。而城关镇、卫星镇和中心村的规划建设是城乡规划的重点。其次是统筹区域发展。率先发展城市群及主导产业集群，进一步增强郑州作为中心城市的重要引擎作用，全力发挥增长极作用以带动河南省经济发展。

二是发展县域经济，发展城镇经济，提升县城综合承载能力。支持各地特色发展，提高农村收入。以县域资源禀赋为基础，大力发展资源优势产业和地源优势产业，同时注重发展县域支柱产业和骨干企业，逐步推进县域经济发展。推进周边县城与中心城区的融合，加快推进产业、技术、资本、人口和市场的融合，不断发展县域经济。

三是加快综合交通网络建设。交通运输成本决定企业的经济成本与人们的生活范围，是影响工业化与城市化的重要因素，河南省中原城市群的建立基础之一就是交通网络的完善。因此，加快综合交通网络的建设是发展经济的基础，不仅要在城市群内部建立交通网络，还要把交通网络建设辐射到全省各个区域，全面推动河南省的经济发展。以乡镇公路、省道、国道等公路建设为重点，全面、系统地完善公路交通网络，同时进一步提高铁路运输效率，加快综合交通网络的建设。

（二）加快向新型工业化转变的步伐，提升产业发展水平

以工业化带动城市化，是工业化与城市化互动发展关系的本质。加快

向新型工业化转变的步伐，以信息化带动工业化，以工业化促进信息化。为了进一步提升产业发展水平，应主要从以下三个方面来改进。

第一是坚持绿色发展理念，兼顾经济效益与科技含量，将高新技术渗透到各个产业。基于河南省城乡剩余劳动力富足、产业结构不合理等现状，新型工业化是河南省发展的必然选择。向新型工业化转变，不是单方面指工业生产值、增加值的数量增加，而是要做到兼顾经济效益与科技含量、资源消耗与环境污染等方面。

第二是推进产业升级，形成以高新技术产业为先导、巩固发展制造业、推动发展服务业的产业格局。逐步推进河南省劳动力密集型产业向技术密集型产业发展，提升产业总体竞争力。加快主导产业集群的发展，是在优势产业的基础上发展壮大新兴产业，增强产业集群的经济优势。推进信息产业的发展，将高新技术渗透到各个产业，同时处理好高新技术产业与传统产业的关系。大力发展高新技术产业，改进传统产业，使二者共同为经济发展做出贡献。

第三是努力完善城市产业园区。产业园区为产业集聚提供载体，是区位经济发展的空间聚集形式。国内外关于产业园区与产业集群的发展经验表明，产业园区通过资源共享、外部正效应的影响能够有效提高创新能力，推动关联产业和产业集群的发展，进而创造经济效益。产业园区在河南省的发展较晚，虽然取得了一些成就，但是也存在一些问题，如产业定位不清、产业链短且产业关联度低、技术创新不足、产业配套服务业薄弱等。因此，完善城市产业园区是提高区域产业发展的必由之路。首先，合理规划园区产业，积极调整产业集群导向。其次，加强园区建设。一方面，为入园企业提供完善的基础设施、便捷的交通和通信等硬性条件；另一方面，完善相应制度体系，营造创新与沟通的园区氛围，提高入园企业的创新积极性，完善产业园区的发展。

（三）加快第三产业发展，进一步推进城市化进程

第三产业对生产要素要求较低，并且有利于扩大就业，提高人民生活水平，因此城市化进程的加快离不开第三产业的发展。河南省第三产业发展较为波折，1990~2003年第三产业占GDP的比重逐步增加，2003年为34.3%，然后开始缓慢降低为2008年的28.3%，近年来该比重又缓慢上

升。由前文分析可知，第三产业产值比重与城市化率有较高的相关性，因此，推进产业结构调整，大力发展第三产业，有利于推进城市化进程，应从以下三方面入手。

一是结合河南省的经济情况和各地区资源禀赋，对第三产业发展制定行业规划及相关发展政策，形成推动城市化发展的制度保障，创造劳动力资源合理流动的劳动市场和资本向城市有效聚集的资本市场。改革和创新土地流转制度，提高土地流转效率，一方面使得转让和获得土地的农民获得资本与土地，实现资源的合理分配；另一方面可以大力发展土地的规模经济，提高农业生产效率和农民收入，进而提高农民生活水平和消费需求。

二是调整第三产业内部结构。大力发展生产性服务业，如物流、金融、信息、商务等，充分发挥资源、资金、劳动力等优势，促进资源集聚、产业集群、服务集成。重点加快生活性服务业发展，如商贸、餐饮、旅游等行业。目前河南省生产性服务业发展较好的有：在开封、安阳、商丘等文化底蕴丰厚的城市发展的文化旅游，在中牟发展的生态绿色农业，在信阳、济源、洛阳等地发展的观光休闲旅游等。着力发展文化产业，加快网络文化、数字文化等新兴文化产业的发展，发掘自身优势文化产业和优势品牌，推动河南省文化产业发展。

三是完善城市管理体制，如户籍制度、养老保障制度、医疗制度等。放宽户籍限制，实行城乡统筹就业，保障农村劳动力与城镇居民拥有平等的就业、医疗、养老保障机会。完善劳动力市场信息开放制度，建立省、市、县、乡四级同步的劳动力资源库，为企业和劳动力提供双向劳务供求信息。

第二章 城镇化与农业现代化协调发展

第一节 研究背景与问题提出

党的十八大报告提出："坚持走中国特色新型工业化、信息化、城镇化、农业现代化道路，推动信息化和工业化深度融合、工业化和城镇化良性互动、城镇化和农业现代化相互协调，促进工业化、信息化、城镇化、农业现代化同步发展。"从中可以看出，加快推动城镇化与农业现代化协调发展，对于促进全面"四化"协调发展起着至关重要的作用，对于全面建成小康社会有着积极的促进意义。

城镇化是现代化发展的必由之路。改革开放以来，我国的城镇化获得了巨大的发展，尤其是进入 21 世纪后，我国城镇化更是突飞猛进。依据《中国统计年鉴》相关数据进行统计，2000 年年末，中国大陆总人口数为 126743 万人，城镇人口数为 45906 万人，城镇化率达到 36.22%；2012 年年末，中国大陆总人口数为 135404 万人，城镇人口数为 71182 万人，城镇化率达到 52.57%。短短十几年，我国的城镇化率正从中速向高速迈进。同时城市数量（市辖区个数）从 1978 年的 408 个增加到 2000 年的 787 个，再增加到 2012 年的 860 个；建制镇数量从 1978 年的 2176 个增加到 2000 年的 49668 个，再增加到 2012 年的 40446 个，城镇化有了飞速的发展。在城镇化迅速发展过程中，不仅转移了大量农村剩余劳动力，优化了城乡生产要素的配置，而且促进了城市经济建设的大力发展，带动了城市和乡村居民生活水平的全面提升。然而由于经济发展的粗放模式，城镇内部出现了新的二元矛盾，被统计为城镇人口的农民工及其家属不能够享受城市现有市民拥有的医疗、教育、养老保险等基本的公共服务，城镇常住人口与外来务工人口在享受改革带来的福利方面的差距越来越大。同时各地为了加快发展，大拆大建，甚至强拆乱建，加剧了政府与人民之间的各种矛盾，不利于社会的和谐稳定。大量地区出现"土地的城镇化"快于"人口的城镇化"，各级政府为了本级财政收入，一味地依靠卖地建城维持地区的快速发展，导致二者的不协调越来越明显。

农业现代化是一个庞大的系统，对经济社会的整体发展和现代化具有重要支撑作用，改革开放以来，多数年份的国家一号文件都与"三农"发展有关。2014年1月19日，国务院颁布的《关于全面深化农村改革加快推进农业现代化的若干意见》明确要求要努力走出一条生产技术先进、经营规模适度、市场竞争力强、生态环境可持续的中国特色新型农业现代化道路。《中国统计年鉴》数据显示，我国粮食总产量从2005年的48402.19万吨增长到2012年的58957.97万吨，已经创下连续8年增收的纪录。同时，我国农村居民家庭人均纯收入从1978年的133.6元增加到2000年的2253.4元，2012年更是增加到7916.6元，这些都体现了改革开放以来我国的农业现代化取得了巨大进展。但同时，我国农业现代化发展也存在种种不合理的地方，如农业劳动力总体文化水平低、劳动技能差，不利于大规模向城市转移；农业生产的产业结构不合理，主要以传统种植业为主，种植业内部结构也不合理；农业劳动生产率低下，主要依靠人工投入，缺乏大型农用机械；农业生产技术水平低，缺乏先进的农业技术培训，以传统的自我生产经验为主；农业生态环境日益恶化，大量使用化肥、农药等，农村河流断流，污水遍地，这些都制约着我国农业现代化的发展。尤其严重的是，大量农村务工人员的外出导致农业生产青壮年劳动力不足，而且形成了大量的农村留守老人、儿童，农业生产疏于管理，老人、儿童生活安全隐患加重，诸多社会问题产生。

目前我国已进入全面建成小康社会的决定性阶段，是产业结构调整、经济转型升级、全面推进社会主义现代化的重要时期，也是缩小城乡差距、统筹城乡发展的关键时期。经济发展的经验表明，城镇化发展带动农业现代化发展，农业现代化发展又能有效地解决城镇化进程中的相关问题。两者的关系主要体现在，农业的物质剩余是城镇化发展的基础条件，为城镇化的发展提供物质和资金支持，而农村剩余劳动力向城市转移又为城镇化的发展提供了充足的劳动力。另外，城镇化发展的需求也为农村剩余劳动力提供了就业机会，在吸纳农村剩余劳动力的同时，积极提高农业劳动力的科技能力，提供科学技术装备和农业发展资金，从而形成农业现代化发展的强力支撑。然而在现实中，城镇化即便为农业现代化创造了发展条件，农业现代化也并非自动跟进，农业现代化发展的好坏制约着城镇化的进程。因此，城镇化与农业现代化两者自身必须发展健全，然后相互协调、相互促进、相互弥补，这样才能有效地打破城乡二元结构，最终实现城镇化与农业现代化的协调发展。

改革开放至今，我国的经济发展取得了巨大成就，但城乡二元结构并没有消除，反而越来越严重，并对经济的可持续发展造成了阻碍。目前，我国统筹城乡发展的力度正在不断加大，各地区的新型城镇化建设和新农村建设都在加速推进，部分沿海发达地区在资金、技术、政策扶持等的优势下，已进入城乡融合发展的高级阶段。但是，过度城镇化对速度和规模比较重视，忽视了发展的效益，也产生了一系列问题，如随着城市人口的不断增加，产业结构呆滞，部分产业落后，造成了城市失业率上升，工人生计无着，社会犯罪率提高，社会稳定受到破坏，城市生活环境趋于恶化等。大量的农村剩余劳动力涌入城市，却没能找到合适的工作岗位，没有享受到城市最基本的社会公共服务，也带来一定的社会问题。反过来，农村人口外流导致农村劳动力缺失，大量无一技之长的失业人员宁愿在城市流浪都不愿返回农村，又阻碍了农业现代化的发展。

本章在阐述全国城镇化与农业现代化协调发展的不利因素的基础上，通过对河南省 2000～2012 年连续 13 年城镇化与农业现代化协调发展的实证分析，讨论河南省城镇化与农业现代化失调的影响因素，并提出促进城镇化与农业现代化协调发展的长效机制。

从河南省城镇化和农业现代化的发展情况来看，前期的发展已经取得了较好的成绩，1949 年河南省仅有城镇 128 个，城镇人口有 265 万人，城镇化率仅为 6.35%，但是到改革开放初期的 1978 年，城镇人口增长到 963 万人，城镇化率上升到 13.63%，进入 21 世纪后城镇化进程加快，2012 年河南省城镇化率已经达到 42.43%，传统落后的农业区正逐步发展为中原城市群，伴随着中原经济区、郑州航空港区相继成为国家战略区域，政策的支持、资金的支撑为河南省城镇化发展奠定了更好的基础。目前来看，河南省的城镇化具有如下一些特征。

一　城镇化速度加快，发展水平提高

2000 年河南省的城镇人口有 2201 万人，城镇化率达到 23.20%，而 2012 年河南省的城镇人口有 4473 万人，城镇化率已达到 42.43%，13 年间河南省的城镇人口增加了 103.23%，城镇化率增加了 82.89%。从 2000 年到 2012 年，河南省城镇化率平均每年提高 1.48 个百分点，2000 年中国城镇化率为 36.22%，2012 年中国城镇化率为 52.57%，中国城镇化率平均每年提高 1.26 个百分点，从中可以看出河南省的城镇化速度明显高于全国平均水平。

二　全省各地区间的城镇化差距逐步缩小

河南全省城镇化的快速发展是 18 个省辖市城镇化快速发展的综合体现。但由于各省辖市在人口规模、经济发展水平、历史现实、自然资源、环境区域等多方面的差异，整个河南省的城镇化水平相对不高、不均衡。2000 年郑州市城镇化率为 35.36%，居全省首位，周口市最低为 9.91%；2012 年郑州市城镇化率为 66.28%，周口市为 33.44%，虽然总体上城镇化率相差还较大，但从总的发展趋势上看，这种差距在逐步减小。

三　城镇化的质量不断提升

河南省已形成了以省会郑州为首的包括洛阳、开封、新乡、焦作、许昌、平顶山、漯河、济源在内的中原城市群，伴随中原经济区、郑州航空港区成为国家战略区域，河南省城镇化发展得到了更有力的支撑，城市群之间辐射范围扩大，城镇之间的联系不断加强，可以扩大河南省农业、食品业等传统产业的交流区域，提高其知名度，同时引进高新科技产业，带动河南省 18 个地市的城镇化发展。

虽然河南省城镇化的建设取得了显著的成绩，但是在整个城镇化过程中过分重视规模扩张，忽视了质量的提高和效益的最大化。而且一直以来，河南省城镇化发展在全国处于落后地位，2012 年河南省城镇化率为全国倒数第四，也远低于全国 52.57% 的水平。

而从农业发展来看，河南省是一个传统农业大省，被誉为"中国的粮仓"，一直是全国重要的粮食主产区，粮食总产量已经连续多年位于全国第一。在解决河南人自己的吃饭问题之外，每年还向国家其他省份输送大量的粮食，在保障国家粮食安全方面，做出了巨大贡献。即使如此，河南农业发展仍然存在一些问题，主要表现如下。

一是农村劳动力整体文化素质偏低，高中以上文化水平的不到20%，影响了农业机械化新机具、新技术的推广和安全使用，难以满足农业现代化对农民素质的需要。

二是农业生产方式落后，以家庭为主导的生产方式依然是河南省农业目前主要的生产模式，农民集体组织化程度低，缺乏规模经营，种植品种单一，农业机械化程度低，大部分的农业生产仍旧依靠手工劳作。

三是劳动力流失严重，农村劳动力素质低下。随着大量的农村劳动力向城市非农产业转移，农村劳动力投入严重不足。同时，随着社会的发展和产业结构的调整，农业现代化也需要提高劳动者素质，但由于缺乏相应的农民培训体系，无法实现农村劳动力知识技能的同步提高，既不利于城镇化的内涵发展，也制约了农业现代化的发展。

第二节　河南省城镇化与农业现代化协调发展的测度

一　指标选择

城镇化与农业现代化的协调发展涉及众多，主要有城市、农村、农业、农民四大层次的相关指标，两者协调发展的测度需要依据相关的科学、合理的指标来衡量。指标选取既需要考虑城镇化与农业现代化两个子系统之间的相互联系，也需要充分反映各个子系统自身的属性。为此，我们在选取指标时依据如下原则，各子系统指标选取需相互统一、相互影响，充分反映两者的相关联系，从而能够获取两个子系统的相关协调度，并且应充分考虑指标选取的可行性、真实性、完整性、统一性等原则；各子系统在指标选取时，应充分体现子系统自身的协调发展状态，从而能够获取子系统各自的协调度。

　　通过查询资料和阅读文献发现，目前城镇化与农业现代化水平的测度指标很多，但是没有统一的规范，显得杂乱无序。赵丽丽（2012）在研究吉林省"三化"协调时采取了人均 GDP、第二和第三产业增加值占 GDP 的比重、城镇居民可支配收入、城镇居民恩格尔系数、城镇人口占总人口比例五个指标来测度城镇化的情况。她采用了第一产业从业人员比重、农民人均纯收入、农业劳动生产率、每公顷耕地机械总动力、有效灌溉面积、每公顷播种面积化肥使用量六个指标来反映农业现代化的情况。吴振明（2012）在研究中国西部"三化"协调中采取了总量指标、速度指标、质量指标来测度城镇化的情况，在三大指标之下又划分了城镇人口占总人口的比重等 10 个具体的指标。在测度农业现代化时同样在总量指标、速度指标、质量指标三大指标之下划分了第一产业从业人员人均农业总产值等 11 个具体指标。胡俊平（2012）在中原经济区"三化"协调研究中将城镇化系统指标划分为城镇发展指标、基础设施指标、社会保障指标，继而将这三大指标划分为城镇人口比重等九个具体指标。农业现代化分为农业综合水平、农业科技水平、农业规模化、农村社会发展水平，在这四大指标之下又具体划分了单位面积粮食产量等九个具体指标。

　　根据文献研究的通行做法，结合河南省实际，选择以下三个层面九个具体指标作为衡量城镇化水平的基本依据：一是城镇发展的基本指标，包括城镇化率（%）、城镇居民人均可支配收入（万元）和城镇居民恩格尔系数的倒数；二是公共基础设施指标，包括人均公园绿地面积（平方米）、燃气普及率（%）、用水普及率（%）和人均道路面积（平方米）；三是城镇社会保障指标，包括每万人拥有医生人数（人）、城镇社会救济费（亿元）。

　　选择以下三个层面九个具体指标作为衡量农业现代化水平的基本依据：一是农业基础水平指标，包括单位面积粮食产量（吨/公顷）、农业劳动生产率（万元/人）；二是农业生产水平指标，包括单位播种面积农用机械总动力（千瓦/公顷）、有效灌溉面积率（%）、单位播种面积使用化肥折纯量（吨/公顷）、单位播种面积农用塑料薄膜使用量（吨/千公顷）；三是农村发展水平指标，包括农民人均纯收入（万元）、农村居民恩格尔系数的倒数、农村社会救济费（亿元）。

二 研究方法

(一) 熵权法数学建模

本章采取客观赋权法中的熵权法来确定城镇化与农业现代化各个指标的权重。使用熵权法确定权重主要有以下五个步骤。

首先，原始数据无量纲化处理。数据无量纲化有多种方法，本章构建的指标体系的指标数值越大，评价值越高，即指标值与评价值具有正相关关系，因此我们决定采用极值法对原始数据进行无量纲化处理。m 为年代数目，n 为评价指标数目，采用的标准化公式为：

$$Z_{ij} = \frac{X_{ij}}{\max X_{ij}}, (i, j = 1, 2, 3, \cdots, m) \tag{2-1}$$

其中 Z_{ij} 为第 i 个评价对象第 j 项指标上的标准化指标值，是 [0，1] 内的正向指标数值。

其次，定义熵。熵是指系统的有序程度，用来表示任何一种能量在空间分布上的均匀程度，一个系统的有序程度越高，则信息熵越大；反之，一个系统的无序程度越高，则信息熵越小。所以，可以根据各项指标值的差异程度，利用熵这个工具计算出各指标的权重。

第一步，计算第 i 个因素下第 j 个评价值的比重 p_{ij}：

$$P_{ij} = \frac{X_{ij}}{\sum_{j=1}^{m} X_{ij}} \tag{2-2}$$

第二步，计算第 i 个因素的熵值 e_i：

$$e_i = -K \sum_{j=1}^{m} P_{ij} \ln P_{ij} \tag{2-3}$$

若 $k = \frac{1}{\ln m}$，则 $0 \le e_i \le 1$。

第三步，计算第 i 个因素的差异系数 g_i。

给定的 e_i 越大，因素评价值的差异越小，则因素在综合评价中所起的作用越小。定义差异系数 $g_i = 1 - e_i$，则当因素 g_i 越大时，因素越重要。

第四步，定义权数，即定义了第 i 个指标的熵之后，可得到第 i 个指标的熵权：

$$w_{ij} = \frac{1 - e_i}{\sum_{j=1}^{n} (1 - e_i)} \qquad (2-4)$$

w_{ij} 就是熵权法确定的权重。

第五步，计算子系统的发展水平，即在确定指标权重之后，采用线性加权方法计算各子系统的发展水平：

$$B = \sum_{j=1}^{n} Z_{ij} W_{ij} \qquad (2-5)$$

（二）协调度模型及判定标准

协调度是描述系统之间或系统内部各要素之间在系统发展过程中彼此和谐或一致程度的定量指标。它体现了系统由无序走向有序的趋势，可以用来定量描述系统协调状况的好坏。依照协调度的概念，协调度可以度量两个系统在不同发展阶段之间协调状况的好坏，从而对优化系统协调发展具有导向作用。本章通过变异系数对城镇化与农业现代化协调度的计算模型进行推导。

变异系数也称离散系数，是度量两组数据之间变异或离散程度的定量指标。要使城镇化与农业现代化处于协调发展的状态，就必须使城镇化系统和农业现代化系统的综合评价指数 B_1 与 B_2 的变异系数 C 的取值很小。变异系数的公式为：

$$C = \frac{S}{\overline{X}} \qquad (S\text{ 是标准差},\overline{X}\text{ 是平均值}) \qquad (2-6)$$

其中：

$$S = \sqrt{\frac{(B_1 - \overline{X})^2 + (B_2 - \overline{X})^2}{n - 1}} \qquad (n = 2) \qquad (2-7)$$

$$\overline{X} = \frac{B_1 + B_2}{2} \qquad (2-8)$$

将其代入变异系数公式，转换得到：

$$C = \sqrt{2\left[1 - \frac{B_1 B_2}{\left(\frac{B_1 + B_2}{2}\right)^2}\right]} \qquad (2-9)$$

可以看出，使 C 取值越来越小的必要条件是：$C' = \dfrac{B_1 B_2}{\left(\dfrac{B_1 + B_2}{2}\right)^2}$ 取值越来越大。

因此以公式（2-10）来计算城镇化与农业现代化的协调度：

$$C_v = \left[\dfrac{B_1 B_2}{\left(\dfrac{B_1 + B_2}{2}\right)^2}\right]^K \qquad (2-10)$$

其中，K 为调整指数，一般 $K=6$，C_v 为系统的协调度，B_1 为城镇化子系统的发展水平，B_2 为农业现代化子系统的发展水平。C_v 的取值范围为 $[0, 1]$，C_v 越接近于 1，系统协调度越高；C_v 越接近于 0，系统协调度越低。当 $C_v = 1$ 时，系统协调度最高，形成新的有序结构；当 $C_v = 0$ 时，系统协调度最低，系统处于混乱或崩溃的状态。

协调度的测算结果仅仅是个单一的数值，无法对分析做出更详细的描述，因此，为了更直观地评价河南省城镇化与农业现代化的协调度，本章根据经验并结合其他学者的研究对协调度的等级标准做了一定的划分，结果见表2-1。

表 2-1　协调度划分标准

协调度	协调等级	含义	协调度	协调等级	含义
0.0000~0.1000	1	极度失调	0.5001~0.6000	6	勉强协调
0.1001~0.2000	2	高度失调	0.6001~0.7000	7	初级协调
0.2001~0.3000	3	中度失调	0.7001~0.8000	8	中级协调
0.3001~0.4000	4	低度失调	0.8001~0.9000	9	良好协调
0.4001~0.5000	5	濒临失调	0.9001~1.0000	10	优质协调

三　河南省城镇化与农业现代化协调度测评

（一）城镇化子系统协调度测评

根据城镇化指标体系的设置，采集了 2000~2012 年河南省城镇化指标的相关数据，数据均来自《河南统计年鉴》（2001~2013 年），并经过无量纲标准化处理，具体情况如表2-2～表2-3所示。

表2-2 河南省城镇化指标

主体指标	分类指标	细化指标	2000年	2001年	2002年	2003年	2004年	2005年	2006年	2007年	2008年	2009年	2010年	2011年	2012年
城镇化指标	城镇发展的基本指标	城镇化率（%）	23.20	24.43	25.80	27.20	28.90	30.65	32.47	34.30	36.03	37.70	38.82	40.57	42.43
		城镇居民人均可支配收入（万元）	0.48	0.53	0.62	0.69	0.77	0.87	0.98	1.15	1.32	1.44	1.59	1.82	2.04
		城镇居民恩格尔系数的倒数	2.76	2.88	2.97	2.97	2.86	2.92	3.02	2.89	2.87	2.92	3.03	2.93	2.98
	公共基础设施指标	人均公园绿地面积（平方米）	6.10	4.20	5.70	6.60	7.10	7.90	8.53	8.92	8.20	8.70	8.70	8.90	9.20
		燃气普及率（%）	70.30	45.50	49.30	60.80	66.20	69.30	67.20	68.87	66.91	72.89	73.40	76.20	77.90
		用水普及率（%）	96.80	72.20	73.20	90.40	92.10	91.94	93.76	92.20	85.56	88.34	91.00	92.60	91.80
		人均道路面积（平方米）	3.15	4.47	4.69	4.72	4.92	5.23	5.56	5.54	5.51	5.46	5.37	5.77	5.69
	城镇社会保障指标	每万人拥有医生人数（人）	50.47	47.64	41.01	40.46	38.95	37.11	36.22	34.20	35.77	37.15	38.20	38.42	37.49
		城镇社会救济费（亿元）	0.49	1.44	4.90	7.62	9.10	9.46	10.80	13.75	20.72	27.27	27.82	36.18	74.18

表2-3 河南省城镇化指标标准化

主体指标	分类指标	细化指标	2000年	2001年	2002年	2003年	2004年	2005年	2006年	2007年	2008年	2009年	2010年	2011年	2012年
城镇化指标标准化	城镇发展的基本指标	城镇化率	0.55	0.58	0.61	0.64	0.68	0.72	0.77	0.81	0.85	0.89	0.91	0.96	1.00
		城镇居民人均可支配收入	0.23	0.26	0.31	0.34	0.38	0.42	0.48	0.56	0.65	0.70	0.78	0.89	1.00
		城镇居民恩格尔系数的倒数	0.91	0.95	0.98	0.98	0.94	0.97	1.00	0.95	0.95	0.97	1.00	0.97	0.98
	公共基础设施指标	人均公园绿地面积	0.66	0.46	0.62	0.72	0.77	0.86	0.93	0.97	0.89	0.95	0.95	0.97	1.00
		燃气普及率	0.90	0.58	0.63	0.78	0.85	0.89	0.86	0.88	0.86	0.94	0.94	0.98	1.00

主体指标	分类指标	细化指标	2000年	2001年	2002年	2003年	2004年	2005年	2006年	2007年	2008年	2009年	2010年	2011年	2012年
城镇化指标标准化	公共基础设施指标	用水普及率	1.00	0.75	0.76	0.93	0.95	0.95	0.97	0.95	0.88	0.91	0.94	0.96	0.95
		人均道路面积	0.55	0.77	0.81	0.82	0.85	0.91	0.96	0.96	0.96	0.95	0.93	1.00	0.99
	城镇社会保障指标	每万人拥有医生人数	1.00	0.94	0.81	0.80	0.77	0.74	0.72	0.68	0.71	0.74	0.76	0.76	0.74
		城镇社会救济费	0.01	0.02	0.07	0.10	0.12	0.13	0.15	0.19	0.28	0.37	0.38	0.49	1.00

利用熵权法对无量纲标准化的指标数据依照公式（2-4）进行计算，得到各指标体系具体权重 W_{ij}（见表2-4）。

表2-4　河南省城镇化子系统指标体系权重

主体指标	分类指标	细化指标	权重
城镇化子系统指标体系权重	城镇发展的基本指标	城镇化率（%）	0.0301
		城镇居民人均可支配收入（万元）	0.1602
		城镇居民恩格尔系数的倒数	0.0010
	公共基础设施指标	人均公园绿地面积（平方米）	0.0329
		燃气普及率（%）	0.0167
		用水普及率（%）	0.0058
		人均道路面积（平方米）	0.0157
	城镇社会保障指标	每万人拥有医生人数（人）	0.0112
		城镇社会救济费（亿元）	0.7264

利用公式（2-5）求2000～2012年各年度城镇化子系统的协调度（见表2-5）。

表2-5　河南省城镇化子系统协调度

年份	2000	2001	2002	2003	2004	2005	2006	2007	2008	2009	2010	2011	2012
城镇发展的基本指标	0.0548	0.0597	0.0684	0.0747	0.0820	0.0908	0.1011	0.1154	0.1304	0.1406	0.1537	0.1727	0.1917

年份	2000	2001	2002	2003	2004	2005	2006	2007	2008	2009	2010	2011	2012
公共基础设施指标	0.0513	0.0413	0.0481	0.0549	0.0585	0.0628	0.0656	0.0672	0.0638	0.0669	0.0669	0.0694	0.0706
城镇社会保障指标	0.0160	0.0246	0.0571	0.0836	0.0978	0.1008	0.1138	0.1422	0.2109	0.2753	0.2809	0.3628	0.7347
城镇化子系统协调度	0.1201	0.1225	0.1735	0.2131	0.2382	0.2545	0.2706	0.3049	0.4011	0.4827	0.5015	0.6048	0.9810

从以上数据分析结果可以看出 2000~2012 年河南省城镇化子系统协调度各项指标的具体情况：城镇发展的基本指标在逐年增长，由 2000 年的 0.0548 增加到 2012 年的 0.1917，增幅为 249.82%，增长迅速；公共基础设施指标整体呈增长趋势，但 2008 年有小幅下降；城镇社会保障指标在逐年增长，由 2000 年的 0.0160 增加到 2012 年的 0.7347，增加了近 45 倍。城镇化子系统协调度总体逐年增加，总体水平显著提高，由 2000 年的 0.1201 增加到 2012 年的 0.9810，增加了 7 倍多。

由数据可以看出，从 2000 年到 2012 年，河南的城镇化发展取得了显著的成绩，城镇化水平在不断提高，但城镇化子系统的发展存在不平衡、不协调问题。其中，城镇社会保障指标增长最快，城镇发展的基本指标增长居中，公共基础设施指标增长最慢，明显可以看到 2008 年的公共基础设施指标甚至出现小幅下降，这可能是因为在城镇化过程中，大量的农村人口涌入城市，给城市的公共基础设施带来了巨大的压力。在今后的城市化进程中，应全面完善城镇化子系统的各个指标，使城镇化发展得协调、平衡。

（二）农业现代化子系统协调度测评

根据农业现代化指标体系的设置，参考《河南统计年鉴》（2001~2013年），采集了 2000~2012 年河南省农业现代化指标的相关数据，并经过无量纲标准化处理，具体情况如表 2-6~表 2-7 所示。

表 2-6 河南省农业现代化指标

主体指标	分类指标	细化指标	2000年	2001年	2002年	2003年	2004年	2005年	2006年	2007年	2008年	2009年	2010年	2011年	2012年
农业现代化指标	农业基础水平指标	单位面积粮食产量（吨/公顷）	3.12	3.14	3.15	2.61	3.09	3.29	3.65	3.72	3.78	3.80	3.82	3.89	3.95
		农业劳动生产率（万元/人）	0.34	0.35	0.37	0.36	0.50	0.59	0.62	0.74	0.92	0.99	1.19	1.31	1.42
	农业生产水平指标	单位播种面积农用机械总动力（千瓦/公顷）	4.46	4.64	4.94	5.19	5.55	5.69	5.83	6.15	6.72	6.93	7.19	7.38	7.61
		有效灌溉面积率（%）	0.36	0.36	0.36	0.35	0.35	0.35	0.35	0.35	0.35	0.35	0.35	0.36	0.36	0.36
		单位播种面积使用化肥折纯量（吨/公顷）	0.32	0.34	0.35	0.34	0.36	0.37	0.39	0.40	0.42	0.44	0.46	0.47	0.48
		单位播种面积农用塑料薄膜使用量（吨/千公顷）	7.00	7.17	7.38	7.22	7.36	7.79	8.46	8.99	9.22	9.96	10.32	10.63	10.88
	农村发展水平指标	农民人均纯收入（万元）	0.20	0.21	0.22	0.22	0.26	0.29	0.33	0.39	0.45	0.48	0.55	0.66	0.75
		农村社会救济费（亿元）	0.22	0.23	0.22	0.77	1.44	5.63	10.19	13.93	21.45	41.04	36.29	52.24	42.89
		农村居民恩格尔系数的倒数	2.01	2.06	2.08	2.08	2.06	2.20	2.44	2.63	2.61	2.78	2.69	2.77	2.96

表 2-7 河南省农业现代化指标标准化

主体指标	分类指标	细化指标	2000年	2001年	2002年	2003年	2004年	2005年	2006年	2007年	2008年	2009年	2010年	2011年	2012年
农业现代化指标标准化	农业基础水平指标	单位面积粮食产量	0.79	0.79	0.80	0.66	0.78	0.83	0.92	0.94	0.96	0.96	0.97	0.98	1.00
		农业劳动生产率	0.24	0.25	0.26	0.25	0.35	0.42	0.44	0.52	0.65	0.69	0.84	0.92	1.00

主体指标	分类指标	细化指标	2000年	2001年	2002年	2003年	2004年	2005年	2006年	2007年	2008年	2009年	2010年	2011年	2012年
农业现代化指标标准化	农业生产水平指标	单位播种面积农用机械总动力	0.59	0.61	0.65	0.68	0.73	0.75	0.77	0.81	0.88	0.91	0.95	0.97	1.00
		有效灌溉面积率	1.00	1.00	1.00	0.97	0.97	0.97	0.98	0.98	0.98	0.98	0.99	1.00	1.00
		单位播种面积使用化肥折纯量	0.67	0.70	0.73	0.71	0.74	0.78	0.80	0.84	0.88	0.92	0.96	0.98	1.00
		单位播种面积农用塑料薄膜使用量	0.64	0.66	0.68	0.66	0.68	0.72	0.78	0.83	0.85	0.92	0.95	0.98	1.00
	农村发展水平指标	农民人均纯收入	0.26	0.28	0.30	0.30	0.34	0.38	0.43	0.51	0.59	0.64	0.74	0.88	1.00
		农村社会救济费	0.00	0.00	0.00	0.01	0.03	0.11	0.20	0.27	0.41	0.79	0.69	1.00	0.82
		农村居民恩格尔系数的倒数	0.68	0.69	0.70	0.70	0.70	0.74	0.83	0.89	0.88	0.94	0.91	0.94	1.00

利用熵权法对无量纲标准化的指标数据依照公式（2-4）进行计算，得到各指标体系具体权重 W_{ij}（见表 2-8）。

表 2-8　河南省农业现代化子系统指标体系权重

主体指标	分类指标	细化指标	权重
农业现代化子系统指标体系权重	农业基础水平指标	单位面积粮食产量（吨/公顷）	0.007789
		农业劳动生产率（万元/人）	0.135429
	农业生产水平指标	单位播种面积农用机械总动力（千瓦/公顷）	0.016548
		有效灌溉面积率（%）	0.000092

续表

主体指标	分类指标	细化指标	权重
农业现代化子系统指标体系权重	农业生产水平指标	单位播种面积使用化肥折纯量（吨/公顷）	0.010085
		单位播种面积农用塑料薄膜使用量（吨/千公顷）	0.014384
	农村发展水平指标	农民人均纯收入（万元）	0.111818
		农村社会救济费（亿元）	0.693359
		农村居民恩格尔系数的倒数	0.010496

利用公式（2-5）求得 2000~2012 年各年度的城镇化子系统协调度（见表 2-9）。

表 2-9　河南省农业现代化子系统协调度

年份	2000	2001	2002	2003	2004	2005	2006	2007	2008	2009	2010	2011	2012
农业基础水平指标	0.0384	0.0396	0.0420	0.0391	0.0539	0.0630	0.0663	0.0782	0.0954	0.1016	0.1210	0.1321	0.1435
农业生产水平指标	0.0258	0.0267	0.0280	0.0281	0.0294	0.0306	0.0321	0.0338	0.0358	0.0376	0.0390	0.0401	0.0411
农村发展水平指标	0.0397	0.0417	0.0434	0.0509	0.0645	0.1253	0.1925	0.2516	0.3604	0.6263	0.5735	0.8016	0.6919
农业现代化子系统协调度	0.0938	0.1010	0.1133	0.1181	0.1478	0.2089	0.2909	0.3637	0.4816	0.7655	0.7335	0.9739	0.8465

从以上数据分析结果可以看出 2000~2012 年河南省农业现代化子系统协调度各项指标的具体情况：农业基础水平指标整体呈增长趋势，2003 年略有小幅下降；农业生产水平指标呈逐年增长趋势，由 2000 年的 0.0258 增加到 2012 年的 0.0411，增长率为 59.3%；农村发展水平指标整体呈增长趋势，2010

年略有小幅下降。农业现代化子系统协调度总体逐年增加,总体水平显著提高,除 2010 年和 2012 年略有小幅下降外,由 2000 年的 0.0938 到 2011 年的 0.9739,增长迅速。

可以看出,从 2000 年到 2012 年,河南省农业现代化发展取得了显著的成绩,农业现代化水平在不断提高,但农业现代化子系统的发展存在不平衡、不协调问题。其中,农村发展水平指标增长最快,农业基础水平指标增长居中,农业生产水平指标增长最慢。河南省是一个农业大省,粮食生产关乎中国人民的生活质量,更关系整个中国的社会稳定、经济发展等,具有高度的战略意义。在城镇化和农业现代化的发展过程中,城市和农村都有了翻天覆地的变化,经济上更加富裕,生活水平得到了大幅度的提高,但大量矛盾也涌现出来,近些年大量耕地被破坏,大量耕地无人耕种,农村劳动力大量外流,这些都造成了农业生产水平的提高缓慢,以及农业现代化与城镇化不协调、不平衡的现象。在今后的农业现代化发展过程中,我们应该加大农业生产的资金投入、科技投入、人才投入,切实重视农业生产。

(三) 城镇化与农业现代化系统协调度测评

利用公式(2-10)求 2000~2012 年河南省城镇化与农业现代化的协调度(见表 2-10)。

表 2-10 河南省城镇化与农业现代化协调度

年份	2000	2001	2002	2003	2004	2005	2006	2007	2008	2009	2010	2011	2012
城镇化子系统协调度	0.1201	0.1225	0.1735	0.2131	0.2382	0.2545	0.2706	0.3049	0.4011	0.4827	0.5015	0.6048	0.981
农业现代化子系统协调度	0.0938	0.101	0.1133	0.1181	0.1478	0.2019	0.2801	0.3637	0.4706	0.7655	0.7335	0.9739	0.8465
"两化"协调度	0.6578	0.7273	0.7631	0.5974	0.7129	0.7411	0.7991	0.7998	0.8123	0.7289	0.8061	0.7137	0.8338
协调度评价	初级协调	中级协调	中级协调	勉强协调	中级协调	中级协调	中级协调	中级协调	良好协调	中级协调	良好协调	中级协调	良好协调

综合表 2-10 中河南省城镇化与农业现代化的协调度可以看出,河南

省 2000 ~ 2012 年 "两化" 协调度总体不高。2000 年处于初级协调状态；2001 ~ 2002 年处于中级协调状态；2003 年协调度突然有所下降，处于勉强协调状态，2003 年协调度较 2002 年下降约 21.71%；2004 ~ 2007 年经过发展，协调度有所上升，整体呈中级协调状态；2008 年协调度又有小幅上升，首次呈现良好协调状态；2009 年协调度突然有所下降，呈中级协调状态；2010 年协调度继续上升，但是 2011 年稍有下降，相比 2010 年下降了约 11.46%，呈中级协调状态，2010 年和 2012 年呈良好协调状态。从整体情况来看，2003 年协调度最低，呈勉强协调状态；2012 年协调度最高，呈良好协调状态。

其中，就单项子系统指标协调度而言，城镇化子系统协调度和农业现代化子系统协调度都整体呈上升趋势，个别年份略有小幅下降，2000 ~ 2005 年城镇化子系统协调度平均高于农业现代化子系统协调度，2006 ~ 2011 年农业现代化子系统协调度平均高于城镇化子系统协调度，2012 年城镇化子系统协调度高于农业现代化子系统协调度。

四 河南省 17 地市城镇化与农业现代化协调度测评对比

为了对河南省整体的城镇化与农业现代化的协调度进行更详细的分析，这里主要对河南省除济源以外（由于济源的相关数据大量缺失，无法进行对比分析）的郑州、开封、洛阳、平顶山、安阳、鹤壁、新乡、焦作、濮阳、许昌、漯河、三门峡、南阳、商丘、信阳、周口、驻马店共 17 个地市 2008 ~ 2012 年的城镇化与农业现代化协调度（见表 2 - 11）进行相关对比分析。

表 2 - 11　河南省 17 地市城镇化与农业现代化协调度由高到低排名

地市	2008 年	2009 年	2010 年	2011 年	2012 年
郑州	5	5	17	17	17
开封	6	3	10	8	2
洛阳	3	7	14	15	15
平顶山	12	10	4	12	4
安阳	17	17	1	1	8
鹤壁	15	15	3	2	5
新乡	14	14	2	7	6

地市	2008 年	2009 年	2010 年	2011 年	2012 年
焦作	11	11	9	3	9
濮阳	16	16	7	11	11
许昌	9	9	11	10	3
漯河	1	1	16	9	12
三门峡	7	4	5	6	10
南阳	2	2	15	14	13
商丘	4	6	13	16	16
信阳	13	13	12	13	1
周口	8	8	8	5	14
驻马店	9	12	6	4	7

表 2-11 的排名仅仅是根据协调度相关模型对 17 个地市的城镇化和农业现代化协调度数值的对比分析得出的。2004 年以后河南省各个地市的城镇化和农业现代化协调度都基本处于中级协调阶段。从整体来说，河南省17 个地市的城镇化与农业现代化都有了显著的发展，并且基本向着优质、协调的方向发展。同时我们也可以看出，郑州 2010~2012 年的城镇化和农业现代化协调度的排名在最后，这与其省会城市、经济发展中心的地位不相符。在城镇化的进程中，农民逐渐转变为市民，农村土地不断转为商业开发之用，农村逐渐融入城市，农业不断向工业、商业让步，这样的发展定位和发展方向势必对郑州城镇化与农业现代化的协调发展造成一定的影响。同时，开封的城镇化与农业现代化的协调度一直处在河南省前列，尤其是 2012 年的协调度测算值一下跃居全省第二，充分说明了开封这几年在城镇化和农业现代化发展良好的同时，城镇化对农业现代化也起到了推动作用，农业现代化也反过来促进了城镇化更进一步的发展，两者在协调发展的同时共同推进开封经济的整体良好发展。

五　河南省城镇化与农业现代化协调发展评价

通过以上对河南省的城镇化与农业现代化子系统的发展水平和整体协调度的分析可以看出，河南省的城镇化和农业现代化的协调发展还面临一些问题。

（一） 城镇化发展很快，但总体水平低

河南省的城镇化近几年发展很快，取得了很大的进步，城镇化率从 2000 年的 23.20% 增长到 2012 年的 42.43%，但仍然低于 2012 年全国城镇化率 52.57% 的水平。对于城镇化发展的基本指标，城镇居民人均可支配收入逐年增长，城镇居民的恩格尔系数下降；对于公共基础设施指标，人均公园绿地面积随着城镇化速度的加快以及基础设施的投入，总体来说有的年份增加、有的年份递减，整体呈不稳定、不平衡状态，出现了在城镇化建设过程中缺少严格的科学合理的规划、公共基础设施严重滞后的局面，尤其是 2012 年河南省用水普及率为 91.80%，远低于 2000 年的 96.80%，再加上这几年多次出现的生活用水受到严重污染的事件，水资源问题已成为制约城镇化发展的一个难题；而城镇社会保障指标的每万人拥有医生人数更是从 2000 年的 50.47 人持续降低到 2012 年的 37.49 人，医疗资源已经成为稀缺资源，远远不能满足城镇化进程中的需求，再加上近几年医患冲突加剧，医疗资源的紧张已经对城镇化的发展造成了影响。

城镇化进程中城乡差距进一步扩大，2000 ~ 2012 年河南省城乡居民人均收入绝对差距已由 2800 元扩大到 12900 元，城乡的公共基础设施和基本公共服务水平更是差距明显。教育资源、医疗资源、科技资源不足等成为河南省城镇化进程中的阻碍。

（二） 农业现代化发展迅速，但规模化经营水平较低

农业现代化有了一定的发展，对于农业基础水平指标，单位面积粮食产量从 2000 年到 2012 年总体增加，2012 年达到 3.95 吨/公顷，农业劳动生产率也呈逐年增加态势；对于农业生产水平指标，单位播种面积农用机械总动力、有效灌溉面积率、单位播种面积使用化肥折纯量、单位播种面积农用塑料薄膜使用量等指标也是在农业现代化进程中呈逐年增加态势；对于农村发展水平指标，农民人均纯收入由 2000 年的 2000 元逐年增加到 2012 年的 7500 元，年均增长率为 21.15%。

但是农业规模化、产业化程度不高，经营方式落后，小型规模、分散经营的原始格局没有得到有力的改变。2012 年河南省农业劳动生产率为 1.42 万元/人，仍然远远低于国内其他省份和世界发达国家的水平。在城

镇化快速发展阶段，农业现代化应加速发展，为工业和其他产业提供更有力的物资保障。因此，迫切需要转变农业发展模式，加快农业规模经营、集约经营，科学合理地利用农村现有耕地，优化配置农村土地资源，提高土地利用率，加大农业科技投入，加强农机补助，给予农户更多的帮助和指导，切实提高农村、农业的现代化水平，提高农民人均纯收入，建设新型社会主义农村。

（三）大力促进城镇化与农业现代化协调发展

从河南省的"两化"协调度模型来看，2004 年以后逐步进入中级协调状态，可以看出河南省的"两化"协调在这 13 年的发展中取得了一定的成绩，但是总体上还处在协调发展的中级阶段，距离良好协调、优质协调还有一定的差距。造成这种局面的原因很多，有国家政治制度、经济制度等整体层面的原因，也有城镇化和农业现代化自身的阻碍因素。无论是从纵向还是横向看，河南省的"两化"协调度都处于低级层面，需要突破发展。实现城镇化与农业现代化的协调发展，对于全面建成小康社会、加快社会主义现代化建设进程、实现中华民族伟大复兴具有十分重要的现实与全局意义。

第三节　河南省城镇化与农业现代化协调发展对策

一　完善全方位城镇化建设

河南省是全国粮食主产区的核心，粮食生产不仅关系河南省城镇化与农业现代化的发展进程，而且影响全国现代化建设的全局。河南省城镇化发展过程有别于其他地方，同时河南省城镇化的进程也受到了土地规划、产业发展、科技创新、结构调整等一系列因素的影响，因此对于城镇化的发展必须进行科学合理规划，在加快城镇化发展的同时保障国家的粮食安全。坚持城乡统筹、以城带乡，以中心城市和县城为重点，以新型农村社区建设为城乡统筹的结合点，全面加快推进城乡建设发展，强化城市群的支撑和带动能力，努力走出一条全面开放、城乡统筹、经济高效、资源节约、环境友好、社会和谐的新型城镇化道路。

（一）以中原城市群为核心

把中原城市群的发展作为推进河南省城镇化发展的核心和重点，构筑全方位的城市发展格局，形成交通一体化、产业辐射化、资源共享化的局面，城市建设向中心靠拢，集合单一城市向集中城市群发展，各个城市之间功能互补、资源共享，建设共同繁荣的新型城市群。"郑汴一体化"是带动全省经济社会发展的核心增长极，尤其是郑开城际轨道的开通，18分钟即可从一城到另一城，交通的便利大大提高了两城的融合度；依托城际快速轨道交通和高速铁路，实现以郑州为中心，半小时通达开封、洛阳、平顶山、新乡、焦作、许昌、漯河、济源8个省辖市的交通格局；主要依托高速公路和高速铁路枢纽，形成以郑州为中心，一小时通达安阳、鹤壁、濮阳、三门峡、南阳、商丘、信阳、周口、驻马店9个市的快速交通格局。

（二）以产业集聚区为中心

河南省大中城市的密度较低，辐射范围和能力有限，同时大多乡镇生产力低下，基础力量薄弱，缺少自然资源和大量资金，几乎没有大型产业集团，难以带动农村剩余劳动力的转移。因此，在加快推进城镇化的进程中，大力促进建设产业集聚区，能够起到补充和完善大中城市功能、吸纳农村剩余劳动力的重大作用。充分依靠现有剩余劳动力、各种丰富的自然资源等优良条件，实事求是、合理科学地规划产业集聚区，促进产业集群发展，推动剩余劳动力向城镇转移。以产业集聚程度决定城镇化的进度，以产业集聚创造的就业岗位决定劳动力转移的规模，实现产业兴城、以城促产、产城互动的良好局面。为促进产业集聚区的快速发展，加快城镇化进程，河南省按照城市总体规划、土地利用总体规划和产业集聚区发展规划"三规合一"的要求，规划建设了180个产业集聚区。经过近几年的大力发展，2011年河南省产业集聚区产业规模已经达到1.8万亿元，规模以上工业从业人员达到240万人，占全省的比重均在40%以上，已经成为产业转型升级的突破口、农民转移就业的主渠道。在今后的产业集聚区发展过程中，更要重视科技投入、资金投入、人才投入，要集约发展，形成规模效益的增长重心。

（三）以提高城镇化综合承载力为目的

在节约自然资源、保护生态环境、打造绿色宜居生活环境的前提下，大力加强城镇基础设施与公共服务设施的建设。科学合理规划城市道路建设，优先推动城市公共交通建设，解决城市交通拥堵问题，大大提高居民的出行效率。加快市政基础公用设施建设，完善城市污水处理管网建设，加快实行垃圾分类处理措施，完善居民用电、用气等基础设施建设，提高居民生活质量。鼓励城市创新管理模式，积极将现代化的科学管理方式和先进技术应用到城市现代化管理中，实现城市管理现代化、数字化和智能化，提高城市管理功效。同时，加强城市应急救援体系建设，制定应急救援相关制度，成立应急救援组织，实现应急救援的快速响应。加快城乡户籍制度的改革，逐步合理放开大城市落户标准，真正吸引更多的剩余劳动力转移到大城市，使其通过自身的努力成为真正的市民，并且真正享受到改革带来的收益。加快农村和城镇土地制度的改革，完善土地流转政策和规范土地交易市场，使农村和城镇的土地流转更加科学、更加有序，节约每一寸土地，使土地资源的效益最大化。

二　加快推进农业现代化建设

河南省的农业发展正处于转型期，农业依旧是经济发展的薄弱环节，是新型工业化、信息化、城镇化、农业现代化"四化"同步的短板。因此要大力夯实农业基础，努力构建新型农业生产体系，大力改善农村人居生态环境，加强深化农村各项改革，建立新型的河南省农业现代化和新型的农村，同时为河南省工业经济的持续健康发展提供强有力的农业基础支撑。

（一）深化农村制度改革，增强农业发展活力

继续完善农村土地承包政策，赋予农民对所承包土地的占有、使用、收益、流转及承包经营权抵押、担保等一系列权能。在确保农村土地集体所有权权益的基础上，稳定农户承包权的权益，扩大、放活农村土地尤其是闲散土地的经营权，允许个人以承包土地的经营权向金融机构抵押融资，彻底盘活农村土地的产权流转模式，实现农村土地的效益最大化。尝

试改革农村宅基地制度，合理完善农村宅基地的分配政策，在保障农户宅基地权益的前提下，慎重、稳妥地推进农民自住房财产权的抵押、担保、转让，在让农民获得收益的同时，切实维护农民的基本权益。推动农村集体产权股份合作制改革，赋予农民对落实到户的集体资产股份占有、收益、有偿退出及抵押、担保、继承的权利，提高农民收益。建立农产品交易市场，服务广大农民，扩大农产品销售管理渠道，实现农产品的快速流转。创新基层农村的管理模式，完善农村管理制度，加大对农村基础设施的财政投入，深入推进农村精神文明建设，开展乡风文明评议、文明村镇创建活动，引导农民积极从事农村管理实务，提高农民的综合素质，实现新农民新风貌。重视农村留守儿童、留守妇女、留守老年人的难题，制定相关扶持政策，重视留守人员的心理问题，加大对留守人员的法律宣教和人文关怀力度，使他们能够在完成农业生产的同时，提高自身的生活水平。加强农村平安建设，建立农村矛盾调解处理机制，给予农民合理的上访渠道，要及时发现问题，解决矛盾，维护农村以及整个社会的和谐安定。

（二）依靠自身优势，发展现代农业

河南省作为全国粮食主产区的核心区域，长期在国家的粮食安全战略中承担着重大的责任。继续推进高标准粮田建设工程，同时加快土地整理和复垦开发，加快对中低产田的科学改造，推进对农田灌溉设施的建设，加大对农民的技术指导力度，引导农民科学种田，提高农民种粮积极性，确保国家粮食安全。积极依托农科院等相关科研机构和农业高校的科技力量，开展农业科技产品研发，进一步加强农业科技体制改革，明晰农业科研成果产权，完善农业科技成果的转化机制。加大对农业的资金投入，加强对农产品企业的大力扶持和引导，积极并谨慎地引导金融信贷、风险投资等进入农业发展领域，引导社会闲散资金向农业产品区域集聚，为农业发展提供强有力的资金支持。科技是农业发展的核心生产力，利用高科技机械化操作，生产富含高科技的农产品，积极与高校及相关企业合作，使高校和企业的相关发明与创新及时转化为实际生产力，提高农产品的相关附加值，增加农民的收入。

（三）农业产业化经营发展是核心

发挥河南省粮食资源优势，加大科技研发力度，培育粮食深加工产业集群，大力发展特色农产品产业集群，最终形成农业产业化经营发展、规模发展，提高河南省农业现代化的核心竞争力。

目前，河南省的农业产业化经营水平仍比较低，产业发展不平衡，尤其是大型农业龙头企业不多，缺少知名的农产品品牌，缺乏一定的社会效应和社会认知度，致使河南省和其他省份在农产品竞争时明显处于劣势。河南省农业生产的组织化程度相比其他省份仍然较低，大部分还是采取小规模、小作坊的生产模式，更多地采取人工的生产模式，机械化生产水平太低，产品的质量和种类也远远不能够满足市场的需求。同时地方政府对农业产业化经营企业的支持力度不够，优惠政策不到位，相关补贴被截留等，导致农业发展缺乏动力。

增加财政资金对农业的投入力度，加强信贷服务农村、服务农业的功能，积极扶持小微农业企业，落实对涉农企业的税收优惠政策，对农企实行优惠电价，改善农产品流通环境，积极扶持和培育农业龙头企业，深化农业科研体制改革，推动农业产业化经营上档次、上水平，促进农产品对外开放，研发农产品新品种，积极开拓农产品海外市场，增强农业产业化经营的外向度，建立农产品销售新市场，创立农产品知名品牌。

三　破除制约协调发展的阻碍

（一）改革和完善相关制度

积极推动户籍制度改革，打破城乡二元结构。不再对农业户口与非农业户口进行区分，建立居民户口制度，在法律上赋予务工人员和城镇居民平等的权益。使进城务工人员享有与当地户籍人口同等的劳动就业、公共教育、医疗卫生、公共文化等权利，有利于促进农村剩余劳动力的自由流动，有利于我国城镇化进程的加快。

土地是农民赖以生存的最宝贵的财富。土地承包经营权和宅基地使用权是法律赋予农户的用益物权，集体收益分配权是农民作为集体经济组织成员应当享有的合法财产权利。现阶段，河南省正在加快推进农村土地确权、登记、颁证工作，目的就是维护农民的土地保障权益。继续完善土地承包经营制度，维护承包人员的正当权益，同时谨慎试点宅基地使用权的流转，使闲散的宅基地使用权流转后，更高效地服务于现代农业，有利于土地的集约、高效利用。建立农村产权流转交易市场，推动农村产权流转交易的实施，使农村的土地能够真正高效地流转，农民真正获得收益，同时使流转的土地创造更大的效益。建立征地补偿制度，科学、合理地制定补偿标准，在充分尊重农民意愿和维护农民利益的基础上，合理合法地征用土地，严禁强征强拆，切实保护农民的相关权益。

进一步扩大社会保障的覆盖面，把进城务工人员纳入城镇社会保障体系，完善医疗保险关系的转移，实现异地就医结算，整合城乡居民基本医疗保险制度，加快实施统一的城乡医疗救助制度。实行城乡统一的医疗救助和生活救助标准，使农村务工人员在遇到困难时，能够享受到相关政策的救助和扶持，得到社会的关怀。

（二）加大资金投入

长期以来，城镇和农村的投资不对称，导致社会的各种最优设施集中在城市，而农村成了被遗忘的地方。政府应加大对农业、农村的资金投入，加大农业基础设施的建设力度，建设农田灌溉设施，加大对农业机械的补助，推广农业先进技术，切实提高农业基础设施建设水平。加强农村道路建设，提高农村公路投资比重，合理规划，早日实现村村通公路、家家走上致富路。改善农村生活供水设施，加大农村饮水安全工程建设的资金投入，将城市的自来水引到农村，使农村能够享用安全可靠的水资源。推进农村电网改造，加大农村电网改造和建设投入力度，扩大农村电网覆盖率和入户率，降低农村用电资费，使农村户户通电。加快实施农村信息化工程，加强农村有线电视、宽带网络、通信等基础设施建设，丰富农村居民文化生活，加强农村精神文明建设，提高农民自身文化素质。加快发展农村教育事业，继续实行义务教育，大力提高农村教师待遇，吸引并留住高水平人才，为农村的发展培育基础人才。积极发展农村卫生事业，大力普及新型农村合作医疗制度，逐步提高各级财政对农民参加新型农村合作医疗的补助标准，并把大病纳入医疗合作范围，减轻农民看病负担，提高农民生活水平。

城镇化发展和农业现代化发展需要投入大量资金进行基础设施和公共设施的建设，仅仅靠政府财政投资难以支撑。政府部门应积极拓展融资渠道，增加资金来源，积极稳妥地引导和鼓励工商资本、金融资本、外商资本、民间资本等各类社会闲置资本进入城镇化和农业现代化发展的投资建设领域，既盘活了社会上的闲置资本，又为城镇化和农业现代化的发展提供了雄厚的资金保障，同时推动了我国资本市场的发展。

（三）加强教育，提高人口整体素质

在城镇化过程中，农村人口逐渐从农村转移到城市，服务城镇产业发展，身份也将随着政策的改革实现由农村人向城镇人的转变。在农村，发展现代化特色农业，则必须转变落后观念，淘汰落后的农业生产方式。农业从业人员不能只凭借传统的经验积累去进行现代化农业作业，不但需要掌握农业生产的基本技能和先进的农业科学技术，而且要熟练操作现代化的机械设备等生产工具。

因此，无论是城镇化发展进程还是农业现代化发展进程，都需要参与其中的劳动者具有一定的科学文化知识。然而，河南省目前人口数量庞大，文化素质普遍不高，农村人口素质因教育的缺乏则更低，因此为了加快城镇化与农业现代化的协调发展，必须建立多渠道、多层次、多形式的教育培训等级体系，通过教育培训来提高自身科学文化素质，加强自我修养，适应现代城镇和现代农业的快速发展需求。

首先，政府要高度重视城市和农村的九年义务教育，加大义务教育的普及力度，从源头上提高人们的受教育水平。其次，大力开展职业教育，加大职业教育的资金投入，培育一批优秀职业教育产业工人和产业农民。最后，开展富有成效的各种科技培训班，对城镇人员进行基本操作培训，提高他们的就业技能，对农村人员进行农业新技术的科技推广以及新农用机械的操作培训。最终的目的是，在城镇化进程和农业现代化进程中，我们能够不停地学习新技术、新技能，成为"两化"协调发展中的中坚力量。

第三章　劳动力转移与农业现代化

第一节　研究背景与文献评论

一　研究背景

改革开放以前，政府主要通过农业集体化和严格的户籍制度这两种方式把农民牢牢地固定在土地上。根据国家统计局公布的数据，1949年城镇人口所占的比例为 10.6%，1952 年为 12.46%，1957 年为 15.39%，1962 年为 17.33%，1978 年为 17.98%。我国城乡对立的二元结构由此形成。

20 世纪 70 年代末期，我国农村开始自发地进行土地改革，最终形成家庭联产承包责任制这种在土地集体所有的前提下包产到户的生产经营方式。农村的改革极大地刺激了农民的生产积极性，粮食产量也大幅度提升。1978~1984 年，农业总产值的年增长率达到 6.5%，同时期的粮食价格上升 50%，农村地区收入以每年 15.4% 的速度增长。

然而 20 世纪 80 年代末期以后，随着家庭联产承包责任制对农业的边际效用逐渐下降，其弊端也日益凸显，主要表现为两点。第一，土地分包到户，以传统的家庭劳作方式为主，农田水利设施和先进的农业科技难以普及，土地的规模优势不能得到发挥，生产效率低下。第二，每户农户拥有的土地量少，只能满足基本的生活需要，为了增加家庭收入，家庭主要劳动力多选择外出打工或就地从事其他非农生产，这样，留在农村的大多数是老人、小孩和妇女，使得土地的效用难以得到最大限度的发挥。

迈克尔·P. 托达罗（Michael P. Todro）曾说过，只要是能够影响城乡实际收入的经济、社会政策，都会或大或小地影响人口流动。随着我国城乡收入差距的逐年增大以及农村人多地少矛盾的日益突出，农村剩余劳动力向城镇流动的规模和速度不断扩大和提高，然而大量的农村青壮年劳动力和高素质人才的流出，也对我国的农业现代化建设形成了一定的制约。

河南省作为我国的人口大省，长期以来农村隐藏着大量的剩余劳动力。随着我国户籍管理的松动和工业化的开展，大批的农村剩余劳动力开始从农业生产中转移出来。一方面，流入城市的农村劳动力大多从事着城市劳动力不愿从事的最苦、最累的工作，为城市的建设和发展做出了重大的贡献；另一方面，大量的老人和小孩留守在农村。农村青壮年劳动力的流失，使得农业生产只能依靠传统的劳作方式，先进的技术难以推广，农业现代化进程受到阻碍。

农村剩余劳动力的转移是我国农业现代化的必经阶段，而农业现代化也是增加农民收入、改善农民生活、解决"三农"问题的唯一出路。针对二者之间的关系，本章主要研究以下三个问题。

问题一：劳动力的转移对农业现代化的发展会产生什么样的影响？随着我国经济社会向工业化和城市化的不断迈进，农村劳动力转移的规模和速度在不断地扩大和提高。一方面，农村剩余劳动力的转移增加了农民的收入，促进了农村的发展；另一方面，人力资本和物质资本的流失也阻碍了我国农业现代化的发展。

问题二：在农业现代化发展的前提下如何保证转出农民利益，确保劳动力的合理转移？在现有的土地制度下，农民不愿无偿放弃在农村的土地，这就催生了许多农忙时种地、农闲时务工的兼业农民，以及土地闲置和废弃的现象。如何在保证农民利益的前提下建立合理的土地制度、促进土地的流转，是我国农业现代化发展的关键。

问题三：在大量劳动力转移出农村以后，我国今后的农业现代化如何实现？农村劳动力转移的同时也带走了农业现代化发展所需要的人力资本、物质资本。在此基础之上，我国农业现代化如何实现，值得我们深入研究。

随着我国城市化和工业化的推进，我国的城乡差距、工农差距逐渐拉大，农业的发展严重滞后。解决好"三农"问题已成为各项工作的重中之重。河南省是我国的农业大省，有"中原粮仓"的美誉，同时也是我国的人口大省。2012 年，河南省的 GDP 总量为 29599 亿元，居全国第五位，但人均 GDP 为 5051 美元，居第 23 位，远远低于 GDP 总量在全国的排名。如何妥善安置大量的农村劳动力，促进他们的合理转移，也成为河南省农业现代化发展的关键。本章基于河南省的实际情况，研究农村剩余劳动力的转移对农业发展的影响，以及农村剩余劳动力完成转移以后农业现代化该如何实现的问题，为河南省促进农村劳动力的合理转移和农业现代化的协调发展提供可行性的政策建议。

二 理论与文献

(一) 农村劳动力转移的理论

英国经济学家雷文斯坦（Ravenstein）于 1880 年发表了一篇题为《人口迁移之规律》的论文，总结了人口迁移的六条规律。在雷文斯坦"迁移法则"的基础之上，埃弗雷特·李（E. S. Lee）于 1966 年提出了用于解释人口空间流动的推－拉理论。刘易斯（1999）提出了二元经济模型，指出发展中国家存在两大经济部门——传统的农业部门和现代的工业部门，工业部门可以从农业部门中得到无限多的劳动力。在刘易斯二元经济理论的基础上，拉尼斯（Ranis）和费（Fei）提出农业的作用不仅在于为工业扩张提供劳动力，而且为工业发展提供农业剩余，并指出了技术进步在城市工业扩张中的作用，建议发展中国家在引进技术时考虑本国丰富的劳动力资源这一特点。1961 年，乔根森（Jorgenson）在以前理论研究的基础之上也建立了二元经济模型，该模型主要侧重对农业部门本身进行研究，具体表现在：一是摒弃把人口因素作为外生变量的习惯，而是将其纳入农业内部来考虑；二是更加重视科技进步在农业发展中的作用。

20 世纪 60 年代，世界上的不发达国家出现了一种矛盾的经济现象，即在劳动力从传统部门向现代部门转移的同时，现代部门内部又存在大量的失业现象。已有的二元经济理论在对新的社会问题的解释上显得苍白无力，因此，催生了新经济理论，以托达罗和斯塔克（Stark）为代表的经济学家以家庭和个人作为微观分析的对象，运用新古典分析方法，构建了新的劳动力迁移模型。美国发展经济学家托达罗采用新古典主义的分析方法，于 1969 年提出了新的劳动力流动模型，认为城乡的预期收入差距是劳动力迁移的主要动机，且差距越大，迁移的倾向就越强。他建议发展中国家应该更重视农村的发展，把农业和工业、城市和农村放在同等重要的位置上。由于该模型更加符合当时发展中国家的实际情况，因此也得到了广泛的应用。20 世纪 80 年代以来由斯塔克提出并命名的新劳动力迁移经济学弥补了新古典经济模型对农业生产特性关注很少的缺陷。斯塔克将迁移视为一个家庭或群体的决策。人们集体行动追求的不仅是预期收入的最大化，而且是风险的最小化。斯塔克认为由于农业自身的弱质性，家庭把劳动力分配在不同的领域属于一种规避风险的经营措施。而我国改革开放以前的实践表明，在影响劳动力迁移成本与收益的因素当中，制度因素起着至关重要的作用。

与国外的研究相比，我国对农村剩余劳动力的研究主要呈现以下两个特点。

一是起步比较晚。新中国成立以后，我国长期以来实行的计划经济体制和严格的户籍制度严格限制了农村剩余劳动力的流动。直到 20 世纪 80 年代的经济体制改革以后，农村劳动力才开始较大规模地涌向城市，出现大规模的人口流动。关于我国农村剩余劳动力的研究逐渐兴起。

二是发展比较快。随着我国改革开放的深入，我国城乡之间、地区之间的差距逐步增大，城市发展迅速，尤其是东南沿海地区，变化可谓翻天覆地，而农村剩余劳动力也从家庭联产承包责任制中得到了释放，于是以农民工为主力军的大规模人口流动在全国兴起。因此，相对的理论研究也蓬勃开展。

吴敬琏（1995）指出我国农村剩余劳动力形成的根本原因在于显著的城乡二元经济结构。进入 21 世纪以后，在借鉴了国外研究成果的基础之上，蔡昉（2000）引入新制度经济学理论，深入地研究了我国农村剩余劳动力转移的制度障碍。他把农村劳动力的迁移分为迁出农村和在城市定居两个阶段，并分别研究了我国传统的发展战略和户籍制度对这两个阶段的影响，从而得出结论：传统的发展战略和户籍制度阻碍了劳动力的转移，尽管改革在一定程度上放松了对劳动力转移的限制，但是制度障碍这一因素依然存在，此时用预期收入、人力资本禀赋来解释劳动力转移都是不充分的。由于我国现存的农业人口基数大，在工业化的过程中自然会形成大量的剩余劳动力，当国家为了实现工业化对人口流动进行调控时，农村剩余劳动力问题会更加突出。

此外，国内一些学者还从教育方面对我国农村劳动力的转移进行了研究。张林秀（1998）提出，加强对劳动者的职业培训、提高劳动者的受教育程度不仅能够增加劳动者的非农就业机会，而且可以增强劳动者非农就业的稳定性。赵耀辉（1999）研究发现，尽管教育对于农村劳动力的转移影响并不是非常显著，但是教育对于农村劳动力由农业转移到非农产业起着很大的正面作用；并且发现受教育程度较高的农村居民更倾向于就地从事非农产业。李勋来、李国平（2005）通过实证分析发现，农村人力资本存量每增加 1%，就可以使农村劳动力转移数量提高 0.75%。

（二）农业现代化的内涵与理论

美国学者于1952年首先提出现代化的概念，其基本含义是指农业社会向工业社会的转变。丹尼尔·勒纳（1996）提出了传统社会和现代社会这两种截然不同的社会形态的概念，并指出传统社会向现代社会过渡的过程即现代化的过程。我国学者的研究认为，社会形态由传统向现代转变是多层面、全方位的，涵盖政治、经济、社会生活、价值观念等多个领域，以及这些领域间互动的过程。在 18～21 世纪，世界上的现代化发展可以归结为两个阶段：第一阶段是农业社会向工业社会、农业经济向工业经济、农业文明向工业文明转变的过程；第二阶段是工业社会向知识社会、工业经济向知识经济、工业文明向知识文明、物质文明向生态文明转变的过程，通常一些学者习惯上把第二阶段定义为后现代化。

早在 20 世纪 70 年代我国就提出了要实现农业现代化这一目标。从农业现代化概念首次在我国被提出以来，随着我国农业的发展，在不同的历史时期，许多学者都有不同的观点。

第一，过程论。以徐更生（1993）、张仲威（1994）等为代表的一批学者认为，不仅应把农业生产流通的过程纳入农业现代化的定义之中，而且应把农业消费的过程也纳入其中。他们指出，农业现代化不再单纯地指农业领域，还包括农民的现代化和农村的现代化，把农业的现代化定义为全范围的现代化，更加突出人的主体地位。

第二，配置伦。以蒋伏心（1996）为代表的学者从资源配置的角度来解释农业现代化的含义。他认为应通过提高土地的生产率、资源利用率和劳动生产率等有效的资源配置措施来实现农业现代化。

第三，制度论。王明华（2001）从制度变迁的角度来阐释农业现代化的含义，认为农业的现代化也就是制度的现代化，是先进的科技在农业中的应用，以及引起的组织制度和管理方法的革新。

第四，农业的持续发展论。该理论则从可持续发展的角度将农业现代化定义为，从事农业的劳动者拥有很高的科学文化素质和很强的专业技能，能够充分运用先进的科学技术、生产方式和科学的管理方法，从而实现生产力水平高、环境质量好以及可持续发展的目标。

第五，转变论。顾焕章、王培志（1997）把农业现代化定义为一个动态发展的过程。他们将农业现代化解释为传统农业运用先进科技提高生产中的技术装备水平，不断优化农业结构，促进农业的专业化，实现农业生产率的提高和可持续发展的过程，即传统农业向现代农业转变的过程。

第六，一体论。闵耀良（2001）基于世界经济一体化的发展趋势和中国加入世贸组织的现实考虑，认为农业的发展不再是一个自我封闭的状态，农业现代化的发展必须与国际接轨。

本章认为农业的现代化是一个不断变化的动态过程，是生产力要素在各部门重新配置的过程。农业现代化的发展水平不应该单纯地以产出和经济的增长来衡量，应把农业、农民、农村作为有机的整体来考虑。本章从农业投入水平、农业产出水平、农村社会发展水平三个方面来考虑，把农业劳动生产率的提高、农民收入的增加、农村经济结构的调整、农业基础设施现代化、农业生产手段现代化、农业经营产业化、农民生活消费现代化都纳入农业现代化的目标中。

农业现代化是构成现代化理论的一个重要方面，而西方国家农业现代化的发展主要是从发展经济学这门学科的兴起开始的。经济学家费雪和克拉克首先提出了对经济进行三次产业的划分，并指出随着经济的发展和科技的进步，劳动力和资本要素会逐步完成从第一产业到第二产业再到第三产业的依次转移，最终形成"三二一"的模式。

美国农业经济学家梅尔早在 20 世纪 60 年代就把农业的发展过程分为三个阶段：一是传统农业阶段，产出的增加主要依靠土地等传统要素的投入，技术基本是停滞的；二是低资本技术阶段，农业由传统向现代过渡，农业产值的增加主要是通过劳动力使用型和资本节约型技术提高土地的生产率实现的；三是高资本技术阶段，农业实现规模化生产，先进机械取代传统的劳动力，资本在农业部门的密集程度提高，农业的发展能够促进和带动其他部门经济的联动发展。该理论主要是针对大多数低收入国家而言的，在农业发展的第二个阶段，大多数低收入国家劳动力充足，而工业发展所需的资本相对贫乏，此时在农业的发展中应该用劳动力要素和农业机械的投入来替代资本要素，避免与工业进行要素的竞争。梅勒还指出了教育在农业发展中的重要作用，强调了劳动者素质是农业发展的重要条件。

美国经济学家舒尔茨的《改造传统农业》奠定了农业现代化理论的基础，明确了农业、农民在社会经济发展中的重要作用，并且第一次研究了教育投资对于农业劳动生产率的影响，以及促进农业社会向现代化转变的重要意义。在改造传统农业的过程中，舒尔茨强调制度的重要作用，主张运用市场的方式，通过改变农产品和生产要素的价格来影响农民的决策，农业的发展要以农民愿意接受的方法进行。在舒尔茨看来，农业人力资本投资的主要形式是农村初等教育，正规教育是对农业社会发展极其有力的人力资本投资。

日本经济学家速水佑次郎和美国经济学家弗农·拉坦于 1971 年提出了诱致性技术创新理论，把技术变动要素作为一种内生变量纳入经济制度中，指出由于资源禀赋的相对稀缺，农民会做出不同的技术性选择，土地资源的稀缺给农业发展造成的制约可以通过生物技术的应用加以解决，劳动力供给带来的制约可以通过应用农业机械来解决，该理论深化了人们对于农业现代化发展的内在动力的认识和理解。

在国内，从 20 世纪 50 年代开始，关于农业现代化的研究仅限于政策层面。新中国成立初期，我国学习苏联模式提出了初步实现农业现代化的目标，把农业现代化简单地理解为机械化、化学化、水利化和电气化，即农业的"四化"。到 20 世纪 70 年代和 80 年代，我国对农业现代化的含义有了进一步的拓展和延伸，提出把现代化的管理方法、先进的科学技术和机械设备运用到农业中去，即农业的"三化"：基础设施的现代化、生产技术的现代化和经营管理的现代化。20 世纪 90 年代以后，我国对农业现代化的理论研究有了许多新的发展。以林毅夫、温思美为代表的一批学者运用经济学中的计量方法对我国农业发展历程中的技术、制度要素进行了量化分析。黄祖辉、张冬平等在农业现代化的综合发展研究方面做出了巨大的贡献。在农业现代化测评方面，柯炳生、梅方权等各自建立了涵盖比较全面的农业现代化指标评价体系，为我国农业发展水平的测度提供了条件。

第二节 河南省农村劳动力转移的历史与现状

河南省是我国的人口大省，全省土地面积为 16.7 万平方公里，据第六次人口普查，全省总人口为 9402.99 万人，其中农村总人口为 5781 万人，约占总人口的 61.5%。河南省最近几年的人口自然增长率为 5% 左右，每年新增加人口约为 50 万人。截止到 2012 年乡村劳动力数量为 5367 万人。全省耕地总量为 792.64 万公顷，人均可耕地面积为 0.07 公顷。农村每户所拥有的土地量仅够维持基本的生存需要，农村人地矛盾问题十分突出。能否合理有效地转移农村剩余劳动力，直接关系着农业现代化建设的成败。本节主要从河南省农村剩余劳动力产生的原因，转移的进程、成就与变化趋势，面临的障碍等方面来分析劳动力的现状。

一 河南省农村劳动力转移的进程

纵观河南省农村劳动力的转移，大致可以分为五个阶段。

第一个阶段为 1949～1978 年，以行政为导向的劳动力转移。在当时特殊的历史环境下，我国选择优先发展重工业的工业化发展道路，为达到这一目标，我国实行高度集中的计划经济体制。此时农村劳动力转移主要是由于政策的需要和工业发展的需求，大致也可以分为三个时期。

从 1949 年到 1957 年为快速转移时期。1949 年，新中国刚刚成立，百废待兴，百业待举，为恢复国民经济，我国开始进行大规模的经济建设。此时国家的政策相对宽松，城市工商业的发展以及重工业的发展吸引了大批劳动力从农村转移到城市从事非农产业。在此背景下，河南省的劳动力有了大规模的流动。截止到 1957 年，河南省城镇人口达到 449 万人，比 1949 年增加了 184 万人。城镇化率由 1949 年的 6.4% 增长为 1957年的 9.3%。

1958～1963 年为转移波动时期。1958 年，全国开展"大跃进"运动，其间国家经济建设也出现了虚假繁荣的景象。全国人民大炼钢铁，致使对劳动力产生虚假的需求，大批农民涌入城市，两年间，河南省城市人口快速增加，城镇化和工业化呈现异常发展态势。到了1960年，国家针对该时期农村人口盲目涌入城市、城市人口激增、粮食供应困难等问题，中共中央提出了"调整、巩固、充实、提高"的八字方针，精简工业建设，严格限制人口的流动。大量城镇人口返乡，出现了特有的"逆城市化"现象。

1964~1978年则为人口流动停滞时期。在这一时期，国家对人口的流动实行严格的限制，再加上决策上的失误和"文化大革命"的影响，工业处于停滞状态，经济也面临崩溃，全国上下一片混乱，城市人口增长极为缓慢，劳动力的转移基本处于停滞状态。

第二个阶段为改革开放初期到1988年。1978年，我国召开了十一届三中全会，拉开了全国经济体制改革的序幕，把国家的工作重心转移到经济建设中来。我国在农村大力推广家庭联产承包责任制，最大限度地调动了农民从事农业生产的积极性，农业劳动生产率有了跳跃式的提高。与此同时，大量的农村剩余劳动力也随之出现，并开始向非农产业转移。1984年，国务院发布了4号文件，强调了乡镇企业在国民经济中的重要地位，并进一步深化了经济体制改革。乡镇企业开始在全国遍地开花，对劳动力的非农转移做出了巨大贡献。这一阶段，河南省的城镇劳动力增加了281万人，农村非农产业劳动力占农村总劳动力的人数比重上升了12.3%。

第三个阶段则为1989~1991年，其间由于经济的波动和国家宏观调控的影响，全国经济进入调整阶段，许多乡镇企业的发展受到影响，处于关停的状态。许多转移到城市的劳动力被迫转移回乡，原来乡镇企业吸收的农村劳动力也被释放出来，劳动力的转移出现了停滞甚至倒退的情况。1991年，河南省从事非农产业的劳动力比1989年减少了43万人。

第四个阶段为1992~2000年。1992年邓小平同志视察南方，加之全国宏观经济形势开始回暖，乡镇企业也迎来了新的春天。经济的发展促进了劳动力需求的增加，河南省经济也得到了高速的增长，加速了农村劳动力向非农产业的转移和向城镇的转移。1997年，河南省的非农产业农村劳动力人数比1992年增加了314万人。到了20世纪90年代后期，为了抑制经济过热，实现经济软着陆，我国采取了适度紧缩的宏观经济调控政策，另外，受1997年亚洲金融危机的影响，我国经济发展缓慢，处于低迷状态，劳动力的需求也随之降低。到了 20 世纪 90 年代末，为了改变这种低迷的状态，我国开始实行稳健的货币政策和财政政策，扩大需求，经济开始回暖，劳动力的转移也开始加速。

第五个阶段为 2001 年至今。进入 21 世纪以后，随着经济的发展，由于我国长期以来存在的城乡二元结构，城乡之间、工农之间、地区之间的差距越来越大，"三农"问题日益突出。这时国家对劳动力的转移政策不再仅仅是为了经济发展的需要，而是更加注重农民收入的增加，生活质量的改善和产业结构的调整。进一步取消限制农民进城的户籍制度，清除城乡一体化的障碍因素，建立一系列的医疗、教育、就业等保障制度，为劳动力的转移提供了社会保障。2004 年，我国又开展了农民工劳动技能培训工程，为农民的非农就业提供了政策支持。至此，河南省农村劳动力的转移进入了新的时期。

二　河南省农村劳动力转移的成就与趋势

近几年来由于我国东南地区劳动力成本的不断增加，大量的劳动密集型企业开始向中西部迁移，河南省充分抓住这个机遇，通过招商引资，富士康等劳动力需求大的企业不断迁入，极大地促进了河南省劳动力的转移。主要成就如下。

第一，农村劳动力的转移增加了农民的收入。近十几年来，河南省农村家庭每百个就业劳动力中第一产业的就业人数从 2000 年的 80.8 人下降至 2012 年的 49.7 人。而农民的人均纯收入增长迅速，从 2000 年的 1986 元增长到 2012 年的 7525 元，年均增长 461.58 元；其中工资性收入从 474 元增长为 2989 元；经营性收入由 2134 元上升为 6197 元（见表 3 − 1）。

表 3 − 1　农村居民家庭人均收入情况

单位：元

年份	人均总收入	人均纯收入	经营性收入	财产性收入	转移性收入	工资性收入	本地收入	外地收入
2000	2726	1986	2134	29	89	474	159	229
2001	2917	2098	2276	24	99	518	185	248
2002	3061	2216	2354	32	108	567	180	289

续表

年份	人均 总收入	人均 纯收入	经营性 收入	财产性 收入	转移性 收入	工资性 收入	本地 收入	外地 收入
2003	3036	2236	2268	39	94	636	212	334
2004	3536	2553	2679	28	75	754	258	405
2005	3946	2871	2956	36	90	854	310	440
2006	4459	3261	3279	40	118	1023	387	517
2007	5197	3852	3721	53	155	1268	491	632
2008	5994	4454	4212	53	230	1500	567	764
2009	6414	4807	4462	56	275	1622	640	809
2010	7293	5524	4969	59	322	1944	738	1011
2011	8725	6604	5640	108	453	2524	992	1338
2012	9829	7525	6197	135	508	2989	1219	1554

第二，农村劳动力的转移极大地促进了河南省城镇化的发展。在农村劳动力转移的过程中，大量的农村劳动力从农村流向城市，从事着城镇劳动力不愿从事的脏、乱、差的工作，为城镇的建设做出了巨大的贡献。河南省建制镇的个数由 2006 年的 832 个增至 2012 年的 1014 个；建成区面积达到 2219 平方公里，与 2006 年相比增加了 540 平方公里。同时，河南省的城镇化水平由 2000 年的 23.2% 增至 2012 年的 42.4%，增加了 19.2 个百分点。

第三，农村劳动力转移的规模在不断增大。近几年来，河南省的经济发展迅速，农村经济对于农村劳动力的容纳能力不断增强，为河南省农村剩余劳动力的转移做出了巨大的贡献。由表 3-2 可以看出，2006 年农村从业人员的总量约为 4776.93 万人，其中第二和第三产业的从业人数为 1737.45 万人，占总数的 36.37%；截止到 2012 年农村从业人员中第二和第三产业从业人数达到 2293.82 万人，与 2006 年相比增加了 556.37 万人，增幅约为 32%，年均增长 5.3%。

表 3-2 河南省农村从业人员结构

单位：万人，%

年份	农村从业人员总量	其中第二和第三产业从业人数	所占的比重
2006	4776.93	1737.45	36.37
2007	4814.56	1904.68	39.56

年份	农村从业人员总量	其中第二和第三产业从业人数	所占的比重
2008	4859.13	2021.89	41.61
2009	4881.56	2127.45	43.58
2010	4914.67	2216.22	45.09
2011	4911.16	22555.87	45.93
2012	4905	2293.82	46.76

第四，河南省农村劳动力转移的稳定性在不断地加强。国家对于"三农"问题十分重视，相继出台了许多政策措施，在农民工子女城市上学、享受医疗卫生服务，以及城市廉租房建设方面给予了高度重视，使从农村转移出的劳动者在为城市做出贡献的同时，生活也有了一定的保障。河南省也相继出台了关于农民工就业和劳动力转移的政策措施，在农民工职业技能培训方面实施补贴优惠政策，在很大程度上提高了农村劳动力的劳动技能和专业素质，使农村劳动力具有一技之长，更容易找到长期稳定的工作，增强劳动力转移的稳定性，减少了劳动力回流的情况。

第五，智力回流现象明显。智力回流是指已转移出的有知识、有技术的农村劳动力重新回到农村的现象。这与农村劳动力的转移并不矛盾，且智力回流会进一步促进农村劳动力的非农就业和农村经济的发展。回流的劳动力由于长时间外出务工，开阔了眼界和思维，改变了传统的封闭观念，自身的素质也有了很大的提高，再加上外出务工积累了一些资金，他们回乡以后很容易投身于农村非农产业的发展，这样不仅可以吸收当地劳动力，而且起到了典型示范作用，改变了农村传统的观念，促进了社会主义新农村的建设。

三　河南省农村劳动力转移进程中遇到的障碍因素

一是农村劳动力的素质不高。虽然河南省近几年的教育水平在不断提升，但是农村劳动力的整体素质依旧偏低。从表3-3可以看出，河南省农村劳动力的受教育程度依旧以小学和初中居多。目前我国经济正处于从劳动密集向资金和技术密集转型时期，对于劳动力的专业技能要求不断提高，这也是阻碍劳动力转移的重要因素。

表 3 – 3   河南省农村居民家庭劳动力的受教育程度

单位：%

受教育程度	2007 年	2008 年	2009 年	2010 年	2011 年	2012 年
不识字或识字很少	5.9	5.8	5.0	5.3	5.2	5.1
小学	16.6	16.1	16.2	16.2	16.9	16.6
初中	61.5	61.5	61.8	60.9	60.8	60.9
高中	12.3	12.4	12.5	12.9	12.1	12.0
中专	2.6	2.8	2.7	2.8	2.4	2.5
大专及以上	1.1	1.4	1.6	2.0	2.6	2.9

二是农村劳动力的转移缺乏有序性。由于劳动力服务体系的缺陷，劳动力市场信息不充分，河南省农村剩余劳动力的转移具有明显的无序性、自发性和季节性特点。调查显示，河南省农村劳动力在转移的方式上以自发式和亲友介绍为主，通过劳务事务所等正规途径转移的仅占 19%。另外，河南省的转移劳动力多以兼业为主，劳动力转移具有很强的季节性。

三是存在制度因素障碍。首先，由于我国实行集体所有制的土地政策，农民具有使用和经营权，所以转移出去的劳动力即使拥有一份稳定的收入较高的工作，也不愿无偿放弃农村的土地，从而导致劳动力转移的不彻底性。其次，由于我国现存的城乡分立的户籍制度，城乡居民的权利严重不平等。农村劳动力进城后很难享受到与当地居民同样的社会保障制度，就业、医疗和子女入学困难，甚至在许多方面被歧视，也成为阻碍劳动力转移的一大因素。

第三节   河南省农业现代化的整体评价

一   河南省农业现代化建设的进程

河南省的农业发展进程是以国家的农业发展进程为依托的。新中国成立以后，河南省经过几十年的发展，从根本上改变了原来贫困落后的状况，农业现代化得到了巨大的发展。根据我国农业现代化的发展进程，可以将河南省的农业现代化进程大致分为四个阶段。

　　第一阶段：20世纪50年代，处于恢复发展时期。在新中国成立以前，河南省的农业发展落后，生产力水平低下，到了新中国成立以后毛泽东同志提出了国内农业发展的第一步是实现集体化、第二步是实现机械化和电气化的战略思路，通过发展农业水利工程、使用化学肥料等措施，农业有了很大的发展。以1952年为例，河南省全省的第一产业生产总值为22.46亿元。之后，我国开始实行第一个"五年计划"，其间河南省的总体经济水平和农业都有了大幅度的发展。1957年，河南省的第一产业生产总值达到了24.27亿元，与1952年相比，增加了1.81亿元，增加8%。

　　第二阶段：1958~1978年，处于停滞和缓慢发展时期。从1958年开始，政策上的失误和三年自然灾害导致河南省的农业总产值大幅度地下降，农业发展徘徊不前。1962年，河南省的第一产业生产总值为17亿元，与1957年相比，下降了7.27亿元，下降将近30%。此后，我国国民经济进行了一些调整，但是由于"文化大革命"的影响，农业经济发展得非常缓慢。1965年河南省全省的第一产业生产总值为29.58亿元，1975年增加至55.71亿元，与前者相比增加了88.3%。总体来说，1958~1978年，河南省的农业最初以较快的速度增长，到了中后期有停滞也有缓慢发展，但增速总体上低于20世纪50年代初期。

　　第三阶段：20世纪八九十年代，处于农业现代化快速发展时期。1978年我国进行了改革开放，在农村进行了以家庭联产承包责任制为基础的体制改革，极大地解放了农业生产力，农村经济得到快速发展。当年河南省的第一产业生产总值达到64.86亿元。到了1979年，十一届四中全会通过《关于加快农业发展若干问题的决定》，从整体上勾画了我国农业发展的宏伟蓝图。1980年邓小平同志在中央工作会议的讲话中指出，我们要走出一条符合我国国情的农业现代化道路，不能够完全照搬西方国家的模式和办法。这一讲话在很大程度上调动了国内关于农业现代化发展研究的积极性。

　　第四阶段：21世纪，以科学发展观推动农业的可持续发展。21世纪以后，我国工业得到了迅速的发展，经济实力和综合国力不断增强，以农业支持工业的时代也随之结束。长期以来存在的城乡差距、工农差距导致以农业、农村、农民为中心的"三农"问题得到广泛关注，构建和谐社会已成为新时期发展的新目标，所以以可持续发展为目标的农村经济综合发展成为时代的主流，农民的生活环境、居住环境、农业的可持续发展程度被共同纳入农业现代化的发展之中。

二 河南省农业现代化评价体系的构建

(一) 农业现代化评价体系的构建原则

农业现代化的发展是一个长期的动态过程，是传统农业向现代农业转变的过程，因此在构建农业现代化的指标体系时，必须遵循以下原则。一是指标的重点性，即能够体现农业现代化的主要特征，包括农业发展中的生产率水平、投入水平、农村经济社会发展水平等。二是指标的全面性，力求每项指标和权重既能够反映典型的特征，又能够体现经济对象总体的特点，最全面地反映农民的收入水平、农村的总体质量、农业的生产力水平、就业、教育、基础设施以及可持续发展状况等内容。三是指标的代表性，指标的设定要既能反映农业现代化的重点特性，又不能过于强调细枝末节，要有繁有简。四是指标的准确性，指标的评价尽可能量化，指标数据的来源真实可靠，指标的解释标准唯一。五是指标的可操作性，选取的指标要易于评价和考核。六是指标的易获取性，指标所需数据的来源要容易获取，并尽量选取权威的数据统计部门。七是指标的可比性，所设定的指标能够进行纵向和横向的比较，更能准确地反映农业现代化的发展情况。

(二) 农业现代化评价体系指标的选取

对于农业现代化水平的测评，国内许多学者从不同的角度和方面构建了农业现代化的评价体系，对我国农业现代化的标准从定性和定量两方面进行了分析。梅方权 (2000) 提出了农业现代化四阶段论，并提出一套评价体系，该体系包括 7 类 22 项指标。柯炳生 (2000) 从农业生产的外部条件、内部条件和农业生产效率三个方面出发，构建了农业现代化指标体系，并把农业现代化标准阶段化，分为起步标准、初步实现标准和基本实现标准。徐星明、杨万江 (2000) 比较全面地提出了包括现代农业生产目标与农业保障目标在内的 2 个一级指标，以及包括 5 个二级指标和 17 项个体指标在内的农业现代化指标体系。而我国农业部的农村经济研究中心从现实情况、可操作性出发，把农业现代化发展进程分为三个阶段，即起步阶段、初步实现农业现代化阶段和基本实现农业现代化阶段，为全国农业现代化指标体系的构建提供了一个参考标准。由于在农业现代化的评价方面，指标的选取和模型的设定并没有统一的标准，本章在借鉴国内研究方法的基础上，同时兼顾数据获取的可能性和连贯性，从农业投入水平、农业产出水平和农业社会发展水平三个方面选取 12 个具有代表性的个体指标。选取的标准主要参考辛岭、蒋和平（2010）和杨万江（2001）的评测方法，同时结合河南省作为全国农业大省的省情做了相应的调整。具体的指标选取如下。

农业投入水平（B_1）包括单位耕地机械总动力 C_{11}（农用机械总动力/常用耕地面积，单位：千瓦/公顷）、有效灌溉率 C_{12}（有效灌溉面积/常用耕地面积，单位:%）、劳均耕地面积 C_{13}（常用耕地面积/第一产业从业人员，单位：亩）、第一产业从业人员人均用电量 C_{14}（农村用电量/第一产业从业人员，单位：千瓦时）。

农业产出水平（B_2）包括单位耕地粮食产量 C_{21}（粮食总量/粮食播种面积，单位：吨/公顷）、劳动生产率 C_{22}（农业增加值/第一产业从业人员，单位：元/人）、土地生产率 C_{23}（农业增加值/常用耕地面积，单位：元/公顷）、农业增加值比重 C_{24}（农业增加值/国内生产总值，单位:%）。

社会发展水平（B_3）包括第一产业从业人员比重 C_{31}（第一产业从业人员/社会从业人员，单位:%）、农民人均纯收入 C_{32}（单位：元）、城镇化率 C_{33}（城镇人口/河南省总人口，单位:%）、恩格尔系数 C_{34}（食品支出/家庭总支出，单位:%）。

（三）农业现代化评价体系各指标权重和标准值的确定

对于各指标权重的确定，主要运用层次分析法，同时结合徐星明、杨万江运用的农业现代化评价体系各指标权重的确定标准，在经过多次测算和征求专家意见的基础上，确定了各层次指标权重。在标准值的确定方面，通过对比分析最终确定各个体指标的标准值。鉴于农业现代化发展过程的动态性和单一标准值的缺陷，本章根据农业现代化个体指标在不同时期的发展程度以及发达国家和国内发达省份的农业现代化发展程度，最终选取区间值来减少单一值带来的误差。具体的指标权重和标准值的确定情况如表 3 - 4 所示。

表 3 - 4　农业现代化评价指标权重和标准值

总指标	一级指标	二级指标	权重	标准值
农业现代化发展水平	农业投入水平	单位耕地机械总动力（千瓦/公顷）	9	20 ~ 25
		有效灌溉率（%）	9	75 ~ 90
		劳均耕地面积（亩）	9	15 ~ 20
		第一产业从业人员人均用电量（千瓦时）	9	2500 ~ 3500
	农业产出水平	单位耕地粮食产量（吨/公顷）	8	7 ~ 8
		劳动生产率（元/人）	8	13000 ~ 17000
		土地生产率（元/公顷）	8	50000 ~ 65000
		农业增加值比重（%）	8	5 ~ 10
	社会发展水平	第一产业从业人员比重（%）	6	5 ~ 15
		农民人均纯收入（元）	6	15000 ~ 2500
		城镇化率（%）	10	25 ~ 30
		恩格尔系数（%）	10	35 ~ 40

三　河南省农业现代化水平的测评

（一）农业现代化发展阶段的划分

根据农业发展阶段理论和国内外专家对于农业发展阶段的划分，本章将农业现代化的发展进程划分为五个阶段，分别为农业现代化的准备阶段、起步阶段、初步实现阶段、基本实现阶段和完全实现阶段。分值共 100 分，完全实现农业现代化目标为最高分 100 分。准备阶段：农业生产中现代化的生产要素投入很少，基本处于传统农业阶段，现代化实现程度的分值小于 30 分。起步阶段：现代化生产要素对于农业的生产起到了一定的作用，农业现代化实现程度的分值为 30 ~ 50 分。初步实现阶段：农业生产的投入水平和产出水平较高，但是农业内部结构和外部环境尚不协调，农业现代化实现程度的分值为 50 ~ 70 分。基本实现阶段：现代农业已基本处于良性发展阶段，但是农业与市场经济，农业与农村、农民，农业与生态环境等还存在不协调的因素，农业现代化实现程度的分值为 70 ~ 90 分。完全实现阶段：农业、农村、农民问题基本解决，农村经济生活和生态环境协调发展，农业现代化实现程度的分值为90分以上。

（二）数据的标准化处理

为了确保研究的真实可靠，本节数据均采用《河南统计年鉴》的统计数据，对于个别年份缺失的数据，用回归模型做插入处理。由于不同指标数据的性质不同，需要对其做标准化处理，本章采用分段赋值的方法对数据做标准化处理（具体见表3－5）。分段赋值法是主要针对不同性质的个体指标做长期分析的方法。首先，对于个体指标 C_{ij} 进行赋值，取值为 $0 \sim 1$，进行初始标准化处理，将12个个体指标分为六个级次进行赋值，第一级次为0.1，第二级次为0.3，第三级次为0.5，第四级次为0.7，第五级次为0.9，第六级次为1.0。从第二级次到第六级次分别对应了农业现代化发展阶段的准备阶段、起步阶段、初步实现阶段、基本实现阶段和完全实现阶段。标准化公式可表示为：

$$Y = \{0.1 | y = 第一级次, 0.3 | y = 第二级次, 0.5 | y = 第三级次,$$
$$0.7 | y = 第四级次, 0.9 | y = 第五级次, 1.0 | y = 第六级次\}$$

表3－5　农业现代化测评标准值划分

指标	权重	一级标准	二级标准	三级标准	四级标准	五级标准	六级标准
C_{11}	9	<5	5 ~ 10	10 ~ 15	15 ~ 20	20 ~ 25	>25
C_{12}	9	<30	30 ~ 45	45 ~ 60	60 ~ 75	75 ~ 90	>90
C_{13}	9	<5	5 ~ 7.5	7.5 ~ 10	10 ~ 15	15 ~ 20	>20
C_{14}	9	<500	500 ~ 1000	1000 ~ 1500	1500 ~ 2500	2500 ~ 3500	>3500
C_{21}	8	<4	4 ~ 5	5 ~ 6	6 ~ 7	7 ~ 8	>8
C_{22}	8	<0.1万	0.1万 ~ 0.5万	0.5万 ~ 0.9万	0.9万 ~ 1.3万	1.3万 ~ 1.7万	>1.7万
C_{23}	8	<0.5万	0.5万 ~ 2万	2万 ~ 3.5万	3.5万 ~ 5万	5万 ~ 6.5万	>6.5万
C_{24}	8	>40	30 ~ 40	20 ~ 30	10 ~ 20	5 ~ 10	<5
C_{31}	6	>60	45 ~ 60	30 ~ 45	15 ~ 30	5 ~ 15	<5
C_{32}	6	<0.1万	0.1万 ~ 0.5万	0.5万 ~ 0.8万	0.8万 ~ 1.5万	1.5万 ~ 2.5万	>2.5万
C_{33}	10	<20	20 ~ 30	30 ~ 40	40 ~ 50	50 ~ 60	>60
C_{34}	10	>55	45 ~ 55	35 ~ 45	30 ~ 35	25 ~ 30	<25

（三）河南省农业现代化测评模型

根据以上构建的河南省农业现代化评价体系和层次分析，组建河南省农业现代化发展程度测评模型组。该模型组包括农业现代化发展程度总模型和农业投入水平一级子模型、农业产出水平一级子模型和农村社会经济发展水平一级子模型。

农业现代化发展程度总模型（AM）：

$$AM = W_1 B_1 + W_2 B_2 + W_3 B_3$$

农业投入水平一级子模型（B_1）：

$$B_1 = W_{11} C_{11} + W_{12} C_{12} + W_{13} C_{13} + W_{14} C_{14}$$

农业产出水平一级子模型（B_2）：

$$B_2 = W_{21} C_{21} + W_{22} C_{22} + W_{23} C_{23} + W_{24} C_{24}$$

农村社会经济发展水平一级子模型（B_3）：

$$B_3 = W_{31} C_{31} + W_{32} C_{32} + W_{33} C_{33} + W_{34} C_{34}$$

运用农业现代化的测评模型，参考分段标准化的数值，可以测算出农业现代化的发展水平。

（四）河南省农业现代化的测评结果及分析

从测评总体结果（见表3-6和图3-1）可以看出，除了1980~1985年略有下降以外，河南省的农业现代化保持着很高的发展速度。1978年农业现代化得分为15.2，到2013年，农业现代化分值达到63.2，增幅高达315.8%，特别是在1995年以后发展迅速，年均增长幅度在10%以上。根据农业发展理论对于农业发展阶段的界定，河南省的农业现代化已达到初步实现阶段。但是河南省的农业现代化发展也存在许多问题，如内部结构不合理、各个因素发展不协调，也严重阻碍了河南省农业现代化的发展进程。具体问题主要有两个方面。

一是农业劳动力人均耕地资源短缺，农业生产规模小。第一产业从业人员的人均耕地面积一直处于较低水平，几乎没有增长。如表3-5和表3-6

表 3 - 6　河南省农业现代化的测评结果

年份	个体指标分值												总值
	B_{1j}				B_{2j}				B_{3j}				
1978	0.9	4.5	0.9	0.9	0.8	0.8	0.8	2.4	0.6	0.6	1	1	15.2
1980	0.9	4.5	0.9	0.9	0.8	0.8	0.8	0.8	0.6	0.6	1	1	13.6
1985	0.8	2.7	0.9	0.9	0.8	0.8	0.8	2.4	0.6	0.6	1	1	13.4
1990	0.9	4.5	0.9	0.9	0.8	2.4	0.8	2.4	0.6	0.6	1	3	18.8
1995	0.9	4.5	0.9	0.9	0.8	2.4	2.4	4.0	0.6	1.8	1	1	21.2
2000	2.7	6.3	0.9	0.9	2.4	2.4	2.4	4.0	0.6	1.8	3	3	30.4
2005	4.5	6.3	0.9	2.7	4.0	4.0	4.0	5.6	1.8	1.8	5	3	43.6
2010	4.5	6.3	0.9	2.7	4.0	5.6	5.6	5.6	3.0	3.0	5	5	51.2
2013	6.3	6.3	0.9	4.5	4.0	7.2	7.2	5.6	3.0	4.2	7	7	63.2

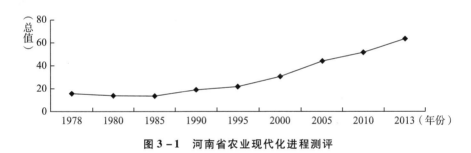

图 3 - 1　河南省农业现代化进程测评

所示，河南省的劳均耕地面积从 1978 年到 2013 年一直位于第一级次，权重为 9，总得分一直为 0.9，但对劳均耕地面积这个个体指标而言，发展程度仅为准备阶段，严重拉低了河南省农业现代化测评的结果，成为农业现代化发展的短板。

二是农业从业人员过多，比重过大。从河南省第一产业从业人员比重的数值上可以看出，1978 年河南省的第一产业从业人员比重高达 80.6%，到 2013 年有了很大的下降，比重为 40.1%，下降幅度为 50%。但是与其他指标相比，速度依旧缓慢。从表 3 - 6 可以看出，2000 年以前，河南省的第一产业从业人员比重指标一直处于第一级次。2000 年以后有所增长，但非常缓慢，到 2013 年，河南省农业从业人员比重个体指标仅处于起步阶段，影响了河南省农业现代化的总体水平。

第四节　农业剩余劳动力转移对农业现代化的影响

从对河南省农业现代化发展的分析中可以看出，大量农村剩余劳动力的存在制约了河南省农业现代化的发展，因此农业现代化发展需要转移农村剩余劳动力。本章将运用实证分析的方法研究农业现代化和农村劳动力之间的相互关系，从正负两方面分析农村劳动力转移对于农业现代化的影响。

一　农村劳动力转移与农业产出之间的实证分析

在农业生产过程中，劳动力是重要的生产要素，劳动力的投入对于农业生产发挥着巨大的作用。但是根据边际要素递减规律，在资本和土地投入一定的情况下，劳动力的大量投入不仅不会增加产出，反而会使农业部门的产出水平下降。从生产要素投入来看，农业部门的生产要素主要有土地、技术、资本和劳动力。在其他因素不变的情况下，劳动力的减少会导致农业产出水平的下降，但是当农业部门存在大量的剩余劳动力时，剩余劳动力的转移可以通过增加劳动时间和提高劳动生产率来得到弥补。在农业生产要素的投入中，与劳动力相比，资本要素是稀缺的，而资本的相对投入不足又导致技术水平提高困难。因此，我们可以把农村剩余劳动力的转移看作资本和劳动力两要素的置换过程，农村剩余劳动力在从农业部门流出的同时，为农业部门注入所需资本，不仅用于弥补劳动力的流失，而且用于提高农业生产技术，这个过程可以看作农村剩余劳动力转移对于农业产出的影响。

（一）计量模型的构建

以下本章用柯布－道格拉斯函数来验证农村剩余劳动力的转移对于农业产出水平的影响，并测算各要素的影响水平。具体模型如下：

$$Y = AL^a K^b T^c \qquad\qquad (3-1)$$

式（3－1）中 Y 表示农业产出水平，A 表示技术投入，L 表示农业劳动力的投入水平，K 表示资本要素投入，T 表示土地要素投入，a 表示农业劳动力的产出弹性，b 表示资本要素的产出弹性，c 表示土地要素的产出弹性。

将式（3-1）两边取对数得到如下方程：

$$\ln Y = \ln A + a\ln L + b\ln K + c\ln T + d \tag{3-2}$$

（二）变量和数据的解释

农业产出 Y 选用 1978~2013 年的农业增加值，数据来源于《河南统计年鉴》。土地是影响农业产出的重要因素，本章用河南省农业耕地面积表示土地投入，用第一产业从业人员表示农村劳动力投入，用单位耕地的农业机械总动力表示农业科技投入。用 Eviews 采用最小二乘估计法，得出相关结果：

$$\ln Y = 10.50867 - 0.615821\ln L + 0.218904\ln K + 0.492881\ln T$$

$$R^2 = 0.894632, 修正后的\ R^2 = 0.885671, F = 100.6231, DW = 2.50021$$

通过以上的回归分析可以看出，在农业生产各要素中，农业劳动力投入与农业产出负相关，土地投入和科技投入与农业产出正相关。第一产业从业人员每增加 1 个百分点，农业产出就会减少 0.62 个百分点。因此，就目前河南省的农业发展阶段而言，促进农村剩余劳动力的减少有利于农业现代化的发展。

二　河南省农村劳动力转移对农业现代化的促进作用

（一）农村劳动力转移有利于提高农民收入

大量的农村剩余劳动力从农业生产中转移出来，一方面增加了留守劳动力的平均耕地面积，扩大了农业的生产规模，提高了农业的劳动力生产率，增加了农民收入；另一方面，释放出来的劳动力转移到第二和第三产业中去，与从事农业生产相比，收入更高，风险更小。因此，本节主要对河南省农业劳动力的投入和农民收入做相关性分析。河南省的经济发展迅速，进入 21 世纪以后农业、农民、农村"三农"建设成绩显著，2000 年河南省的农村家庭人均纯收入为 1986 元，到 2013 年增长至 8475 元，共增加了 6489 元，年均增长 25 个百分点。从《河南统计年鉴》的相关数据中可以看出，随着第一产业从业人员的不断减少，河南省农村家庭的人均收入呈不断上升的趋势。用 Y 表示农村家庭人均纯收入，x 表示投入的劳动力水平，即第一产业从业人员，建立一元回归模型：

$$Y = a + bx + e \qquad (3-3)$$

以河南省 2000~2013 年的时间序列数据，用 Eviews 采用最小二乘估计法，得出相关结果：

$$Y = 21859.82 - 5.8512x$$

$$R^2 = 0.8567，修正后的 R^2 = 0.8436，F = 71.1443，DW = 0.2632$$

修正后的 R^2 为 0.8436，说明该方程的拟合优度较高，进而说明河南省农村劳动力的投入和农民收入之间显著地负相关，随着农业劳动力数量的增加，河南省农村家庭人均纯收入呈显著减少趋势。从以上的分析中可以看出，河南省农村劳动力每增加 1 万人，农村家庭人均纯收入就减少 5.8512 元。因此，做好河南省农村劳动力的合理安置工作，对于增加农民收入至关重要。

（二）农村剩余劳动力转移提高了农业土地利用效率

从表 3-7 可以看出，河南省的第一产业从业人员数量在 2007~2013 年一直处于下降趋势。2007 年第一产业从业人员数量为 2920 万人，2013 年为 2563 万人，下降幅度约为 12.2%，平均每年下降 2 个百分点。然而，2007~2013 年河南省的农作物产量并没有因农业劳动力的减少而降低，反而呈逐年上升趋势。这些数据证明了，农村劳动力的转移并未造成农业产出的下降。相反，转出以前，大量剩余劳动力的存在导致农业机械化和科技化无法开展，影响了农业生产效率的提高。在大量的农村剩余劳动力转移出去以后，农业机械设备的规模效用才逐步发挥，促进了农业生产率的提高。

表 3-7 河南省农作物单位面积产量

单位：千克/公顷，万人

指标	2007 年	2008 年	2009 年	2010 年	2011 年	2012 年	2013 年
粮食	5540	5589	5565	5582	5621	5647	5667
油料	3232	3328	3458	3457	3372	3619	3705

指标	2007 年	2008 年	2009 年	2010 年	2011 年	2012 年	2013 年
棉花	1071	1074	963	957	964	1001	1016
甘蔗	54840	59426	61869	66622	67398	67709	71678
烟叶	2339	2389	2341	2353	2345	2446	2526
生麻	3193	3844	3857	5218	5351	5552	5582
蔬菜	36933	37313	37645	38873	39008	40523	40741
瓜果	43604	44828	45111	46759	48022	50348	50874
从业人员	2920	2847	2765	2712	2670	2628	2563

资料来源：《河南省统计年鉴》（2008～2014 年）。

（三）农村剩余劳动力的转移有利于农业规模经营

农业的适当规模化是合理利用土地资源，达到土地生产率、劳动生产率最优的一种农业经营方式，其规模化程度与特定时期的土地资源、劳动力资源以及社会生产技术水平相关。

河南省的农业耕地面积除 2009 年有较大幅度的增加以外，其他年份一直处于基本稳定的状态（见表 3－8）。再加上经济的发展，工业用地、住房用地的需求增加，人口稠密的河南省的土地资源开发已经达到了上限。在此情况下，要想实现农业的规模化生产，促进农村剩余劳动力的转移，减少第一产业的从业人员数量是唯一可行的途径。

表 3－8　河南省农业耕地及劳均耕地面积

单位：千公顷，亩

指标	2005 年	2006 年	2007 年	2008 年	2009 年	2010 年	2011 年	2012 年	2013 年
农业耕地	7201.2	7202.4	7201.9	7202.2	8192	8177.5	8161.9	8156.8	8156.8
劳均耕地	3.4	3.5	3.7	3.8	4.4	4.5	4.6	4.7	4.8

资料来源：《河南统计年鉴》（2006～2014 年）。

为了更直观地了解河南省农村剩余劳动力转移对于促进农业规模化经营的作用，本章用劳均耕地面积这一指标来说明。2012 年，河南省的农业人口总数为 6070 万人，农业人口的人均耕地面积为 0.134 公顷，第一产业从业人员的人均耕地面积为 0.31 公顷。由此可说明，河南省的农村劳动力转移至城镇以后，农业劳均耕地面积会有很大的提升空间。

从表 3-8 可以看出，虽然河南省的农业耕地面积在 2009 年以后一直略有下降，但是河南省的农业劳均耕地面积一直稳步增长。从 2005 到 2013 年，劳均耕地面积共增加了 1.4 亩，增幅为 41.2%，年均增长 5.15 个百分点。这主要归因于河南省第一产业从业人员不断减少，2005~2013 年，河南省的第一产业从业人员共减少 357 万人次，第一产业从业人员的减少使得河南省的劳均耕地面积保持了增长趋势。

综上研究表明，河南省农村剩余劳动力的转移对于劳均耕地面积具有增加效应，农村劳动力的转移对于农业的规模化经营和农业现代化的发展具有促进作用。

（四）河南省农村剩余劳动力的转移提高了农业资金投入

农村劳动力的转移增加了农民收入，资金回流促进了农村社会整体的发展。2000 年河南省农村家庭人均总收入为 2726 元，其中工资性收入为 474 元，占总收入的 17.4%；到 2013 年，河南省农村家庭人均总收入为 11345 元，其中工资性收入 3582 元，占总收入的比重增至 31.6%。而农民收入的增加直接增强了农村家庭的抗风险能力，促进了农民对于农业生产的投入，有利于农业机械化的普及和新技术的推广，提高了农村土地的产出率和农村劳动力的劳动生产率，促进了农业现代化的发展。从 2000 年到 2013 年，河南省的农业机械总动力由 5781 万千瓦增至 11150 万千瓦，年均增长 7.1 个百分点；农用塑料薄膜使用量由 9.19 万吨增至 16.78 万吨，年均增长 6.4 个百分点。

（五）河南省农村剩余劳动力转移推动了农村人力资本投资

非农就业的农村劳动力收入增加了。转移到第二和第三产业的劳动力，从主观方面为了适应职业需要和提高就业竞争力会主动学习新的劳动技能，增强对新技术、新环境的适应性；从客观方面，用人单位的岗位培训为转移劳动力素质的提高提供了条件。另外，生活环境的改变也促使转移劳动力思维观念的改变和眼界的开阔。穆光宗（2006）认为农村剩余劳动力的转移是农村人力资本投资的形式。由于我国农村剩余劳动力的转移不彻底，大部分属于候鸟式，有的农忙时务农，农闲时务工；有的年轻时外出务工，工作几年后返回农村。通过这样的回流，把学到的新知识、新技术和新经验带回了农村，有利于农业现代化建设所需人力资源水平的提高。

但同时，农村剩余劳动力转移对农业发展的影响并非都为正面的，劳动力转移不均衡等因素可能会对农业发展带来一些负面影响，如农村剩余劳动力转移滞后带来的农业整体效益不高问题。规模化经营是农业现代化的重要特征，但是由于我国人口稠密、耕地资源有限，单位劳动力的耕地面积大大降低，难以形成规模优势。特别是大型农业机械设备的使用和先进科技的投入对于农业劳动力的替代作用越来越显著，如果这些农业劳动力得不到有效的转移，将影响农业的生产效益和整体竞争力。河南省人口稠密，农村剩余劳动力丰富，如果其得不到合理的转移而长期闲置在农村，势必影响大型机械设备的使用。

农村剩余劳动力转移也会导致农业生产的人力资本缺乏问题。为了了解河南省农村劳动力的转移情况，笔者在 2013 年的寒假邀请河南省农村户籍的学生在春节期间对其居住地的外出务工人员进行访问，共包含了 600 个家庭。此调查中河南省转移的农村剩余劳动力的年龄结构如图 3 - 2 所示。

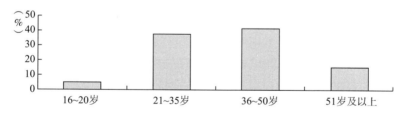

图 3 - 2　河南省转移的农村剩余劳动力的年龄结构

在访问的 600 人中，16～20 岁的人数比例为 4.8%，21～35 岁的人数比例为 37.9%，36～50 岁的人数比例为 41.8%，51 岁及以上的人数比例为 15.5%。由数据可看出，青壮年约占总体的 80%。从农村劳动力转移的质量来看，外出务工者大多是受教育程度较高或者拥有一技之长的人。张力（2006）的研究显示，从农村走出去的高校学生在毕业后回到农村的比例仅为 4%，农村劳动力的转移造成大量的人才流失，在转移超前的情况下，农业的发展将面临严重的动力不足的问题。

第五节　农村劳动力转移背景下河南省农业现代化的路径选择

通过以上对河南省劳动力转移和农业现代化水平的分析可以看出，河南省的农业现代化水平还很低，劳动力转移除了在速度和规模上滞后以外，在内部结构上也不尽合理。本章主要讨论，基于这样的现实条件河南省农业现代化的路径选择问题。

一　农业现代化实现模式的国际比较及启示

农业现代化的发展道路并没有一个整齐划一的标准，不同的历史阶段、社会环境、经济条件甚至文化背景都会使不同国家或地区的农业现代化道路表现出不同的特色。我们研究国外的农业现代化发展时，通常将世界农业现代化的模式分为欧洲、美国、日本、印度等几种模式。

（一）欧洲的农业现代化发展模式

法国是欧洲农业发展的典型代表，在农业的发展中面临的问题主要是人多地少、土地经营分散、农业生产规模有限。这些因素严重阻碍了农业技术和农业机械设备的推广与使用，造成农业的生产率不高。面对农业发展所遇到的障碍因素，法国主要采用"以工养农"的措施来促进农业用地的合并和集中。一方面加大对农业的物力和智力支持，另一方面推广农业设备，以促进土地生产率和农业劳动生产率的提高。一是为加速土地的集中，促进农村劳动力的转移，法国政府规定，年满 55 岁的农民由国家赡养，并一次性发放终身补贴；加大对于农村年轻劳动力的职业培训，鼓励他们到城市就业。二是在促进农业生产规模化和机械化的同时促进本国农业的专业化经营，合理布局农业的专业分工。三是鼓励农民加入农业合作社，提高农业的抗风险能力和经营管理的专业化水平。

（二）美国的农业现代化发展模式

美国不仅是世界经济强国，而且是世界农业强国。它不仅可以满足 3 亿多人口的农产品需求，而且可将每年 2/3 的农产品用于对外出口。美国农业的发展拥有得天独厚的自然条件，其先进的科学技术、现代化的农业机械设备和农业经营管理方法也是其他地区农业发展所不及的。总的来说，美国农业现代化的发展模式有以下几个特征。一是美国人少地多、劳动力成本高昂，这就促进了美国农业机械的使用和农业科技的创新。二是农业的规模化生产。家庭农场是农业的基本组织形式，农业的大规模经营极大地促进了生产效率的提高。三是美国政府对于农产品实行保护和价格补贴，在农业信贷方面给予支持，为农业提供良好的发展环境。四是拥有健全的农业服务体系，从农业的生产、加工到农产品的销售，把农户与市场充分地结合起来。

（三）日本的农业现代化发展模式

日本是亚洲首个在东方传统农业的基础之上发展农业现代化的国家。其农业发展具有亚洲共性，即可耕地少、人口密集。日本实行的劳动力转移模式也为我们农业的发展提供了良好的经验借鉴。二战以后，日本的农业遭到了严重的破坏，致使其农业发展的道路十分坎坷，农业现代化的实现主要依靠先进科学技术的投入和农业资本的增加。战后日本政府在农业的恢复和发展中起着主导作用。首先，根据农业发展在不同阶段的特点，日本政府制定和实施与之相对应的农业发展规划和政策，同时完善与农业相关的各种法律法规，使农业的发展有法可依。其次，大力引进国外的先进技术和农业机械设备，在农业科研和农业技术推广方面从制度、法律、资金三方面全力支持。最后，充分发挥政府宏观调控职能，运用财政手段对农业进行直接补贴，对农业贷款实行优惠政策，极大地调动了农民的积极性，促进了农业的发展。

（四）印度的农业现代化发展模式

印度作为一个发展中国家，人口众多，资源相对贫乏，与我国有着许多相似之处。农业人口占全国人口的大多数，且伴随着较快的人口增长。20 世纪五六十年代，印度开始实行"五年计划"，优先发展工业，由于粮食不能自给，农业发展的压力巨大。对此，政府进行了全面的调整。在引进优良品种的同时，全面发展国内的灌溉农业，兴办水利工程，推广农业的机械化。但是由于印度发展农业的目标是实现粮食的自给，所以在农业的专业化生产、农产品的深加工等方面，还存在很大的欠缺，距实现农业现代化还有很大的距离。

每个国家或者地区的历史条件、社会环境不同，农业现代化的路径选择也各不相同，但共同的特点是都选择了适合本国或本地区的发展方式，最终都实现了农业的现代化发展。分析国外农业发展的经验和教训能给我们一些良好的启示，我国在农业现代化发展时就可以少走弯路。

启示一：农业发展道路的选择必须以本国的自然禀赋、社会环境、经济条件为依据。农业的现代化发展是以生产技术的不断推进为动力的，而任何生产技术的投入都必须根据本国或本地区的实际情况而定，不能盲目照搬他国的经验模式。美国因为人少地多，所以采用机械化来替代劳动力；日本由于人多地少、资源缺乏，所以走生物科技的道路，我国农业的发展模式也应根据我国的具体情况而定。

启示二：政府在农业改革和相关政策的制定方面扮演着重要角色。从发达国家和地区的农业现代化发展进程来看，政府都在农业发展环境、农产品的保护方面起着至关重要的作用。无论是法、美、日这些发达国家，还是印度这样的发展中国家，政府都在法律法规的颁布、国家政策的制定、科技教育的投入等方面给予农业巨大的支持。

启示三：先进的科学技术是农业发展的不竭动力。可以说，在任何国家或地区的农业现代化进程中，先进的适合本国发展的科学技术都是不可或缺的重要因素。从农业现代化初期的机械化、电气化、水利化和化学化，到农业现代化中期的信息技术、温室技术，再到农业现代化后期的基因工程、生物技术，无一不是科学技术在农业生产中应用和发展的过程。

二　河南省农业现代化的道路选择

河南省是人口大省，农村人口在总人口中占有很大的比例，在大量的农村劳动力转移以后首先必须实行农业的工业化，其次必须走农业的科技化、市场化、标准化、可持续发展道路。

（一）转变农业生产方式

农业的工业化是指以工业的先进机械设备来代替传统的体力劳作，提高农业的劳动生产率，实现农业由传统部门向现代部门的转变，这是农业现代化的基本前提和农业生产力水平的衡量标准。

以工业的先进设备武装农业，实现农业的机械化。生产工具是生产力发展水平的重要标志，以工业的先进设备来武装农业，提高农业的劳动生产率是实现农业现代化的物质基础。河南省虽是我国的农业大省，粮食产量较高，但是农业的机械化水平还很低，远远不能满足农业现代化的需求。随着农业产业化的发展，农业专业化分工也越来越精细，这就要求为农业的高机械化水平提供技术支撑和物质保障。首先，要根据当地发展程度选择适应本地区农民的农业机械；其次，构建农机科研推广平台，在加大农业科技创新投入的同时，吸收、消化从发达国家引进的先进技术，做好新技术的推广、普及工作；最后，完善农机服务，对于贫困地区、规模小的生产者建立完善的农机信贷体系。

以工业中的先进管理制度和经营理念武装农业，实现农业的企业化。农业的企业化是指以企业的生产经营方式来武装农业，实现生产、加工、销售各个环节的标准化操作，以市场的需求为导向，以提高经济效益为目的，建立规模化、商品化、市场化的生产企业的过程。传统的农业生产决策主要依靠农民的个人经验、往年的市场价格等，具有很大的风险性。在企业的模式下，运用现代信息技术进行市场分析，运用现代生产技术对农业生产环境进行检测，不仅可以大大提高生产效率，而且有利于农业的科学化、合理化和资源的优化配置。

（二）实行科技兴农战略，增强河南省农业发展所需的科技实力

科学技术是第一生产力，先进的科学技术是农业发展的不竭动力。河南省要实现农业现代化，就必须在财力、物力等方面不断加大对农业科研创新的投入力度，建立覆盖范围广、服务质量高的农业科技推广、宣传体系，及时、有效地把先进的农业科技转变成先进的生产力。

在全省范围内，根据每个地区的不同特色，因地制宜地建立农业试验园区和新品种的培育基地，发挥试验园区和育种基地的典型示范作用，向农民推广新的农业品种和先进的种植技术，把科研成果与实际生产紧密结合起来。引导农民发展支柱产业，形成农业的专业化经营，提高当地农产品的市场竞争力。

农业科技的普及程度一方面依赖农业科技推广和普及的力度，即推力的

作用；另一方面依赖农民的接受能力，而农民的科学文化素质直接影响了农民对于先进科技的接受能力。因此，河南省要实现农业的现代化，必须从第一产业从业人员的教育着手，充分发挥农业院校和农机服务中心的作用。

（三）走农业合作化道路，走向市场，在竞争中求发展

目前我国以家庭联产承包责任制为基础的土地制度，使农业的经营分散，组织化程度低，无法获得土地的规模效益，由于单个农户的经济实力较弱，抵御市场风险的能力也大大降低。走农业合作化道路，把零散的农业资源集中起来，形成经济实力雄厚的农业合作社或大型的农场，进行单个农产品的专业化生产和深加工，提高农业的抗风险能力。

紧紧围绕河南省的特色农业产品和主导产品，树立特色品牌，促进农业的产业化经营，提高农产品的品牌知名度。建立农产品的生产销售服务体系，从生产信息的提供、物流基础设施的配套到销售渠道和销售网络的完善全面推进，加大政府的帮扶力度，形成农产品的绿色销售通道，为农产品走向市场提供配套服务。

（四）建立统一的农业标准，提高农业的标准化程度

农业的标准化是指按照"统一、简化、选优"的原则制定统一的农业标准，把农业生产的产前、产中、产后的全过程都纳入标准化的轨道中。农业的标准化对于提高农产品的市场竞争力、推进农业现代化的进程具有十分重要的意义。河南省农业经营分散，缺乏统一的标准，应尽快建立统一的包括农产品质量检测标准、农业生产加工环境标准在内的农业标准体系，这对于河南省加快由传统农业向现代农业转变的意义深远。

随着人民生活水平的提高，对于农产品不再只有数量上的需求，尤其是加入世贸组织之后，外国农产品的进入极大地丰富了我国的农产品市场，人们开始对农产品的质量和多样性有了更高的要求。河南省的农业要想在竞争中立于不败之地，必须走集约、精准的品质化道路。在农产品质量检测标准方面，必须全面掌握不同的国家或地区对农产品的要求和差异程度，做到信息及时更新、同步检测，在农产品的生产、加工、销售各个环节都设立标准，满足国内、国际不同市场的客户需求，走农业的国际化道路。

建立系统化的农业检测体系。首先，充分利用国家现有的质检机构，来满足统一的普遍范围的质量检测需要，比如农药、饲料以及主要动植物和粮、棉、油方面的质量检测。其次，完善地方的质量检测体系，根据当地农产品的不同特色，建立一些适合当地农产品检测需要的试点和机构，针对本地区的特色产品进行严格把关，确保农资商品的质量。此外，不可忽视农业的生产环境，应加强对土壤环境、气象灾害、环境污染等方面的检测，从源头上保证农业的生产安全。

（五）走可持续的农业发展道路

可持续发展指既能满足当代人的发展需要又不损害子孙后代利益的发展。近年来，全球范围内环境问题突出，生态破坏、环境污染已是人类面临的最严峻的问题，水土流失、环境污染、土壤荒漠化和盐碱化、森林覆盖率降低、耕地退化等一系列问题严重阻碍了我国农业的发展。河南省是我国的农业大省，其农业生产关系国家安全，要解决这一系列的难题，不能简单地模仿和照搬发达国家的发展模式，必须走出一条适合国情省情的特色化可持续发展道路。

把环境保护与农业的生产结合起来，发展生态农业。不断加强农业的生态建设，把先进的环保技术和农业生产技术结合起来，发展生态农业，实现经济效益、社会效益和环境效益的良性发展。根据河南省的资源特征，发展农业的多种经营模式，实现种植业与林、牧、副、渔业的综合发展。

把环境保护与农业的产业化经营结合起来。先发展后治理的道路是不可取的，农业的产业化是实现农业现代化的现实途径，但是如果在发展过程中不注重环境的保护、资源的节约，极易造成生态的破坏，对资源环境产生不可逆转的损害。因此，农业的产业化应坚持"靠山养山、靠田养田、靠水养水"的理念，因地制宜地把产业经营与区域开发结合起来，把经济发展与环境保护结合起来，实现资源的优化配置和农业的可持续发展。

第四章 信息化与工业化融合发展

第一节 研究背景及文献评述

一 研究背景

信息技术被广泛地应用到工业生产当中，对工业企业的影响也与日俱增。信息化作用下的工业形态发生了显著的变化：工业与市场的变化加快，新行业不断涌现，行业间的边界变得模糊，知识和信息成为国家最重要的资源之一，信息产业开始成为主导产业。

随着我国信息经济的不断发展，原来单纯依靠资源消耗的发展模式难以为继。利用现代信息技术改造传统工业生产，可以有效提高工业的生产效率，增加工业企业的经济利润，优化资源配置，突破经济发展受资源环境制约的瓶颈。如今，走新型工业化道路已经成为全国人民的共识。

西方发达国家经过三次工业革命，都基本完成了工业化进程，目前正在进行以信息化、智能化为标志的第四次工业革命。从国内情况来看，我国虽然在过去几十年的工业化建设中取得了辉煌的成就，已经整体进入工业化中后期阶段，但仍未完成工业化进程，产业结构仍存在不少问题，在信息化浪潮的冲击下，必须利用信息技术对我国的传统产业结构进行进一步的调整升级。因此，结合我国基本国情，党和政府提出了走一条工业化与信息化相互融合（以下简称"两化"融合）的新型工业化道路的战略任务。工业化与信息化的发展水平以及两者之间的融合程度，已经成为一个国家综合国力的重要标志。在这种背景下，深入研究工业化与信息化融合的发展理论并开展"两化"融合的伟大实践,对我国的现代化进程具有十分重要的现实意义。

自从"两化"融合的新思路提出以来,"两化"融合发展理论成为各种机构与专家学者关注和研究的重点、热点。尽管学术界关于"两化"融合的理论已经非常丰富,但许多研究采用的方法是定性分析,定量分析的方法应用得较少。在对"两化"融合定量分析的研究中,对微观企业层次的融合情况的研究居多,对中观行业层次的融合研究次之,对宏观区域层次的"两化"融合的研究最少,这与数据的收集困难、工作量大不无关系。

本章试图在已有研究资料的基础上,采用定性分析和定量分析相结合的方法,对一个宏观区域——河南省进行"两化"融合发展水平的测度,以期通过理论和实证分析,总结工业化与信息化融合的途径和方法,评估"两化"融合的质量和效率,并提出一些符合河南省经济发展实际的可行建议。

河南省是中部地区的人口大省、经济大省,尽管近几年河南省信息化水平取得了较快的发展,但是现在仍处于全国中游偏下的水平,信息化与沿海省份的差距还很大。河南省的信息化水平和经济大省的地位很不相称。另外,我们发现河南省产业结构中的信息制造业不强,在全国处于落后水平,这一因素严重影响了全省信息化的整体水平。河南省2012年的电子信息产业产值仅占全国的2.36%,占该省GDP的6.7%,这一现状既不符合建成经济强省的要求,也不利于产业结构的调整。

以河南省为研究对象,分析河南省"两化"融合的现状和不足,探讨"两化"融合的途径、测度方法和质量,以期找到信息化和工业化融合程度不高的原因,发掘河南省独特的优势,最后提出提高该省"两化"融合发展水平的相关建议,对河南省经济发展有着重要意义。

本章亦运用因子分析法、C－D生产函数和空间向量模型丰富了"两化"融合定量分析和质量评价方面的相关研究理论。

二 文献评述

为了考察"两化"融合的基本内涵,我们有必要先考察一下国内外关于工业化内涵、信息化内涵以及"两化"之间的关系和融合内涵等方面的研究，并且从不同的角度给予综合评述。

（一）工业化的理论来源

首先，国内外学者对工业化进行了狭义的定义。吴敏一、郭占恒（1991）认为工业化指的是制造业的发展；钱纳里等（1989）认为工业化的进程其实就是制造业产值不断增加的过程，他提出了用制造业产值的比重衡量工业化发展水平的观点；徐长生（2001）认为工业化是工业结构变化的动态过程；西蒙·库兹涅茨（1966）提出工业化是资源从农业向非农业转变的生产、消费活动；周宏仁（2008）从产业演进的角度提出工业化是农业经济向工业经济的历史演进过程。综合来看，狭义的工业化特别强调制造业的发展是工业化进程的显著特征之一，指出资源配置从农业部门向工业部门流动，强调第二产业主导产业结构的变革以及农业经济向工业经济的演进等。

张培刚（1991）首次提出了广义的工业化，他认为广义的工业化不仅包括工业发展，而且包括农业发展，是工业、农业两个方面的机械化和现代化。20世纪90年代他又将工业化表述为"社会生产方式的一种变革，国民经济中一系列基要的生产函数（或生产要素组合方式）连续发生的由低级到高级突破性变化（或变革）的过程"。杨小凯（1994）用"分工理论"对工业化问题做出了新的阐释，他指出，工业化是使社会经济结构从自给自足的状态逐步演进为专业分工并高度依赖贸易和市场的工业化阶段的过程。杨小凯认为工业化的特点是促进分工演进、提升商业和贸易依存度、提高个体专业化水平、促进企业制度的完善和劳动市场的发展。郭克莎（2000）认为，工业化是一个国家或地区的工业产值持续增长，并且其中的一系列生产函数连续发生从低级到高级突破性变化的过程。

工业化不能简单地理解为工业的发展过程，它还应该包括农业和服务业的产业化，以及社会经济体系中其他领域变化与变迁的过程。对工业化的狭隘认识，容易影响国家发展战略的选择以及公共政策的制定。由于认识上的偏差，一些地方不惜牺牲农业、服务业发展工业，造成各种恶劣的环境和社会后果，令人深思。

（二）信息化的理论来源

"信息化"一词被学术界公认为起源于日本。1963年，日本社会学家梅倬忠夫首次提出了信息化的思想。1967年日本的一个经济研究团体参照"工业化"的概念最早提出"信息化"的概念，并开创性地使用了日语"Johoka"一词。这预示着未来人类社会将步入一个以信息产业为主体、信息资源高度发达的信息化社会。1977年"Johoka"一词正式被翻译成英语"Informatization"，即"信息化"，开始在全世界流行和使用。信息化的概念源自社会学有关社会发展阶段划分的新理论，最早可以追溯到美国社会学家丹尼尔（1984）"后工业化社会"理论的提出。但是，随着信息化的快速发展和有关理论研究的推进，学术界对信息化概念的理解也不断加深和外延。

甘中达（2009）将国民经济信息化划分为产品信息化、企业信息化、产业信息化、经济信息化、社会信息化五个层次。较高层次的信息化应用包含较低层次的信息化应用。其中，社会信息化是最高层次的信息化，它不但包含产品信息化、企业信息化、产业信息化、经济信息化，而且包括其他一切社会和经济领域内的信息化。

中外专家学者从不同角度阐述对信息化内涵的认识，概括起来主要有以下几种观点。

从生产力发展的角度看，信息化是人类社会的生产力从工业化阶段发展到信息化阶段的过程。在信息化社会里，信息作为一种资源所发挥的作用比物质和能量资源发挥的作用还要大。人类生存涉及的所有领域全都是以信息资源的整合和分配为基础的。又可以说，信息化就是一个利用信息技术手段来实现信息资源深度共享从而促进经济社会发展的历史过程。

从技术的角度来看，信息化是指现代信息技术在国家基础设施建设、企业生产组织和管理、居民生活等经济社会各个方面发挥越来越重要的作用并且主导经济社会的过程。信息化包含了三个相互联系的主要方面，按照"技术—产业—应用"的顺序可以表述为：信息技术本身的发展及其产业化；在信息技术基础上兴起的信息产业的发展壮大和逐渐占据主导地位的过程；现代信息技术在经济社会各领域中的广泛而深刻的运用。

从社会的角度来看，信息化是通过信息技术的渗透与信息产业的带动，推动其他产业部门进行信息化变革，从而改造经济社会的各个领域，最终引起经济社会的发展方式、产业结构、社会形态、社会制度和社会结构等不同层面的变动。该观点认为，信息化就是工业主导型社会向信息主导型社会转变的过程。在此转变过程中，国民经济的运行效率得到迅速提高，社会各领域发生全面而显著的变革。

综合以上所述，各国学者们站在不同的角度对信息化的本质进行了概括。然而这些观点无疑具有共同之处，即表明信息化是一个动态变化与发展的过程，它不仅是经济增长方式、经济结构发生巨大转变的过程，而且是整个社会形态和社会结构经历根本性变革的过程。

（三）工业化与信息化融合的文献综述

由于发达国家普遍是在工业化进程完成之后才开始信息化研究以及信息化建设的，因此，发达国家基本不存在"两化"融合的时代要求，这些国家的理论界对"两化"融合的研究少之又少。而我国则因为一些历史原因，工业化曾经速度被放缓，进程被推迟，在全球信息化浪潮袭来时，工业化尚未完成，工业化与信息化同步进行甚至相互融合成为一种历史的必然和趋势，"两化"融合的研究探索也主要由我国学者承担和完成。因此，本节的文献分析也以国内文献为主。

乌家培（1993）在学术界最早分析了信息化在中国的演进，提出中国要同时推进工业化与信息化、在工业化进程中培育信息化、以工业化为信息化的基础、以信息化促成工业化的观点。姜爱林（2002）通过定义"工业化"和"信息化"，在更深层次上研究了"两化"融合的理论基础，提出了两者之间是前提与发展、基础与改造的关系。简新华（2002）探讨了信息化带动工业化的必要性和可能性，并提出了一些信息化带动工业化的具体措施。陶长琪（2007）认为，"两化"融合是由信息化的本质特征决定的，融合的第一种作用是，在融合过程中能降低交易费用和社会的协调成本，从而促进各行业分工的专业化。融合的第二种作用是利用信息化直接创造价值和财富。信息化不仅要为改造传统工业服务，而且要服务于经济社会的各个领域，从而带动信息化整体水平的提高。金江军（2008）认为，"两化"融合是全方位、跨区域、多层次的信息化与工业化多个环节的融合，包括技术融合、产品融合、业务过程融合以及产业融合与衍生四个方面；童有好（2009）认为，"两化"融合主要是信息技术与制造技术、传统工业、服务业的融合，是信息化与企业的生产经营各环节的融合、与资源供给体系的融合、与人民生活的融合；王金杰（2009）通过建立"两化"融合动态函数，分析了"两化"融合的存在机制、动力机制、协同机制等内在机制和传导机制、运作机制等外在机制，提出了"两化"融合的实现机制。

在对"两化"融合内容的界定上，周宏仁（2008）指出，人类文明的发展是一个农业化、工业化和信息化不断发展融合的过程。"两化"的融合并不仅仅是对第二产业而言的，以农业为主的第一产业和包括教育、商业、金融、医疗等在内的第三产业都负有"两化"融合的责任和任务。贾纪磊（2009）也对"两化"融合的内容做了界定，他指出，"两化"融合包括"两化"发展战略的融合、信息资源与工业资源的融合、信息等虚拟经济与工业等实体经济的融合以及信息技术与工业技术、信息设备与工业设备的融合。俞立平（2011）用格兰杰因果检验方法研究了我国传统信息化和现代信息化阶段中工业化与信息化的因果关系，发现我国信息化与工业化之间的互动关系较弱，信息化的发展滞后于工业化的发展，信息化进入成长期的时间要晚于工业化。张炳南等（2011）运用协整分析和误差修正模型，结合格兰杰因果检验对我国信息化水平和经济增长的关系进行研究。结果表明，信息化水平和经济增长之间存在稳定的均衡关系，两者存在显著的双向因果关系；长期内，信息化水平对经济增长有促进作用，但这种作用在短期内不够明显。谢康等（2009）认为工业化与信息化的融合是一种技术效率的体现，提出了工业化与信息化融合机制的技术效率模型，解释了"两化"融合中成本最小化以及收益递增的观点。他们指出，传统工业的信息化改造和信息技术企业投资经营传统产业，是促进"两化"融合的两个主渠道。

第二节　工业化与信息化融合的途径

一　信息化的概念和范围

人们对"信息化是什么"这个问题有着各种各样的看法。有人认为，信息化就是在各个领域广泛地运用信息技术；有人认为，信息化就是电子商务加电子政务，再加上电子社区；还有人认为，信息化等于计算机加网络，信息化就是发展信息产业等。虽然许多人从自身经历中认识到了信息化的重要性，但对于什么是信息化、信息化的目标是什么、怎样推进信息化等问题，还难以达成比较准确的共识。

研究信息化的概念与内涵，离不开对信息含义和特征的了解。因为研究的角度不同，广义的信息泛指音信、消息，狭义的信息是指通信系统生产、传输和处理的对象。本章所探讨的是一种处于广义和狭义概念之间的与经济社会存在广泛联系的信息。用肯尼思·阿罗的表述定义：信息就是传递中的知识差。这个表述不但简明地指出了信息产生、存在以及拥有价值的原因，而且揭示了信息与经济活动之间的互动关系。

按信息所反映的内容分类，信息可以简单地分为科技信息、经济信息与社会信息。而这三类信息之间并不存在严格的界线。我们这里所说的信息，是所有科技、经济与社会方面信息的集合。

信息作为一种重要的资源，在日常经济活动中发挥着举足轻重的作用。信息可以帮助人们减少决策时的不确定性，进而降低风险。也只有在掌握一定信息量的基础上，这一目标才能实现。信息能够为经济社会各项活动的有序进行提供保证，在一个有组织的经济系统中，只有在各种信息渠道通畅的情况下，整个系统才可能处于有序、高效的状态。信息还能够促进知识的流动、集聚与创新，为开发新的资源创造条件。正因为如此，许多国家、经济组织与个人纷纷加大了对这种无形资源的投入。

信息化旨在描述信息产业获得迅猛发展并逐步取得整个经济结构中支配性地位的社会变革过程。随着信息化实践的推进和各国信息化水平的提高，学者们对信息化内涵的认识逐渐丰富和深化，先后从不同角度对信息化做出了定义。截至目前，关于信息化的定义尚无统一的说法。尽管各种定义的着重点不同，但是在信息化包含两个层次方面存在一致性，即国民经济的信息化和社会生活的信息化。

联合国教科文组织对信息化的定义是：信息化既是一个技术进步，又是一个社会进步的过程。它要求在生产过程中产品或服务实现管理流程、组织结构、作业技能以及生产工具的变革。该定义强调，信息化是社会发展和变革的过程，不但具有生产力发展的内涵，而且意味着生产关系的变革。

综上所述，信息化可以定义为：充分利用现代信息技术和信息资源，对人类知识和信息的生产过程进行全面的改造，并导致人类社会的经济结构和组织结构发生变革的过程，也是一个工业社会向信息社会过渡的历史转型过程。

信息化可以促进信息交流和知识共享，使政治、经济、社会、科技、文化、军事等各个领域发生深刻的变化，从而推动工业社会发展转型的历史进程。可见，信息化并不是目的，而是一场新的产业革命的过程，这一过程可能会持续很长一段时间，它的最终目的是实现信息社会。

目前，我国的信息化主要包括五个应用领域的信息化。

一是经济领域的信息化。经济领域的信息化又分为三次产业的信息化，分别对应的是农业的信息化、工业的信息化、服务业的信息化和电子商务等。我国尚未完成工业化，既要从农业社会向工业社会过渡，又要实现从半工半农的社会向信息社会的过渡，关注农业的信息化、促进农业的信息化已经成为当务之急。农业生产信息的采集、农业生产的自动化与智能化、农业生产的管理和市场的信息化、农村的信息化教育等都是有效推进农业信息化的途径。

互联网的广泛普及与应用为现代服务业和商业的发展开创了一个崭新的局面，大大降低了商业活动的费用，"一对多"的互联网互动模式使服务业的市场迅速地获得扩展。技术准备、信用体系建设、信息安全也成为服务业信息化和发展电子商务的前提与基础。

二是社会领域的信息化。综观国家的社会信息化发展，重点有四个，即社会福利与保障、就业服务、教育培训、健康与医疗服务。信息化能够服务社会建设，推进信息化的发展，充分利用信息化的便利手段，可以解决一系列与人民群众密切相关的民生问题，提高社会的可预测性和可控性，提高社会运行的效率。

三是政治领域的信息化。政府是全社会最大的信息拥有者、处理者，也是最大的信息技术用户。政治领域的信息化对提高政府业务的有效性，建立勤政、廉洁的政府，促进政府与企业、居民建立新的伙伴关系等意义重大。电子政务的发展受到了政府的重视，国家逐步建立了具有战略重要性的宏观经济管理、保障社会安定的国家信息系统。各级政府建立门户网站、电子工程、电子报税、电子采购、电子办公等新技术的运用大大减少了政府开支，"电子政府"的发展前景无限。

四是文化领域的信息化。文化领域的信息化包括图书出版业的信息化、档案管理和数字管理的信息化、广播电视的信息化、互联网的信息化和治理等。加快文化领域的信息化需要深化文化体制改革，依靠市场的力量不断提高创新和管理水平，满足人们日益增长的文化需求。

五是军事领域的信息化。军事领域的信息化包括武器装备的信息化、情报的信息化、指挥的信息化和后勤保障的信息化。信息战和信息化作战已经成为现代战争的主要形式，增强信息优势、优化信息环境、能够打赢信息化战争将成为未来军队建设的重要任务。

二　有关信息化的测度方法介绍

在推进信息化的过程中，学术界为了评估各地的信息化水平，需要从宏微观角度对信息化的各种因素进行定量测算、分析和评估，以便有针对性地开展研究，提出发展战略，于是各种对信息化水平的测度方法应运而生。据有关专家统计，关于信息化测算的模型或方法有二三十种。其中，有代表性的主要有波拉特法、马克卢普法、信息化指数法、国际电联指标体系法、综合信息产业力度法、信息化综合指数法和企业信息化评价法等。在上述各指标中，源自日本的信息化指数法提出得较早，对各国理论和实践的影响也较大。波拉特法将对信息化的衡量与对国民经济的核算有机地衔接起来，在资料的运用以及处理上，都有一定的实用性。国际电联指标体系法等是最近提出的新方法，较为简便、实用。我国国家统计局测度信息化水平时采用的是"中国信息化水平综合指数测算与评价指标体系"，该指标体系包括"信息资源开发利用""信息网络建设""信息技术应用""信息产业发展""信息化人才""信息化发展政策"6个一级指标，一级指标又划分为"每千人广播电视播出时间""人均电话通话次数""每千人有线电视用户数""每千人专利授权数""研究与开发经费支出占 GDP比重""信息化相关专业在校大学生数占全部大学生的比重"等 25 个二级指标。

美国经济学家弗里茨·马克卢普（1962）最早提出了一种对信息化规模和水平的测度理论。这种宏观测度理论适用范围很广，能涉及知识产业的各个领域。波拉特（1987）以马克卢普的研究为基础，又吸收了"后工业社会论"的思想，提出了能够定量研究信息并为其相关活动提供可操作方法的波拉特法，又称经济结构法。波拉特将信息经济领域分为两类部门，第一类部门是信息生产部门，直接生产信息并且加以处理，第二类部门则是信息消费部门，主要包括政府部门和非信息企业部门，这一类部门消耗信息服务。这两类部门的发展直接促进了信息经济的繁荣。波拉特还提出了一套理论和方法对信息经济的投入产出进行分析，他编制了信息投入产出表，并利用统计数据测算出美国信息经济的生产总值与就业人数，增加了美国经济结构与性质的内容。日本经济学家小松崎清介（1994）提出信息化指数法。信息化指数包括从邮电通信、广播电视、新闻出版等行业选取的一整套指标体系，该模型是由 4 个二级指标和 11 个三级指标构成的，主要包括信息量（Q）、信息装备率（E）、通信水平（P）与信息系数（U）四个方面。这种方法简单易操作，被包括中国在内的很多国家广泛采用。

中国国家统计信息中心综合了波拉特法和信息化指数法的优点，结合我国国情，认真筛选关系经济、社会生活的各个指标，构建了信息化水平综合指数测算与评价的指标体系。该指数体系包括信息资源、信息网络、信息技术、信息产业、信息化人才、信息化发展政策六个要素，又将每个要素分解为 2～5 项具体指标，共计包含 25 项指标。由于这些指标的数据容易查到，算法简便，具有可操作性，所以应用比较广泛。

三　我国信息化的概况

我国移动通信市场的规模庞大，1997 年，国内移动电话用户首次超过 1000 万户。2003 年，我国移动电话用户数开始超过固定电话用户数，达 2.57 亿户。2013 年，这一数字更是超过了 12 亿户，其中，3G 用户数共计 4.17 亿户。互联网用户数增速明显，由 1998 年的 210 万户增加到 2012 年的 5.64 亿户。我国互联网经历了从无到有、从弱到强的质的变化过程。

近些年来，中国信息化发展的三大指标即信息通信技术发展指数（IDI）、电子政务发展指数（EGDI）、网络化准备指数（NRI）的国际排名日益下滑，中国与发达国家的信息化差距又重新拉大。2002 年，中国的 IDI 排名是全球第 90 名，2007 年上升到第 73 名，随后总体上处于逐年下滑的状态，截止到 2012 年，已经下降至全球第 78 名。中国的 EGDI 排名从 2003 年全球的第 74 名上升到 2005 年的第 58 名后，一路下滑至 2012 年的第 78 名。世界经济论坛发布的 NRI 表明，中国从 2007 年全球的第 57 名上升到 2010 年的第 36 名，然而在 2011 年退至第 51 名。代表信息化的三大指标一致性的指向表明，中国与发达国家的信息化差距正在拉大，并且有继续扩大的趋势。另外，中国信息化的发展速度也在2007年后出现了明显的下降，这与信息化发展指标的国际排名下滑趋势一致，主要原因是我们没有及时将信息化作为国家发展战略，没有跟得上世界信息化向高端水平发展的步伐。

经济社会对信息化的需求越来越强烈，使中国信息化得到了高速的发展。在这种历史背景下，中央和地方各级政府对信息化的认识有了进一步的提高，纷纷成立了主管信息化的政府部门，开始在政府工作中重视信息化。但是，不可否认，许多领导干部仅仅将信息化当作发展经济的有用工具，没有认识到当今社会正在从半工业化社会向现代信息社会转变，不能很好地配合社会各个领域的全方位变革。一些基层政府的信息化主管部门不作为、乱作为的现象依然存在，对信息时代已经来临的认识不足、准备不足，使信息化在经济发展中扮演的仅仅是一个辅助角色，在经济社会转型和发展的过程中没能够发挥应有的引领作用，造成我国工业化与信息化发展严重不平衡。

网络空间开拓了人类在陆海空天之外的另一个疆域，还影响着一个国家在陆海空天四个传统疆域的存在。围绕网络空间的"制网络权"斗争，争夺信息化制高点成为维护我国国家安全的战略焦点。然而，过去十几年来，中国在核心信息技术与产业的发展方面进展缓慢，信息化核心技术的缺失造成的潜在威胁越来越大。采用非自主研发可操作系统的手机、计算机一旦上网或者开机，其所加载的数据和信息就会暴露在监控之下。这样一来，网络信息几乎无密可保，中国网络空间的国家疆界和国家主权更无从谈及。虽然国家在这方面的研发投入不少，但相关部门各自为政，总体效果不佳，相关规定不多，值得反思的问题不少。

在这种背景下，2014年2月27日，习近平总书记亲自担任组长的中央网络安全和信息化领导小组宣告成立并召开第一次会议，国家信息化发展和网络安全真正进入了"一把手工程"时代。有了强有力的国家意志、国家战略和举措，有了体制和机制的创新，中国的信息安全环境将大为改观，网络空间和国家信息优势也将做大做强。

四　工业化与信息化融合的内涵和方式

工业化与信息化的融合有狭义和广义两个层面的内涵。

从狭义上讲，"两化"融合指的是信息技术被广泛应用于工业部门，引起工业部门生产效率的提高与生产方式的变革，从而促进工业结构的调整与升级，最终实现工业化的过程。就这个层面而言，"两化"融合主要体现在工业部门运用信息技术的水平及层次上。在这里，"两化"融合的基本内涵可以表述为：从单项信息技术应用向多技术综合应用转变，从信息技术应用向企业结构调整转变，从企业信息技术应用向行业及整条产业链协同应用转变。

从广义上讲，"两化"融合指的是工业化与信息化进程不再各自独立地进行，而是发生了时空上的重合。这段重合既包含了工业领域与信息化的融合，也包含了其他领域与信息化的融合，甚至包含了由此带来的深刻的经济、社会结构的变迁。广义的"两化"融合为人们提供了更广阔的研究视野。

对于"两化"融合的研究，主要以狭义的"两化"融合为重点，有时还要兼顾广义的"两化"融合的内涵。

对"两化"融合的推进要从微观、中观、宏观三个不同层面进行，这三个层面对应的主体分别是企业、产业与区域。

（一）企业层面

企业层面的"两化"融合主要指工业企业围绕产品的研发设计、生产环节的控制、技术的改造升级、企业内部管理、市场开拓与营销等环节推进"两化"融合。各类工业企业或经营者通过提高信息化能力，实现核心业务的数字化、智能化，整合内外部资源，降低单位成本，提高经济效益，增强企业的核心竞争力。

"两化"的融合首先反映在企业层面上，企业层面的"两化"融合是产业层面乃至区域层面"两化"融合的基础。只有先使各类工业企业的生产、经营等诸多环节实现信息化，才能带动行业、区域的信息化并实现它们"两化"融合的目标。

（二）产业层面

产业层面的"两化"融合主要是指信息化与各地重点产业、支柱产业的融合发展。企业层面的"两化"融合通过产业集群和其他渠道的传导，促使产业层面的"两化"融合。这样，产业集群以及产业内部就会形成新的合作与竞争关系，这种新关系会加快技术推广与创新，优化产业结构，提高产业效率，从而为整个产业及区域带来更多的经济效益。

各大行业协会要积极发挥作用，对本行业的企业进行信息化发展的指导，并引入和推广本行业"两化"融合的评估办法，做好"两化"融合发展的评估工作。

（三）区域层面

区域层面的"两化"融合主要指各级政府和工信主管部门制定促进本地"两化"融合的有关政策，编制关于"两化"融合的发展规划，开展针对区域"两化"融合的项目培训和交流，组织"两化"融合试验区、示范区的建设。

区域层面的"两化"融合能够促进现代信息技术对传统生产方式、生活模式的改造，提高大众的生活质量，促进信息文明的传播，从而保障工业社会平稳地向信息社会过渡。推进"两化"在区域层面的融合，需要政府"看得见的手"的有效调节，以加快融合的进程。

从融合的方式上看，工业化和信息化的融合包括技术融合、产品融合、业务融合以及产业融合与衍生四种形式。

技术融合主要是指工业技术与信息技术的融合。由于信息技术具有强渗透性的特点，利用它可以打破不同行业间的技术壁垒，推动技术创新和新技术的产生。从工业技术与信息技术融合的层次来看，又可以将技术融合的过程分为两个层次：一是两种技术的渗透融合，例如信息技术向工业生产、设计等技术的渗透，产生计算机辅助设计或制造（CAD/CMD）技术等；二是技术创新，即在传统融合的基础上催生了满足工业化发展需求的新技术。例如，传统工业生产技术与计算机控制技术的融合催生了工业控制技术等。

产品融合主要是指电子信息技术或者产品逐渐渗透到工业产品中去，以增加新产品的技术含量。产品融合主要包括信息技术与传统工业产品的融合、信息产品与传统工业产品的融合以及利用信息技术催生出新产品等。所谓技术与产品的融合是指将信息技术运用到产品的设计、生产各环节，以增加产品的功能和附加值，提高产品的应用性。产品与产品的融合指的是将电子芯片、ERP系统等形式的信息产品安装到传统的工业产品中，以增加产品的功能和扩展性等。信息技术催生新产品则是指工业产品具备信息技术特征后，又产生了新的信息产品需求，进而促成新产品的开发和生产。

业务融合指的是将信息技术融入工业企业各个环节的业务中，实现与设计、生产、管理、营销等工业化业务的融合，进而推动工业化的业务创新和管理升级。例如，利用计算机辅助技术、计算机仿真和建模等技术，建立智能化的研发设计体系，可以实现优化设计。精益生产（Lean Production）、柔性制造、敏捷制造和工业机器人等日益成为生产制造环节的变革方向。包括办公辅助 OA 系统在内的一批在线管理软件既改造了人工的管理方法，又降低了中小企业信息化的门槛，受到工业企业的普遍欢迎。而电子商务和大宗商品电子交易平台的快速发展，则基本颠覆了原有的营销模式。

产业融合一般是指不同产业相互交叉、渗透，最终融合在一起的动态过程。由于工业企业发生"两化"的技术融合、产品融合和业务融合，产品、业务的功能边界不断模糊，并形成新的产品、业务的功能边界，进而催生出了产业融合的现象。此外，政府针对信息产业与传统产业融合出台的政策性措施也促使了产业融合的发生。产业衍生是指"两化"融合以后可以催生新的产业，形成新兴业态。例如，电子工业产业就是电子信息产业与工业制造产业融合衍生出的新产业。此外，这类新产业还有工业软件产业和工业信息化服务业等。

第三节　工业化与信息化融合模式的类型和方式

一　融合模式

（一）挑战－应对模式

工业企业在发展过程中遇到环境制约或市场竞争时，为了打破制约或提高市场竞争力而需要主动开展信息化建设。这时，其自发开展信息化建设与"两化"融合的需求就比较强。这种模式在新兴国家中较为常见。靠传统手工方式生产的企业产能达到极限时，使用信息化手段能够很好地突破发展瓶颈，并且为产能的继续提高提供强有力的支持。

（二）企业－产业互动模式

一方面，单个企业与其所属行业的信息化存在明显的相互促进的关系。另一方面，所属行业的信息化水平对单个企业的信息化也有一定的制约作用。成功的企业信息化可以刺激同行业其他企业信息化的建设，并推动整个行业的信息化发展。不同的产业因资本和技术密集程度的不同，对信息化的需求也不尽相同，它们的产出效果存在较大的差异。精密机器制造业、电子制造业等 IT 密集型行业比较注重对信息化的投资，并逐渐发展为信息化的领先行业。

（三）雁阵模式

由于各个工业企业投资的时间、规模、实力不同，有条件的企业率先进行信息化建设能使其在技术或管理等方面做到行业领先，为行业内其他企业开展信息化建设做榜样。各个企业自发形成的序列化的信息化差距，类似工业化的雁阵模式。雁阵模式从理论上可分为企业内的雁阵模式、行业内的雁阵模式、行业间的雁阵模式、区域间的雁阵模式四种。企业内的雁阵模式是指企业内部的不同部门、分支机构之间形成的序列化的信息化距离；行业内的雁阵模式是指行业内不同企业之间形成的序列化的信息化距离，由信息化水平高的企业带动水平低的企业；行业间的雁阵模式是指不同行业之间形成的序列化的信息化距离，由信息化水平高的行业带动水平低的行业；区域间的雁阵模式是指不同地区之间形成的序列化的信息化距离，由信息化水平高的地区带动水平低的地区。

（四）政府主导模式

政府主导模式的企业信息化建设是以政府计划为核心，企业被动接受的信息化，比如甩图板、甩账表等形式。在计划经济时期，政府出资从发达国家引入先进的信息系统以提升国有企业的信息化水平。地方政府则出资采购一些软件免费发放给当地企业使用来提升企业的信息化水平。但这种模式的效果大多不太理想，因为是政府投资，企业信息化的自我意识不强，企业也缺少信息化建设的内在动力，往往会造成资源的浪费。

二 "两化"融合的发展阶段

"两化"融合是信息产业与工业产业从初步融合、基本融合到深度融合的一个渐进的过程。在此过程中,融合的快慢及程度不仅取决于政府决策的有效性,而且取决于信息技术和资源在工业化各流程中的应用情况。

(一) 初步融合阶段

在这个阶段,信息技术和信息化的重要性开始被政府、企业意识到,随着它们对信息产业的投入加大,信息技术开始被应用于工业企业,企业及行业的生产效率得到显著提高。但由于信息技术及应用水平有限,企业信息化和工业化基础设施不完备。技术应用以简易的单元信息技术应用为主,管理和业务流程则主要依靠初级的信息技术来支持相关业务的运作。当前,我国大部分中小型工业企业的"两化"融合就处在这个阶段。

(二) 基本融合阶段

在这个阶段,信息技术被应用到工业企业各重要环节,基本实现了对单项业务环节的全覆盖,实现了集成加协同的模式,能全面满足工业企业与行业的现实需要。信息资源开始成为企业发展的战略性资源,使企业业务支持能力进一步加强。在管理和业务流程上,信息技术导致新生产模式的诞生和综合业务的重组。此时,"两化"融合更多的是全方位地满足工业化发展的需要。当前,我国多数大中型高新技术工业企业已经进入了该阶段。

(三) 深度融合阶段

在这一阶段,随着"两化"融合进程的逐步推进,信息技术和资源成为工业装备、能力、素质的内在要素,并与之融为一体。工业领域内的信息技术应用向着综合集成的目标发展,开始实现重点业务环节之间应用系统的协同。企业边界不断被突破,其生产经营模式和业务流程发生重大变革,形成了新的工业能力。信息化体系建设的完善,有利于提高工业产品的信息化含量,有利于形成自主知识产权。在管理和业务流程上,信息技术和资源能够在全社会范围内得到优化整合,显著提高企业对市场变化的反应能力。另外，在信息化人才的培养方面，有效的专业人才培养体系已经形成了。

目前，我国正在全力推进"两化"的深度融合，通过政府、行业与企业的共同探索，已经初步找到并走出了一条健康、有序的"两化"融合发展道路。

三　工业化和信息化的关系

交易成本的减少是"两化"融合的动力机制之一，收益递增是"两化"融合的另一个动力机制。

在工业化进程中，工业化和信息化是两种不同的生产力形式，并且两者相互融合。工业化和信息化都具有社会交易成本，假设分别是 A 和 B，两者融合的总体交易成本为 C（假设 $C = A + B$）。在相互融合的初期，两者融合的总体交易成本 C 较大。实证表明，两者融合程度越低（即非融合程度越高），总体交易成本 C 越大。随着"两化"融合的深入，工业化与信息化的距离越来越近，即两者的融合程度越来越高，工业化与信息化融合过程中的总体交易成本逐渐减小，并将在完全融合点达到最小。

工业化与信息化的融合会使两者之间的信息更加公开和对称，从而提高工业化进程中的社会总效率。随着双方信息的公开和相互作用，市场竞争变得更加激烈，受竞争因素影响，两者的融合总收益趋于上升，从而带动社会总福利的提高。

处于现代工业化进程的国家，工业化与信息化的融合存在两种策略选择，一种是工业化与信息化融合（记为 Y），另一种是工业化与信息化不融合（记为 N）。这样，两个博弈群体的策略空间可表示为 $S_M = \{s_y, s_n\}$ 和 $S_E = \{s_y, s_n\}$。由此构造博弈矩阵（见图 4 - 1）。

信息化 T		Y	N
	Y	b, c	$-a, 0$
	N	$0, -a$	$0, 0$

工业化 B

图 4 - 1　工业化与信息化融合的演化博弈

该矩阵的所有支付项表示的是简化的工业化和信息化不同融合行为的收益。当博弈双方都不采取融合行动时，假设收益都为 0；当博弈双方其中仅有一方行动时，行动的这一方由于融合成本的支付而产生了负收益 $-a$；当工业化和信息化同时采取融合行动时，双方都会因融合而获益。分析现实情况可以发现在处于工业化进程中的国家内部，在很多情况下博弈双方是合作的或最终走向合作的。工业化与信息化最终将走向融合是一个必然的经济结果。

四　工业化与信息化互动的主要方式

（一）工业化促进信息化的主要表现

第一，工业化为信息化提供了丰富的物质基础。欧美日等发达国家都是在充足的物质资源积聚和坚实的经济基础支撑下，才得以率先开展信息化的。工业化也只有发展到了一定的程度，才能形成发展信息化的必要条件。信息技术与装备、信息基础设施等如果离开了制造业，就无法实现生产和应用。所以说，工业化为信息化的产生和发展提供了丰富的物质基础。

第二，工业化为信息化提供了人才支持。专业人才是信息化发展的前提。信息化由工业领域发展而来，其专业人才与工业化的人才具有类似的知识结构，信息化人才更具创造性和灵活性。"两化"之间的人才流动是非常普遍的，工业部门锻炼培养出的人才，部分转变为从事信息技术的研发工作者或者信息产业的从业者，成为信息化部门的专业人才。

第三，工业化为信息化提供了充足的资金支持。信息技术的研究和开发以及信息基础设施的建设等信息化进程都需要投入巨额的资金，这需要工业化的发展为其提供资金上的保障。众所周知，信息产业不仅是技术密集型产业，而且是资金密集型产业，而新兴信息产业的发展通常是以工业化的发展来获得资金支撑的。

第四，工业化为信息化提供了广阔的市场需求。在工业化后期，市场需求开始逐渐呈现个性化、多样化的趋势，迅速变化的市场环境需要利用准确的信息流以及先进的信息处理技术来应对，这样，信息技术需求的增加就为信息化的发展提供了更广阔的市场。另外，工业企业对信息技术的需求推动了信息化进程的深化，成为加快信息化的动力。

显而易见，工业化是信息化发展的主要动力，信息化则是工业化发展到一定阶段的必然产物。工业化是信息化的源泉、载体和基础，对信息化的发展具有明显的促进作用。

（二）信息化带动工业化的主要表现

第一，信息化推动了工业结构的优化升级。信息化在工业企业生产、销售等各个环节发挥着强大的渗透和扩散作用，提高了传统工业产品的技术含量，增加了产品附加值。信息化使信息密集型生产日益增加，将传统的工业生产改造成为最终的信息化生产。信息化通过提高传统工业整体的技术水平，推动工业结构的升级。

第二，信息化拉动了工业化消费及投资的需求。信息化缩短了产品的开发周期，加速产品更新换代，最大限度地满足客户追求产品多样化、个性化的需求。制造业等工业就需要应用信息技术来实现自动生产和管理以赢得更多的利润。传统工业加大对信息化的投资力度，可以为工业化新增许多就业机会。

第三，信息化提高了工业化劳动者的素质。信息化的发展要求工业领域不断进行知识和技术的更新与创新。技术就是生产力，工业领域的劳动者为适应日益更新的工作要求，需要掌握先进的信息技术，这样，劳动者对信息技术的掌握和应用能力不断得到提高。另外，发达的网络教育也有助于劳动者综合素质的提高。

第四，信息化促进了工业化经济增长方式的转变。信息技术的进步和应用，使工业生产原料和能源的利用效率提高，资源消耗减少，经济效益增加。工业生产由过去依靠资源消耗和密集劳动力投入，转变到主要依靠技术创新和劳动者素质的提高上来。信息化有利于实现工业化的可持续发展。

第五，信息化主导着工业化的发展方向。信息化不仅极大地促进了工业领域的运行效率，而且催生了经济信息化，使人们的生产生活和消费方式发生了巨大变化。信息开始取代劳动力和资本成为价值增值最重要的因素。经济信息化使工业生产的组织与管理模式发生根本性的转变，劳动资料的信息属性也不断凸显。生产或获取信息对工业化的效率、质量等将具有决定性的意义。信息化一直并将继续推动工业化在生产、经营、市场等各个层面的深刻变革。

总之，信息化对工业化的带动、改造和提升是一场革命性的经济活动。无疑，信息化对工业化起到了提升的作用。

第四节　河南省信息化水平的测度

一　已有方法和模型

我国的信息化研究以及信息化建设与发达国家相比起步比较晚，我国从 20 世纪 80 年代才开始对信息化基础理论、信息化测度理论和测度方法展开研究，信息化建设的实践则来自企业、行业自发的生产应用。到 1997 年，国务院信息化工作领导小组才提出国家信息化的定义。尽管如此，我国学者在进行信息化水平的测算时，还是充分结合基本国情，提出了许多独具特色的信息化对经济增长贡献率的核算方法。例如，朱幼平（1996）对我国 1980～1992 年的实际 GDP 与信息要素、资本要素、劳动要素运用 C－D 生产函数进行回归，结论表明，对国民经济增长的贡献排名依次是信息要素、劳动要素、资本要素。王志江、郭东强（2001）基于产出增长型生产函数理论，提出了一种用来测算企业信息化投入对企业产出增长贡献的数学模型，为定量评价企业信息化的作用提供了理论依据。王志江、郭东强（2001）运用数据包络分析法（DEA），讨论了企业信息化投入产出的相对有效性，在投入产出方面，识别出相对无效率单位并对这些单位进行调整，使之相对有效率。马生全、张忠辅、曹颖轶（2003）基于 Solow 余值的理论思想，结合西北地区的具体情况，建立了一种数学模型，用于分析西北地区的信息化投入对经济增长的贡献。周振华（2002）则以柯布－道格拉斯生产函数为基础，建立了一种信息化投入的生产函数模型，他采用面板数据分析的方法测算了福建省部分企业信息化投入对产出的贡献系数。Ann P. Bartel（2007）在研究数据时，发现了信息技术对员工技能、生产创新、生产过程完善的独特效果，证明了信息技术能够促进企业生产力的提高。Cristiano Antonelli（2008）研究了信息技术与知识密集型工业的共同进程，表明信息技术影响了工业化的发展，推动了劳动密集型工业向知识密集型工业转变；他还实证分析了 20 世纪 80 年代欧洲经济的进出口总额，证明信息服务和商业之间存在相关性，证实了信息技术大大推动了工业商品的出口。

二 河南省信息化的实际情况

（一）信息化基础环境

截止到 2012 年，河南省通信光缆线路长度达到 73.3 万公里，其中，2012 年新增 21.6 万公里，同比增长 41.8%；移动电话基站和互联网宽带接入端口数分别达到 9.5 万个和 1360 万个，同比增长率分别达到 17.9% 和 21.9%；2012 年，全省全年邮电业务总量为 661.36 亿元，比 2011 年增长了 13.8%。其中，邮政业务总量为 49.64 亿元，电信业务总量为 611.72 亿元，分别增长了 2.8% 和 14.8%；全省电话普及率为 75.23 部/百人，比上年增加 7.13 部/百人；年末互联网总用户达 5090.53 万户，增长了 32%；3G 移动通信网络基本实现了乡镇以上全覆盖。

（二）信息产业

近几年，河南省信息产业园区得到快速发展，已经初步形成了洛阳硅产业、南阳光电产业、濮阳电光源产业、安阳新型显示器件产业等一批特色产业，大致建立了中部软件园、洛阳软件园、河南科技市场软件园等多个软件产业园。2011 年，郑州富士康项目投产运营，拉动作用明显，全省电子信息产业产值增速达 218.5%，行业利润增幅同比增长 112.8%。2012 年，河南省智能手机出货量达到 6800 万部，创纪录地占国内总出货量的 26%。

（三）信息化建设中的重大举措和事件

2009 年以来，河南省政府通过采取多种形式的补贴、贴息方式，灵活使用数十亿元信息化专项资金，推动全省"两化"融合稳步前进，有力支持了地方经济平稳较快增长。一系列促进"两化"融合的政策被起草、实施，诸如《河南省信息化总体规划》（2009～2020 年）、《河南省关于大力推进信息化与工业化融合的指导意见》等，提出并开始在机械制造、有色金属、食品、化工、纺织五大战略支撑产业施行"两化"融合的构想。"158""两化"融合工程的提出，要求全面协调与筹划郑州市"两化"融合试验区、五大战略支撑产业"两化"融合和 80 家综合实力强的中小企业信息化建设试点的工作。2012 年 5 月，"数字薛店"项目通过验收，新郑市薛店镇成为河南省首个已建成的"数字乡镇"。该项目的最大特点是应用了招商信息管理系统和综合信息应用系统，能够满足政府、公众的信息需求，为全省城镇信息化提供了科学借鉴。"智慧中原""数字河南"等项目在未来数年里将全面建成，以物联网为基础的新兴业态基本形成，郑州将成为全国重要的通信网络交换枢纽和信息集散中心。

（四）信息化建设中存在的问题

从表 4-1 可以看出，河南省的信息化发展水平滞后，信息化发展水平指数相对较低。多年来，虽然全省信息化发展速度加快，普及范围也不断拓宽，在一些重点行业和领域的应用得到进一步深化，但从工信部发布的信息化发展水平指数来看，自 2009 年至 2012 年，全省信息化发展水平指数一直居全国倒数第五位，且与其他省份的差距逐年拉大。尽管全省"两化"融合稳步推进，但"两化"融合度不高，整体低于全国平均水平。《中国"两化"融合发展报告（2013）》指出，2012 年河南省"两化"融合发展指数仅占全国平均指数的一半，居全国倒数第五位。同时，2012 年河南省规模以上信息产业实现的主营业务收入仅占全国收入的 1.5%。虽然河南省政务网络系统投资和建设规模逐渐加大，门户网站也不断增加与完善，业务应用得到深化，但全省电子政务发展水平整体仍然处于较低层次。这与有些政府部门形式主义严重，有网站却无内容，起不到资源整合、互联互通的作用关系很大，从而造成资源浪费严重。另外，河南省的网络与信息安全保障体系也有待进一步加强。

表 4-1 河南省信息化水平指数在全国的排名

年份	2006	2007	2008	2009	2010	2011	2012
排名	25	28	28	27	27	27	27

资料来源：《中国信息化形势分析与预测（2014）》。

三 针对河南省信息化测度设计的模型

由于有关河南省区域信息化水平的研究较少,且缺乏全面有效的数据,因此,很难对河南省各地市的信息化有一个直观的认识。基于设计科学性、数据可得性和符合时代性的原则,综合国家信息化六要素和河南省区域信息化发展的现状,本章参考各种信息化测度方法,尝试给出河南省区域信息化测度指标体系(见表4-2)。

表4-2 河南省区域信息化测度指标体系

要素	指标名称	单位	代码
信息资源	人均电信业务量	元	X_1
信息产业发展	人均信息产业产值	元	X_2
	每万人信息产业从业人员数	人	X_3
信息网络建设	人均移动电话交换机容量	门	X_4
信息应用能力	移动电话普及率	%	X_5
	互联网普及率	%	X_6
信息化环境和政策	人均 GDP	元	X_7
	教育支出占 GDP 的比重	%	X_8
信息人才	每万人科技活动人员数	人	X_9

其中,信息产业产值用信息传输、计算机服务和软件业产值表示,信息产业从业人员数用信息传输、软件和信息技术服务业从业人数表示。所用数据均来自《河南统计年鉴(2013)》(具体见表4-3)。

表4-3 河南省区域信息化指标原始数据

地市	X_1	X_2	X_3	X_4	X_5	X_6	X_7	X_8	X_9
郑州	1334	1004	57	2.26	109	102	62054	2.60	93
开封	556	455	31	0.65	53	49	25922	3.36	22
洛阳	778	508	220	1.23	71	61	45316	3.06	57
平顶山	612	295	53	0.62	60	52	30380	3.41	40
安阳	709	425	62	0.72	67	61	30624	2.80	33
鹤壁	654	322	6	0.58	64	59	34456	4.85	17

续表

地市	X_1	X_2	X_3	X_4	X_5	X_6	X_7	X_8	X_9
新乡	745	359	29	1.06	68	65	28598	3.47	43
焦作	752	306	44	0.92	70	64	44029	2.69	58
濮阳	627	278	6	0.67	62	53	27654	4.60	25
许昌	618	452	46	0.91	62	55	39947	2.89	40
漯河	630	222	34	0.59	56	50	31211	3.54	19
三门峡	694	354	45	0.98	67	58	50406	3.04	32
南阳	430	270	70	0.61	49	38	23086	3.92	21
商丘	534	285	41	0.71	55	45	19029	5.73	10
信阳	476	497	176	0.63	46	40	22347	5.10	8
周口	430	270	152	0.85	44	36	17734	6.20	9
驻马店	448	271	87	0.54	47	39	19592	5.14	7
济源	713	408	21	0.65	75	64	62358	2.84	80

注：各指标数据的单位同表 4-2，此处均省略。

通过 SPSS 软件用因子分析法对数据进行实证分析，这样既能够将影响信息化水平的众多原始变量指标汇集成较少几项综合变量指标，也能最大限度地保留原始信息，有效降低变量维数。将表 4-3 中的数据进行标准化处理，计算出相关系数矩阵，经过 KMO 检验和 Bartlett 检验，结果表明数据可以做因子分析。再由相关系数矩阵计算出特征值，前三位主成分的贡献率和累计贡献率如表 4-4 所示。

表 4-4　前三位主成分的贡献率和累计贡献率

单位：%

	Z_1	Z_2	Z_3
特征值	4.454	2.203	1.022
贡献率	50.377	24.917	11.560
累计贡献率	50.377	75.294	86.854

这三个因子的累计贡献率超过 70%，因此用这三个因子就可较理想地表达原始指标。分别利用特征向量算出三个因子得分 Z_1、Z_2、Z_3，以三个因子的方差比例为权重，将信息化水平综合得分方程表示为：

$$\sum Z = 0.504Z_1 + 0.249Z_2 + 0.116Z_3$$

由表4-5可以看出，综合得分越高，说明该地市的信息化水平越高，反之则越低。郑州、洛阳、安阳、新乡等工业相对发达的地区，其信息化水平也相对较高。周口、商丘、开封、驻马店等传统农业地区，在信息化发展方面相对落后。造成这种差距的因素大多是人为的，且与各地区信息化意识、信息化投资力度、信息化人才等方面的差异有很大关系。

表4-5　河南省区域信息化水平综合得分及排名

地市	Z	排序	地市	Z	排序
郑州	2.01	1	许昌	-0.19	11
开封	-0.51	17	漯河	-0.26	13
洛阳	0.85	2	三门峡	-0.12	8
平顶山	-0.14	9	南阳	-0.33	14
安阳	0.67	3	商丘	-0.47	16
鹤壁	-0.16	10	信阳	0.04	6
新乡	0.43	4	周口	-0.40	15
焦作	0.28	5	驻马店	-0.54	18
濮阳	-0.23	12	济源	-0.01	7

第五节　河南省 "两化" 融合的实证研究

一　"两化" 融合的模型设计

由于采用国家综合指标体系难以对河南省十几年来的信息化水平加以准确测度，因此本章选取信息产业发展、信息网络建设、信息技术应用、信息化人才四类13项指标作为信息化水平的替代变量，包括人均电子信息制造业产品销售收入、互联网普及率、教育经费占GDP比重等具体内容，基本综合反映了河南省信息化的水平。所有指标的描述如表4-6所示。

表4-6 河南省信息化测度指标体系

要素	指标	指标名称	指标解释	权重
信息产业发展	X_1	人均电子信息制造业产品销售收入	以1998年为基期，元	0.1
	X_2	人均电信业务收入	以1998年为基期，元	0.1
信息网络建设	X_3	每万人光缆总长度	公里	0.05
	X_4	每万人局用交换机容量	门	0.05
信息技术应用	X_5	人均报纸出版数	份	0.05
	X_6	广播综合人口覆盖率	%	0.05
	X_7	有线电视入户率	户/每百户	0.1
	X_8	电话普及率	部/每百人	0.15
	X_9	互联网普及率	%	0.15
信息化人才	X_{10}	每万人专利授权数	项	0.05
	X_{11}	教育经费占GDP比重	%	0.05
	X_{12}	R&D经费支出占GDP比重	%	0.05
	X_{13}	从事科技活动人员的人口比重	%	0.05

各项指标通过公式（4-1）和公式（4-2）计算出历年的信息化水平指数：

$$Z_{ni} = \left[\log_2 \left(1 + \frac{x_{ni}}{x_{(n=1998)i}} \right) \right] \times 100 \qquad (4-1)$$

$$I_n = \sum_{i=1}^{13} Z_{ni} W_i \qquad (4-2)$$

传统的柯布-道格拉斯生产函数为：

$$Y = A_0 K^\alpha L^\beta \qquad (4-3)$$

因为信息化是技术进步的一个重要方面，用I表示信息化水平，假设$A_0 = AI^\gamma$，A为除去信息技术以外的其他技术因素，这里假设A为一个常数。则改进后的生产函数为：

$$Y = AK^\alpha L^\beta I^\gamma \qquad (4-4)$$

其中α、β、γ分别为资本、劳动、信息投入的产出弹性。A为除去信息技术以外的其他技术因素。用 Y、K、L、I 分别表示工业产出（工业 GDP）、资本（工业固定资产投资）、劳动力（工业就业人数）与信息化指数，取对数则有：

$$\ln Y = \ln A + \alpha \ln K + \beta \ln L + \gamma \ln I \qquad (4-5)$$

表 4 – 7 是 1998 ~ 2012 年河南省工业产出、资本、劳动力和信息化指数以及它们对数的数据汇总。

表 4 – 7　河南省 Y、K、L、I 及其对数的数据汇总

年份	Y	K	L	I	$\ln Y$	$\ln K$	$\ln L$	$\ln I$
1998	100.00	100.00	100.00	100.00	4.605	4.605	4.605	4.605
1999	103.63	119.78	94.07	129.10	4.641	4.786	4.544	4.861
2000	119.38	132.23	90.16	244.70	4.782	4.885	4.502	5.500
2001	129.38	142.11	88.21	456.90	4.863	4.957	4.480	6.124
2002	144.13	155.34	84.73	517.20	4.971	5.046	4.439	6.248
2003	169.87	246.62	83.38	613.10	5.135	5.508	4.423	6.419
2004	207.10	380.95	79.77	690.90	5.333	5.943	4.379	6.538
2005	273.31	573.74	94.53	727.10	5.611	6.352	4.549	6.589
2006	331.70	800.39	98.23	856.10	5.804	6.685	4.587	6.752
2007	394.03	1207.95	100.48	966.20	5.976	7.097	4.610	6.873
2008	462.26	1593.99	105.50	1196.10	6.136	7.374	4.659	7.087
2009	494.07	2058.25	112.76	1717.20	6.203	7.630	4.725	7.448
2010	577.35	2433.87	125.93	2025.70	6.358	7.797	4.836	7.614
2011	639.44	2696.38	143.68	2198.60	6.461	7.900	4.968	7.696
2012	670.89	3262.75	140.32	2607.00	6.509	8.090	4.944	7.866

如果所用数据的时间序列不平稳，就可能产生伪回归的问题，因此应该首先对工业产出（Y）、资本（K）、劳动力（L）和信息化（I）数据进行 ADF 单位根检验，在经过二阶差分后，发现 4 个变量都没有单位根，是平稳的时间序列。这时，可以建立状态空间模型做进一步分析。

由于传统的回归模型都假定在平稳时间序列中，各变量的弹性系数是不变的，估计的是平均值，但对于尚处在信息化发展初期的中国而言，再用传统回归模型得出恒定的弹性系数不符合实际情况。因为信息化建设具有收益规模递增的效应，且不断进行的产业结构调整和制度变迁也会在深层次上影响各变量之间的相关系数，所以不能认定信息化的弹性系数是恒定的。由于状态空间模型是一个可变参数模型，能够反映变量间相关系数的动态变化，能够使定量研究更好地适应研究的需要，因此本章采用状态空间模型来分析信息化对工业经济增长的贡献度的动态变化。

20 世纪 80 年代末，美国经济学家 Hamilton 改进和优化了状态空间模型在经济管理系统中的应用，状态空间模型日益成为经济系统中一种重要的建模工具。该模型最核心的求解算法是卡尔曼滤波。卡尔曼滤波是在时刻 t，根据所有可得信息，计算状态向量的一种理想的求解递推过程。当初始状态向量与扰动项服从正态分布时，卡尔曼滤波能够通过预测误差分解对似然函数进行计算，从而对模型中全部未知参数进行估计，并且一旦得到新的观测值，就再次利用滤波连续修正状态向量的估计。

二　数据的实证分析过程与结果

本章主要采用的状态空间模型为：

$$\log(Y) = c(1) + sv_1 \times \log(K) + sv_2 \times \log(L) + sv_3 \times \log(I) + \mu_t \qquad (4-6)$$

$$sv_1 = sv_1(-1) + \varepsilon_{1,t} \qquad (4-7)$$

$$sv_2 = sv_2(-1) + \varepsilon_{2,t} \qquad (4-8)$$

$$sv_3 = sv_3(-1) + \varepsilon_{3,t} \qquad (4-9)$$

应用 Eviews 7.2 软件进行估计，设资本、劳动力、信息化的弹性系数分别为 sv_1、sv_2、sv_3。可以看到 sv_1、sv_2 和 sv_3 在 5% 的水平上通过了 T 检验，它们的终值分别为 0.548、1.948、0.217。sv_1 的值为 0.548 ~ 0.743，sv_2 的值为 1.805 ~ 1.948，sv_3 的值为 0.173 ~ 0.217，各年度的回归系数值如表 4 - 8 所示。

表 4 - 8　1999 ~ 2012 年三种要素的回归系数值

年份	sv_1	sv_2	sv_3
1999	0.743	1.816	0.173
2000	0.724	1.824	0.192

续表

年份	sv_1	sv_2	sv_3
2001	0.722	1.825	0.196
2002	0.727	1.823	0.189
2003	0.739	1.819	0.175
2004	0.764	1.805	0.158
2005	0.733	1.829	0.162
2006	0.693	1.861	0.169
2007	0.644	1.898	0.181
2008	0.612	1.923	0.189
2009	0.581	1.946	0.197
2010	0.558	1.923	0.204
2011	0.553	1.966	0.205
2012	0.548	1.948	0.217

由表4-8的结果处理得到图4-2，以更直观地展现了1998~2012年三种要素的回归系数值的变化与比较关系。

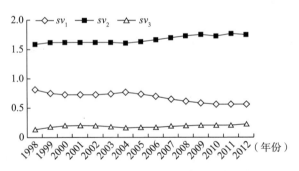

图4-2　1998~2012年三种要素的回归系数值

图4-2比较清晰地反映了三种投入要素弹性系数的变化规律。

第一，资本的弹性系数呈不断下降的趋势。河南省1998~2012年资本短缺的状况逐渐得到缓解，部分工业行业的资本投资甚至出现了相对过剩的现象，在这种情况下，资本对产出的重要性呈现了下降的趋势。资本对工业产出的弹性系数由1999年的0.743不断下降，2012年达到最低即0.548。尽管资本的作用稍微减弱，并且这种趋势在未来一段时间内仍将延续，但是资本在工业生产中的地位依然不可小觑。

第二，劳动力的弹性系数稳中有增。由于劳动者综合素质近十几年来的不断提高，单个劳动者对工业产出的贡献越来越大，从而带动劳动力的弹性指数小幅增加。劳动密集型工业产业的消长也影响着劳动力的弹性系数。另外，十几年来劳动力的弹性系数远远超过了资本的弹性系数，充分说明了人是工业生产最重要的因素。促进劳动者主观能动性和积极性的提高，能够明显提高劳动力的产出弹性系数。

第三，信息化的弹性系数波浪式地向上增长。可以看出，信息化的弹性系数一直都是正值，说明信息化对工业产出具有正面的影响。1999～2001年，信息化的弹性系数处于上升阶段，与河南省信息化学习、引进力度大密切相关，信息化开始产生效益。2001年以后的三年时间里，河南省信息化基本处于停滞状态，信息化的弹性系数不升反降。随着河南省互联网的普及和应用、信息技术的完善、信息技术人才的保障，全省的信息化贡献率从2007年开始稳步上升。但根据数据分析，信息化的弹性系数还不高，比起资本和劳动力甚至还很落后。河南省信息化对工业产出的贡献增幅不明显，需要进一步提高。

第六节　结论与政策建议

一　结论

第一，河南省的信息化发展水平相对其他省份比较低，且与其他省份的差距逐年拉大。全省区域信息化也呈现不均衡的发展状态，工业相对发达的地区其信息化水平也相对较高，传统农业地区在信息化发展方面则相对落后。信息化政策、资源和人才向省会等大城市倾斜，势必拉大省内各地市信息化发展水平的差距。

第二，河南省信息化在促进工业产出方面的作用不太明显。一方面是由于河南省的信息化水平还很低，信息化资源的存量少，不能有效发挥规模效应；另一方面是因为"两化"融合的范围窄、层次低，工业企业粗放型生产大范围存在，信息化生产由于各种因素并没有被工业企业在所有可能的环节接受。

第三，河南省信息化对工业产出的贡献度增幅很小。这是因为在工业生产中，传统信息化仍然发挥着主要作用，现代信息化不足甚至缺位。深层次反映河南省信息化的发展必须从起初重视量的增长向未来重视质的提高转变。这可能也说明全省在信息化促进工业化方面的许多工作还不到位，以后促进"两化"深度融合、走新型工业化道路的任务还很重。

第四，造成信息化促进工业化效果不明显的主要原因有以下几点。信息化推进协调机制尚不健全，信息化管理体制不顺；信息化发展环境仍不宽松，相关法规政策、标准规范不能满足现实需要；信息化建设和维护资金投入不足，政府引导信息化力度不足；缺乏互联互通平台支撑，地区、行业、企业间业务协同困难；信息资源开发利用严重不足，"信息孤岛"现象普遍存在。

二 对河南省促进工业化与信息化融合的政策建议

针对河南省"两化"融合领域目前存在的一些问题，例如信息产业缺乏核心技术，"两化"互动关系较弱，信息化的发展远远滞后于工业化的发展，缺少信息化人才等，本章提出了以下建议。

（一）政府应该继续加强对信息化建设领域的宏观调控力度

河南省的信息化水平与工业化水平严重不协调，与 GDP 大省的地位也不适应，政府应重视信息技术在工业及其他领域的应用，制定信息化建设的一系列扶持政策，统筹规划，加大对信息化建设领域的宏观调控力度。通过政府投资，大力发展高新信息技术，加快用先进的信息技术改造和提升传统工业产业，缩短企业设备智能化、生产过程自动化与企业管理信息化进程。切实促进信息化和工业等部门的深度融合，推动国民经济又好又快发展。

（二）综合运用财政、税收等政策

省级政府要充分利用财政、税收的作用和影响，促进企业的"两化"融合。对于需要进行信息化转型升级的工业企业，尤其是中小企业，通过财政适度补贴和税费减免等方式帮助其减轻负担，予以经济上的支持；对于投资规模大、资金多的信息化基础设施建设，政府通过地方银行给予利息上的优惠，并且扮演好"最后担保人"的角色。积极扶持本省的支柱产业和特色产业进行"两化"深度融合，支持落后的豫东地区因地制宜发展粮食深加工等轻工业，以工业增长带动这些地区的信息化建设以及"两化"融合。

（三）培养信息化人才

高科技人才是促进信息化建设的主要动力。河南省的高等学校和科研机构数量比东部省份少，且在质量上也存在一定的差距，培养人才的基础相对薄弱。全省每年信息人才和创新型人才"流失"量明显大于"流入"量，导致信息化人才匮乏。政府应认识到这一问题，加大对教育、科研设施的投入，制定优厚的待遇和政策鼓励信息化人才流向河南省，鼓励各类科技人员在河南省创办民营高新技术企业。调动科研院所的力量，借助"外脑"等外部资源为企业的信息化服务。同时，鼓励有实力的高校建立研发中心和实训基地，使之与具体的工业生产紧密结合起来，实现产学研一体化整合。

（四）构建安全、可信的网络平台和环境

立法部门应尽快建立和完善河南省维护互联网安全和信息化的相关法规与条例。只有有法可依，才能真正有效地促进和保障信息化建设，为全社会营造一个公平、公正、透明的信息化建设环境，并将信息技术应用的不利影响降到最低。在推进"两化"融合时，政府还要注意国家和居民信息安全的保障，防止敏感信息泄露、扩散。要尽快建设完备的信息安全基础设施和政府网络诚信平台，完善征信系统和各种数字证书间的互认互通，向全社会提供整合的数字认证服务。切实提高政府信息安全的防护能力与综合监控业务能力。

（五）强化各类工业企业"两化"融合意识

企业经营者要及时跟进和完善管理理念，对今后经济发展趋势、最新科技信息情况有一定的把握。配合国家和行业宏观政策的调整，积极转变发展理念和生产思路，提高企业"两化"融合的创新能力。

（六）建立或租借计算机网络应用平台

在日常的设计、生产、管理、销售、物流等环节，充分利用现代信息技

术对其传统技术和流程进行改造，提高企业生产效率和服务质量，从而提升企业的综合竞争力。同时，构建企业内部信息化学习和交流平台，加大对员工进行信息化培训的投入力度，增强企业员工应用信息技术的能力。

（七）构建成熟与完善的人才引进机制、薪酬管理体系和员工激励制度

企业的发展同样离不开信息化人才的贡献。各类企业都应该重视人才，能够想方设法引进人才、留住人才，并切实用好这一重要的人力资本。企业内部应设置完善的人才晋升和薪酬机制，并通过实行相应的信息化奖励机制，激发员工的工作积极性，引导他们信息化能力的提升。

（八）建立良好的政商研联动机制

工业企业要积极参与行业内、区域内的各种"两化"融合的交流活动，与政府主管部门保持良好的沟通、合作关系，积极与同类或上下游企业进行交流。学习先进的融合模式与经验，促进本单位"两化"融合工作的深度开展。

第五章　城镇化进程中的资金供求与融资

第一节　研究背景与文献评论

一　研究背景

城镇化是人口从农村向城镇转移的过程，这一过程伴随着大规模的城市建设，从而带来资金供求与融资问题。中国的城镇化率从 1949 年的10.64%增长到2014年的54.77%，每年平均增速为2.6个百分点，发展非常迅速。但经过多年的高速发展，中国的经济和社会发展也到了瓶颈期，人口红利不再，农村富余劳动力减少，人口老龄化程度提高，依靠廉价劳动力推动城镇化发展的机制已无法继续发挥作用；传统的城镇化模式引发了环境污染问题；工业化、城镇化不同步，产业结构不够合理；城乡矛盾尚未解决，给经济、社会发展留下了诸多隐患。

以此为背景，我国提出了中国特色新型城镇化，并从提高城镇化质量和变革发展方式两个方面对其做出了解释。随后又以可持续发展战略为指导，提出了集约、智能、绿色、低碳的要求，并明确了城镇化的六大任务：推动农村人口市民化，提高土地使用效率，建立多元资金投融资体制，优化城镇化布局和形态，提高城镇建设水平，加强对城镇化的管理。

在政府的支持、推动以及新型城镇化建设目标的压力下，各级政府开始积极进行转型探索，也有了很多成功的经验，成都、湖南以及长三角地区都做出了探索。在国家发展改革委等11部委共同发布的新型城镇化试点地区名单中，河南省入选的有洛阳市、禹州市、新郑市、兰考县、濮阳市以及长垣县。河南省国家新型城镇化综合试点已达 6 个，对河南省新型城镇化改革提出了较高要求。河南省应积极面对挑战，总结各地成功经验，结合河南省实际情况，因地制宜地走好河南省新型城镇化发展之路。

在新型城镇化的目标下，城镇化所涉及的基础设施建设、公共产品（服务）供给、农村居民转移、新进劳动力就业等都需要大规模的资金支持。而城镇化建设资金来源主要有财政资金、国内贷款、债券、利用外资、自筹资金以及其他资金。目前，中国城镇化融资中存在财政收入不足、过度依赖土地出让金收入，以及以土地为基础设立的地方政府融资平台风险不可控等诸多问题。融资方式单一、融资平台存在较大风险、土地资源受到限制，这些问题都制约着中国的新型城镇化建设。国家明确提出创新城镇化资金供给方式，革新财政税收制度，放开市场允许民间资本进入，形成市场化的城镇化资金供给体制。可见，创新城镇化资金保障机制对于解决城镇化发展中的融资问题、保证城镇化可持续发展具有重要意义。

在城投公司日趋衰败的情形下，地方政府为了弥补资金缺口，开始探索政府与大型投资企业共同开发公私合营的新模式，公私合营新模式是社会发展的产物，有其现实意义，新模式下也确实出现了很多成功的案例，但我们必须注意到的是公私合营的新模式尚未有统一的标准，管理方式也不尽相同，其中也会存在风险，公私合营新模式的普及还需要我们的实践和探索。

本章以河南省为例，对目前的两种融资模式——传统的融资模式和公私合营的融资模式进行介绍，并通过案例说明公私合营融资模式的实施方式，最后对两种模式进行对比分析，希望借此为河南省新型城镇化融资提供方向，同时也为我国地方政府缓解新型城镇化建设融资压力提供借鉴。

二 文献评论

总的来说，国内在城镇化融资模式方面的研究主要包括两个方面：一是以政府为主导的融资模式中存在的问题，二是对融资模式的创新和思考。

我国在城镇化进程中过度依赖政府，从而导致多数文献都是从讨论以政府为主导的融资模式开始的。巴曙松等（2011）认为，由于城镇化建设由地方政府主导，且市场化融资机制没有形成，部分政府债务风险过大。高立和张令奇（2010）则认为，地方融资平台虽然为城镇化建设提供了资金，但也暴露了不少问题。罗明琦（2014）指出，由于中国的宏观经济环境变化，之前融资过程中积累的地方债务风险可能会引发融资链条的断裂。薛翠翠等（2013）进一步认为，地方政府过多依赖土地财政，土地财政的出现确实曾经解决了很多融资难题，但土地资源不可再生，土地财政不可持续，土地财政已不适合当前的发展形势。邱俊杰和邱兆祥（2013）从另外的角度指出，当前中国金融生态环境尚未完善和优化，存在很多不稳定的因素，阻碍了城镇化的发展。唐晓旺（2012）则认为，由于政策方面的原因，民间资本难以进入城镇化建设项目中。

更多的学者在反思政府主导的融资模式的同时，提出转变融资模式的观点。如贾康、孙洁（2011）认为，政府投资和私人投资都有缺陷，公私合营才是未来的发展方向。周小川（2011）则提出了市政债和财产税相结合的新机制，充分利用金融市场进行融资和风险管理，解决融资难题。岳文海（2013）根据城镇化基础设施收益特点，将基建项目分为纯公益设施、经营性设施和准公益设施三类，分别根据其特点探索个性化的融资模式。黄瑞玲、谈镇（2014）提出在新型城镇化建设环境下，政府应转换思路，利用使用者付费、财政税收、金融市场债务融资"三位一体"的机制进行融资。吴伟、丁承、龙飞（2014）认为，标准化债务工具可以有效地解决城镇化融资难题。李伟等（2013）认为，为了使资源配置更有效率和政府作用得到最大限度的发挥，我们应采用"政企合作"的模式；提出了平台型政府的概念，希望能促进政府和企业在城镇化这一过程中相互合作、相互理解，真正推进社会的进步和效率的提升，探索在城市演化过程中通过合作实现共赢。

这些研究也部分借鉴了国外研究的一些思路，国外城镇化发展起步早，在投融资方面的研究比较先进而且全面。1918 年日本建立"地方支付税"制；1923 年德国出台"财政调整法"；1929 年美国实行"国库交付金制"，这些都对城镇化过程中的融资进行了较为规范的法制实践。经济学家巴顿认为，在城市发展进程中，政府需要筹集大量的资金以满足转移人口的城镇基础设施和城镇基本服务需要。Luc E. Lemth（2009）在小城镇基础设施方面对政府与私人之间的合作进行了研究；从这一合作过程中经济、财政、风险分担原理等方面，提出可设立代理机构的方法，以使双方的合作更加规范。

第二节 河南省新型城镇化发展的现状、问题及其成因

一 河南省新型城镇化发展的现状

（一）城镇化水平稳步上升

2014 年河南省城镇化率为 45.2%，2002 年仅为 25.8%，城镇化率翻了将近一番，城镇化发展迅速，城镇化增长速度平稳，年平均增长率保持在 4.79% 左右（见图 5-1）。河南省城镇化发展水平具体体现在以下两个方面。

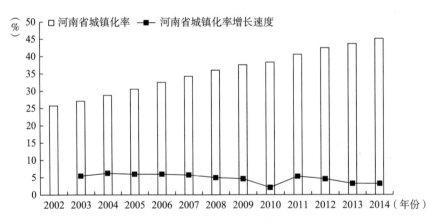

图 5-1 河南省城镇化率及其增长速度

资料来源：历年《中国统计年鉴》和《河南统计年鉴》。

城镇数量和规模不断扩大。河南省在新中国成立初期只有 128 个城镇，人口达到 10 万人的只有开封和郑州两个城市，人口多于 1 万人且小于 10 万人的城镇也只有 9 个，其他城镇人口都在 1 万人以下，城镇人口仅占总人口的 2.6%。2002 年河南省有省辖市 17 个、县级市 21 个、县 89 个、市辖区 48 个、建制镇 869 个。到 2014 年年底，河南省省辖市与县级市的数

量虽未发生变化，但是城区人口规模均已超过 20 万人，其中郑州市作为河南省的省会城市其常住人口已超过 500 万人，另外，建制镇数量扩大到1103 个，城镇数量和规模增长迅速。

城镇人口数量迅速增加。2014 年全省城镇人口为 4819 万人，2002 年仅为 2480 万人，增长了 94.31%，年平均增长速度为 5.70%。而从 2002年到 2014 年河南省人口自然增长率分别为 6.03‰、5.64‰、5.2‰、5.25‰、5.32‰、4.9‰、4.97‰、4.99‰、4.95‰、4.94‰、5.16‰、5.51‰、5.78‰，远远低于全省城镇人口的增长率，说明城镇人口的增加不仅仅是由于人口的自然增长。从图 5-2 中可以看出，农村人口数量呈下降趋势，同时城镇人口数量在快速增加，城镇人口与农村人口之间的差距逐年缩小。由此可以看出，河南省城镇人口数量增加主要是由于农村人口向城镇转移。

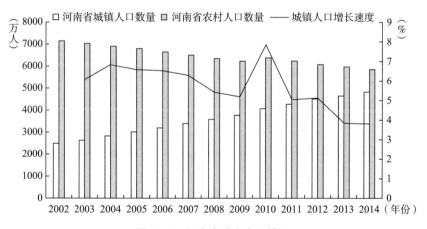

图 5-2 河南省城乡人口情况

资料来源：历年《河南统计年鉴》。

（二）中原城市群格局基本形成

"十二五"期间，河南提出中原经济区规划，以建成高水平的现代化农业和粮食种植示范区，改善经济体系，增加居民经济收入。其中着重强调了要构建中原城市群，要把郑州航空港经济综合实验区作为重点，最大限度地释放郑州城区的潜力，在中原经济区建设中要遵循"一级、一群、两圈、三层、四带、五轴"的原则。"一级"指的是郑汴新区，即郑州和开封新区，中牟县也被纳入其中。"两圈"是要依靠快轨和高铁在整个河南省搭建一个以郑州为核心的快速交通网络。"三层"中第一层的重点是加快郑州与开封的结合进度；第二层囊括了洛阳、许昌、济源等七个城市，重点是构建城乡统筹改革发展试验区。第三层的重点任务是建成郑西、郑徐等其他多条高铁线路，协调各层之间的关系。

根据上述的空间构造模式来着重建设的郑汴新区已经获得了预期的效果。到目前为止，这两个城市已经打破了横亘在经济领域、信息领域的藩篱，实现了无障碍的沟通和往来。随着城际铁路的落成和发展，一张覆盖两个城市的城铁网络已经完成，这一变化极大地缩短了两城之间的实地距离，城市群的交通网络体系在逐渐完善。

（三）城镇居民生活质量提高

居民经济收入水平提高。由图 5 – 3 可以看出，城镇居民人均可支配收入上涨趋势明显，从 2002 年的 6245.4 元上升到 2014 年的 24391.45元，年均增长率为 12.05%，虽然人均居民消费也从 2002 年的 4504.68元以年均 11.03% 的速度上涨，但人均居民消费的增长速度低于人均可支配收入的增长速度。其中城镇居民消费中用于购买食物的比例也越来越低，即恩格尔系数越来越低，2002 年河南省恩格尔系数为 34%，2014年则降为 20%，这也说明了城镇居民基本达到小康水平，生活质量明显提高。

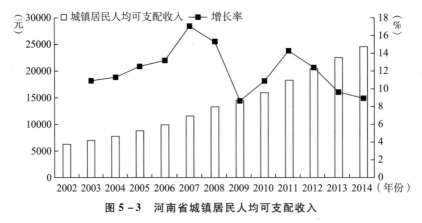

图 5 – 3 河南省城镇居民人均可支配收入

城镇基础设施更加完备，人居环境有所改进。城镇人均现住房总建筑面积由 27.42 平方米以年均 2.8% 的速度增长到 38.18 平方米；医院和卫生院床位数以及医生人数由 18.75 万张和 10.17 万人增至 43.18 万张和 21.88 万人，均增长一倍以上；用水普及率由 73.2% 增至 93%，年均增长率为 2.02%；燃气普及率由 67.2%（2006 年的数据）增至 83.8%；建成区绿化覆盖率由 28.9% 提高到 38.3%，年均增长 2.37%（见表 5-1）。另外，截止到 2014 年年底，河南省城乡电话普及率已达到 94.1%。河南省城镇水、电、气、信息网络等基础设施更加完备，医疗卫生等公共服务水平明显提高，河南省城镇居住环境明显改善。

表 5-1　河南省城镇基础设施情况

年份	2002	2006	2010	2012	2013	2014
现住房总建筑面积（平方米/人）	27.42	31.75	33.27	34.7	34.4	38.18
医院和卫生院床位数（万张）	18.75	21.23	30.44	36.57	40.03	43.18
医生人数（万人）	10.17	11.55	15.48	16.77	18.06	21.88
用水普及率（%）	73.2	93.8	91	91.8	92.2	93
燃气普及率（%）	—	67.2	73.4	77.9	82	83.8
建成区绿化覆盖率（%）	28.9	32.8	36.5	36.9	37.6	38.3

资料来源：历年《河南统计年鉴》及河南统计数据采集门户网站。

二　河南省新型城镇化发展中的问题

（一）增速快，水平低

国内城镇化的平均增速为 2.73%，而河南省平均增速达到 4.79%，河南省城镇化的增速较快。

从图 5-4 可以看到，2002 年全国城镇化率为 39.09%，河南省城镇化率为 25.8%，与全国城镇化率的差距达到了 13.3 个百分点。而从 2002 年至 2014 年，河南省城镇化率增速较快，为 4.79%，高于全国平均增长速度。截至 2014 年年末，河南省城镇化率达到 45.2%，全国平均水平为 54.77%，与全国平均水平的差距缩小到了 9.57 个百分点，但是河南省城镇化率仍然较低。

全国共分为 31 个省份（港、澳台地区除外），2014 年河南省城镇化率

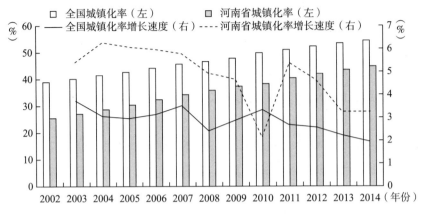

图5-4 全国以及河南省城镇化情况

资料来源：历年《中国统计年鉴》和《河南统计年鉴》。

居全国第27位，低于河南省的只有贵州、云南、西藏、甘肃。我国根据区位分布以及经济发展状况等因素将这31个省份划分为东部地区、中部地区、西部地区、东北地区四大地区。2014年四大地区的平均城镇化率分别为66.05%、50.55%、46.89%、59.96%，均比河南省城镇化水平高。另外，河南省属于中部地区，中部地区还包括山西、安徽、江西、湖北和湖南，而河南省城镇化率居中部地区最后一位，由此看来河南省城镇化水平偏低。

（二）各地区发展不平衡

通过观察近些年河南省下属18个省辖市以及10个省直管市城镇化率的数据可以看出，郑州、济源、鹤壁的城镇化率较高，而邓州、兰考、新蔡、滑县的城镇化率较低。2014年郑州的城镇化率为全省最高，已经达到68.3%，而省辖市中周口的城镇化率最低，仅为36.2%，二者相差32.1个百分点；省直管县中滑县的城镇化率最低，为25.1%，与郑州的差距达到38.7个百分点。而位于第二的济源的城镇化率也与郑州相差11.9个百分点。2014年河南省城镇化率平均水平为45.2%，在28个地区中，只有郑州、济源、鹤壁、焦作、洛阳、巩义、三门峡、平顶山、新乡、许昌、漯河、安阳这12个地区的城镇化率（见图5-5）高于平均水平。由此可见，河南省郑州市城镇化发展得最好，但并没有为其他地区的发展起到带动作用，不同地区之间的城镇化率差距很大，发展不平衡。

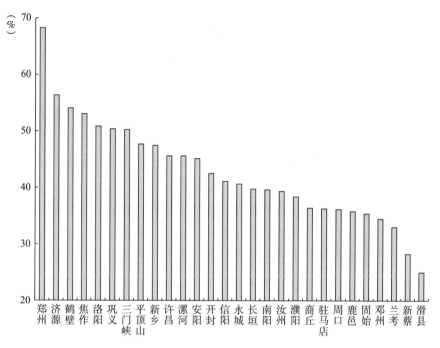

图 5 - 5　河南省各市 2014 年城镇化情况

资料来源:《河南统计年鉴（2015)》。

（三）城乡发展不平衡

新型城镇化应是城乡协调发展的城镇化，河南省城镇化中城乡发展失调，主要体现在城乡居民生活水平方面。

农村居民生活水平较低。从城乡居民收入来看，2002 年河南省城乡居民人均收入分别为 6245.4 元和 2215.74 元，城镇居民人均可支配收入为农村居民纯收入的 2.82 倍，两者相差 4029.66 元，而 2014 年河南省城乡居民人均收入分别增至 24391.45 元和 9416.1 元，两者之比为 2.59:1，两者之间的差距增长为 14975.35 元，其中 2003 年两者之比达到最大，为 3.1:1，此后变动不大，自 2009 年开始两者之比缓慢下降，但城乡居民人均收入之间的差距在不断扩大，2014 年达到最高，为 14975.75 元。从 2002 年到 2014 年，河南省城镇居民人均可支配收入增加 18146.05 元，农村居民人均纯收入增加 7200.36 元（见图 5 - 6），其增加值仅为城镇居民增加值的 39.7%。2014 年农村居民恩格尔系数远高于城镇居民。由此可以做出这样一个判断：河南省城镇居民生活水平稳步提升，城镇居民生活已达到小康状态，农村居民生活水平较低，虽然增长速度较快，但是由于起点比较低，仍与城镇居民生活水平有很大差距。

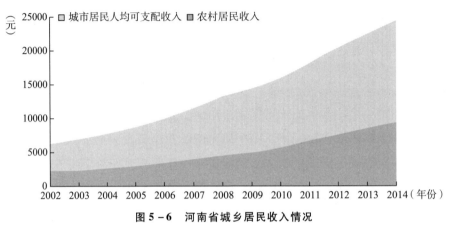

图 5 - 6　河南省城乡居民收入情况

资料来源：历年《河南统计年鉴》。

（四）城镇化滞后于工业化

新型城镇化要求"四化"同步。目前虽然河南省新型城镇化建设有所进步，但从其与工业化的协同关系来看，河南省新型城镇化水平落后于工业化水平（见表5 -2），限制了河南省新型城镇化的发展。

表5 - 2　河南省劳动工业化率

年份	GDP（亿元）	规模以上工业增加值（亿元）	工业化率（%）	城镇化率（%）	劳动工业化率
2002	6035.48	1430.75	23.7	25.8	0.92
2003	6867.7	1754.08	25.5	27.2	0.94
2004	8553.79	2332.68	27.3	28.9	0.94
2005	10587.42	3200.23	30.2	30.65	0.99
2006	12362.79	4150.6	33.6	32.47	1.03
2007	15012.46	5438.06	36.2	34.34	1.05
2008	18018.53	7305.39	40.5	36.03	1.13
2009	19480.46	7764.45	39.9	37.7	1.06
2010	23092.36	9901.52	43.9	38.5	1.11

续表

年份	GDP（亿元）	规模以上工业增加值（亿元）	工业化率（%）	城镇化率（%）	劳动工业化率
2011	26931.03	11882.55	44.1	40.57	1.09
2012	29599.31	12654.83	42.8	42.43	1.01
2013	32191.3	13986.51	43.4	43.8	0.99
2014	34938.24	15553	44.5	45.2	0.98

资料来源：《河南统计年鉴》及河南统计数据采集门户网站。

我们常用劳动工业化率反映城镇化与工业化的协调发展情况，劳动工业化率为工业化率和城镇化率的比值，工业化率是由规模以上工业增加值与 GDP 的比值来计算的。若劳动工业化率为 0.5，则说明城镇化与工业化发展均衡；若劳动工业化率显著小于 0.5，则说明城镇化发展超前于工业化，工业化发展速度赶不上人口集聚速度；若劳动工业化率大于 0.5，则说明城镇化滞后于工业化，在农村存在工业产业劳动力。从表 5 - 2 可以看出，2002 ~ 2014 年河南省劳动力工业化率为 0.9 ~ 1.2，均大于 0.5，因此可以得出这样的结论：河南省城镇化仍滞后于工业化，河南省大量从事工业和其他非农业生产经营的劳动人口滞留于农村地区。

（五）城市环境污染严重

新型城镇化规划明确要求实现城市的持续、健康发展，绿色、集约地推动新型城镇化。在传统的城镇化建设中，河南省对环境保护问题不够关注，大气、水、土壤等环境问题日益突出，人居环境较差。

根据最新的环境标准，2014 年，河南的 18 个地级城市平均有半年的环境质量状况为优和良，其所占的比例为 50.1%。在这些城市中，鹤壁的这一比率高于 60%，有 219 天左右，安阳的这一比率则低于 40%（见表 5 - 3）。河南有 10 个县级城市平均有半年多的时间环境质量状况为优和良，其所占比率为 55.6%。

表 5 - 3　河南省各市天气状况情况

单位：天

省辖市	优、良天数	省直管县（市）	优、良天数
驻马店	159	三门峡	264

续表

省辖市	优、良天数	省直管县（市）	优、良天数
洛阳	275	开封	276
信阳	293	漯河	267
济源	258	平顶山	180
鹤壁	219	安阳	145
商丘	280	周口	257
新乡	248	许昌	268
焦作	248	郑州	163
濮阳	195	南阳	233

资料来源：河南省各地市环保局网站。

2014 年河南省的整体水质达标比例为 70.7%，比上一年降低了 9.6 个百分点，在这些市级城市里，洛阳和另外两个城市的这一比例超过了 90%，濮阳和其他六个城市则高于 70%，许昌以及另外两个城市则高于 60%，驻马店等五个城市则低于 60%。整个省的总体水质达标比例为 87.9%，比上一年增长了 2.3 个百分点。在县级城市中，巩义和其他七个县级城市的水质达标比例超过了 80%，长垣和新蔡的水质达标比例较低，其中新蔡的水质达标比例低于 60%。

三　河南省新型城镇化问题的成因

河南省新型城镇化发展进程中存在不少问题，而这些问题直接影响到河南省新型城镇化目标的实现，对这些问题原因的分析会使我们对河南省未来的发展有更深刻的认识。

（一）自身条件限制

自然资源稀缺。城镇化是对各类要素进行利用和重新分配的过程，新型城镇化虽然强调要实现资源的高效集约使用，但城镇化的发展还与要素相关联。而受自然条件制约，河南省各类资源比较紧张。

土地资源匮乏。河南省作为一个农业大省，农业人口众多，农产品出口到全国各地，但是面临着人均耕地面积只有全国平均水平的 87.7% 的尴尬现状。现阶段河南省土地资源效用基本已完全发挥，后备土地资源严重不足。

水资源短缺。据计算，城市居民的平均用水量大约为农村居民的 3 倍，随着河南省大力推动新型城镇化的发展，必然带来河南省用水量的提高，而河南省很多城市都是缺水或严重缺水的城市，水资源供需矛盾更加突出。

农业人口多。2014 年河南省总人口数为 10662 万人，其中农业人口为 5843 万人，占河南省总人口的一半以上，另外，城镇人口中还有很大一部分长期在城市工作，但是没有城市户籍，如果以户籍人口来算的话，河南省农业人口的比重将更大。而城镇化就是要实现农业人口向城镇人口的转移，如此多的农业人口给河南省城镇化发展带来了巨大的压力。

（二）制度体系不完善

一是现行户籍制度不完善。现行的户籍制度将居民分为城镇户口和农村户口两类，直接导致城乡二元格局、社会不公现象的出现。由于受到城市就业机会和工资待遇的影响，越来越多的农村居民选择外出务工，而现行的户籍制度直接关联到社会福利、医疗、养老以及子女的教育问题，户籍的差异造成人为的不平等，对外出务工人员影响非常大。

二是社会保障制度还未完善。河南省社会保障制度起步较晚，城镇基本养老保险、医疗保险以及失业工伤保险等还未完全普及，农村人口对社会保障制度的认识不够，社会保障制度的推广存在困难，覆盖率低，客观上阻碍了城镇化的推进。

第三节　资金供求分析与预测

一　资金需求预测

河南省城镇化规划明确提出要稳步提高河南省城镇化水平和质量，并提出了新型城镇化的目标，到 2020 年，要将常住人口城镇化率提升为 56% 左右，实现 1100 万左右农村人口转移到城市，还要将户籍人口城镇化率提高为 40% 左右，在农民自愿的前提下，实现农民工及其家属落户到城镇，农村户口转化为城镇户口，减小户籍人口城镇化率和常住人口城镇化率之间的差距。

将户籍人口城镇化率作为一项考核指标，说明在接下来的城镇化建设中，河南省将农村劳动力向城市转移作为工作的重点，而在劳动力转移的过程中，要满足农村居民进入城市后的基本生活需求，满足农村居民的就业需要、医疗需要、子女教育的需要。因此，本章认为河南省新型城镇化建设的融资需求主要为市政设施建设资金需求、医疗和教育资金需求以及产业发展资金需求，并从以上几个方面分别测算截止到 2020 年河南省新型城镇化建设所需资金。

2002~2014 年河南省城镇化率上涨势头明显，增长速度虽不稳定，但年增长率最高为 6.25%，年增长率最低为 2.12%，每年平均增长 4.79 个百分点，以此为基础，依次对 2015~2020 年的城镇化率进行估算（见表 5 - 4）。

表 5 - 4 河南省 2015~2020 年城镇化率预测值

单位：%

年份	2015	2016	2017	2018	2019	2020
最高	48.03	51.03	54.22	57.60	61.20	65.03
平均	47.01	48.90	51.24	53.70	56.27	58.96
最低	46.16	47.14	49.40	51.76	54.24	56.84

而河南省的目标是在 2020 年将城镇化率提升为 56% 左右，河南省城镇化率按最低速度增长即可满足，而考虑到同时还要满足户籍城镇化率的要求，因此，本章以 4.79% 的年增长率对未来几年的城镇化率进行预测。

观察 2002~2014 年河南省人口增长率，除了 2010 年为 4.7‰以外，其他年份的增长率都较为稳定，保持在 5.2‰左右，因此，本章以 5.2‰的人口增长率对河南省 2015~2020 年的人口数据进行预测（见表 5 - 5）。

表 5 - 5 河南省 2015~2020 年总人口预测值

年份	2015	2016	2017	2018	2019	2020
总人口（万人）	10717	10773	10829	10886	10942	10999

城镇人口数是由总人口和城镇化率的乘积来计算的。根据以上关于2015~2020年城镇化率和总人口的预测值来计算城镇人口数（见表5-6）。

表5-6　河南省2015~2020年城镇人口预测值

单位：万人

年份	2015	2016	2017	2018	2019	2020
最高	5147	5497	5871	6270	6697	7153
平均	5038	5268	5549	5846	6157	6485
最低	4947	5078	5350	5635	5935	6252

（一）市政设施建设资金需求预测

市政设施建设是指由政府组织实施的城市基础建设，主要包括城市供水、燃气、集中供热、轨道交通、道路和桥梁、排水和污水处理、园林绿化、市容环卫等。

市政设施建设主要是为了满足居民的基本生活需求，因此市政设施建设与城镇人口数量密切相关，做出市政设施建设资金与城镇人口数量之间的散点图后，发现两者具有显著的线性关系，对数据进行 OLS 估计，得出：

$$INV = -300.97 + 0.13 \times UP$$
$$R^2 = 0.982 \tag{5-1}$$

其中 INV 代表的是市政设施建设资金，UP 代表的是城镇人口。R^2 表示在回归方程中自变量对因变量的解释比例，一般地，如果 R^2 的取值超过0.8，则认为模型的拟合优度比较高。这里 R^2 为 0.982，表示拟合程度很高。

2015~2020年市政设施建设所需资金预计如表5-7所示。

表5-7　河南省2015~2020年市政设施建设资金预测值

年份	2015	2016	2017	2018	2019	2020
市政设施建设资金（亿元）	358.91	394.14	431.19	470.32	511.40	554.82

从2015年到2020年市政设施建设资金需求预计将达到2720.78亿元。

（二）医疗、教育资金需求预测

我国长期以来实行农村与城镇的二元化户籍制度，而医疗、教育等公共服务都与户籍制度挂钩，农村人口转移到城镇后无法平等地享受到城镇居民的基本公共服务，为实现 2020 年河南省新型城镇化的目标，河南省需要为农村转移人口提供相应的公共服务，预期将在医疗、教育方面产生大量资金需求。

与市政设施建设资金类似，我们先做出医疗、教育资金需求与城镇人口的散点图，观察它们之间的关系，再用模型进行拟合。

1. 医疗资金需求

利用 Eviews 做出医疗资金需求与城镇人口的散点图之后发现，两者之间存在明显的幂函数关系，利用幂函数模型对数据进行拟合，得到：

$$MED = -246.7 + 3386.2 \times UP^2$$
$$R^2 = 0.965 \tag{5-2}$$

其中 MED 代表的是医疗资金需求。这里 R^2 为 0.965，说明拟合程度很高。

对 2015 ~ 2020 年医疗资金需求进行预测，结果如表 5 - 8 所示。

表 5 - 8　河南省 2015 ~ 2020 年医疗资金需求预测值

年份	2015	2016	2017	2018	2019	2020
医疗资金需求（亿元）	625.78	721.43	827.38	945.26	1075.61	1220.74

从 2015 年到 2020 年医疗资金需求合计将达到 5416.20 亿元。

2. 教育资金需求

利用 Eviews 做出教育资金需求与城镇人口的散点图，我们发现可以用线性函数对其进行拟合，拟合结果如下：

$$EDU = -1270.87 + 0.5 \times UP$$
$$R^2 = 0.942 \tag{5-3}$$

其中 EDU 代表的是教育资金需求，这里 R^2 为 0.942，说明拟合程度很高。

对 2015～2020 年教育资金需求进行预测，结果如表 5－9 所示。

表 5－9　河南省 2015～2020 年教育资金需求预测值

年份	2015	2016	2017	2018	2019	2020
教育资金需求（亿元）	1267.13	1402.63	1545.13	1695.63	1853.63	2020.63

从 2015 年到 2020 年教育资金需求合计为 9784.78 亿元。

综上，截止到 2020 年医疗、教育资金需求合计为 15200.98 亿元。

（三）产业发展资金需求预测

产业的发展为城镇人口提供了就业机会，城镇化将农村人口转移到城镇的过程实际上就是将农村劳动力从第一产业转向第二、第三产业的过程，因此，我们通过分析第二、第三产业的发展衡量农村转移人口就业的资金需求。我们以第二、第三产业城镇就业人口作为自变量，衡量两者之间的关系，对未来第二、第三产业的投资需求进行预测。

1. 第二产业发展资金需求

首先我们对第二产业城镇就业人口 2015～2020 年的趋势进行预测（见表 5－10）。在分析第二产业城镇就业人口的过程中，笔者发现从 2002 年开始，第二产业城镇就业人口占城镇人口的比重变化不大，保持在 11.58% 左右（见图 5－7）。因此，我们通过第二产业城镇就业人口占城镇人口的比重来预测未来第二产业城镇就业人口。

表 5－10　河南省 2015～2020 年第二产业城镇就业人口预测值

年份	2015	2016	2017	2018	2019	2020
第二产业城镇就业人口（万人）	588.82	620.25	653.31	688.23	724.88	763.63

同上面的分析过程类似，对第二产业发展资金与第二产业城镇就业人口进行拟合。

通过对散点图的分析，判断出用对数函数拟合较为合适，拟合结果为：

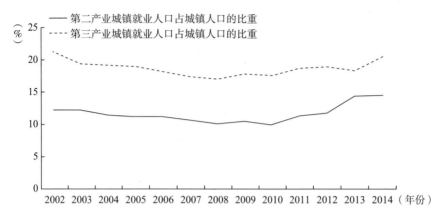

图 5-7　河南省第二、第三产业城镇就业人口占城镇人口的比重

资料来源:《河南统计年鉴》及河南统计数据采集门户网站。

$$SI = -150094.3 + 26570.87\ln SE$$

$$R^2 = 0.968 \qquad\qquad (5-4)$$

其中 SI 代表的是第二产业发展资金, SE 代表的是第二产业城镇就业人口。这里 R^2 为 0.968, 说明拟合程度很高。

对 2015~2020 年第二产业发展资金进行预测, 结果如表 5-11 所示。

表 5-11　河南省 2015~2020 年第二产业发展资金预测值

年份	2015	2016	2017	2018	2019	2020
第二产业发展资金（亿元）	19377.73	20759.74	22139.54	23522.96	24901.28	26285.28

从 2015 年到 2020 年第二产业发展资金合计为 136986.5 亿元。

2. 第三产业发展资金需求

类似地, 我们先用第三产业城镇就业人口占城镇人口的比重来对第三产业城镇就业人口进行预测, 结果见表 5-12。

表 5-12　河南省 2015~2020 年第三产业城镇就业人口预测值

年份	2015	2016	2017	2018	2019	2020
第三产业城镇就业人口（万人）	947.44	998.02	1051.22	1107.40	1166.38	1228.72

然后，应用线性函数对第三产业城镇就业人口和第三产业发展资金进行拟合，得到：

$$TI = -12944.47 + 27.65TE$$
$$R^2 = 0.969 \qquad\qquad (5-5)$$

其中 TI 代表的是第三产业发展资金，TE 代表的是第三产业城镇就业人口。这里 R^2 为 0.969，说明拟合程度很高。

对 2015~2020 年第三产业发展资金进行预测，结果如表 5-13 所示。

表 5-13　河南省 2015~2020 年第三产业发展资金预测值

年份	2015	2016	2017	2018	2019	2020
第三产业发展资金（亿元）	13252.19	14650.79	16121.65	17675.07	19305.91	21029.65

从 2015 年到 2020 年第三产业发展资金合计为 102035.3 亿元。产业发展所需要的资金总额为 239021.8 亿元。

（四）资金总需求预测

从市政设施建设、医疗和教育、产业发展三个方面测算，为达到 2020 年常住人口城镇化率达到 56% 的目标，2015~2020 年共需投入 256943.56 亿元，即河南省新型城镇化建设中的资金总需求为 256943.56 亿元（见表 5-14）。

表 5-14　河南省 2015~2020 年资金总需求预测值

项目	资金需求（亿元）
市政设施建设	2720.78
医疗和教育	15200.98
产业发展	239021.8

二　资金供给预测

政府作为城镇化建设的投资主体，除了利用财政资金来进行城镇化建设投资外，还采取了其他融资方式，主要包括债务资金、利用外资、自筹

139

资金等。因此，接下来我们将分别从财政资金、其他资金来源两个方面去衡量资金供给。

（一）财政资金预测

财政资金主要是政府税收，虽然从分税制改革后，中央将大部分征税权利收回，地方政府财权减少，财政收入大幅度下降，但是财政资金作为地方政府收入来源，仍是新型城镇化建设中重要的资金供给方式。财政资金主要来源于税收收入，财政资金与 GDP 的增长直接相关，因此，我们利用 GDP 与财政资金之间的关系来预测财政资金的数据。

从 2002 年到 2014 年河南省 GDP 的数据分析显示，GDP 的增长速度并不平稳，但最近两年都保持在 8% 的水平上，结合当前中国经济新常态的发展形势，将河南省 GDP 的增长速度定为 8%。

以此为基础，预测未来几年河南省 GDP 数据，结果如表 5 - 15 所示。

表 5 - 15　河南省 2015 ~ 2020 年 GDP 预测值

年份	2015	2016	2017	2018	2019	2020
GDP（亿元）	37733.30	40751.96	44012.12	47533.09	51335.74	55442.60

对财政收入和 GDP 进行线性拟合得到：

$$FR = -374.73 + 0.124GDP$$
$$R^2 = 0.991 \tag{5-6}$$

这里 R^2 为 0.991，说明拟合效果非常好。FR 指财政资金。

用 Forecast 对财政资金进行预测，结果如表 5 - 16 所示。

表 5 - 16　河南省 2015 ~ 2020 年财政资金预测值

年份	2015	2016	2017	2018	2019	2020
财政资金（亿元）	4289.46	4662.60	5065.59	5500.81	5970.85	6478.50

2015 ~ 2020 年财政资金预计共为 31967.81 亿元。

（二）其他资金来源预测

城镇化建设中的资金供给除了政府财政资金外，还包括债务资金、利用外资以及自筹资金等，其中债务资金主要包括银行贷款和债券两部分，自筹资金主要是指地方政府自筹资金，其来源主要是预算外收入、上一年的财政结余。

分析 2002～2014 年市政设施建设固定资产投资中其他资金的占比可以发现，其他资金的占比有下降的趋势，而除了 2014 年其他资金占比为31% 之外，从 2007 年开始其他资金在市政设施建设固定资产投资中的占比稳定为 40%～60%，平均占比为 53.38%，以此为基础来估计未来六年其他资金来源的数额（如表 5－17 所示）。

表 5－17　河南省 2015～2020 年其他资金预测值

年份	2015	2016	2017	2018	2019	2020
其他资金（亿元）	4911.44	5338.69	5800.11	6298.44	6836.64	7417.90

2015 年到 2020 年其他资金预计共有 36603.22 亿元。

（三）资金总供给预测

根据以上计算可知，河南省新型城镇化资金供给包括财政资金和其他资金来源，从 2015 年到 2020 年预计共能提供 31967.82 亿元、36603.22 亿元，资金总供给预计为 68571.03 亿元。

三　资金缺口预测

现根据上述分析，将 2015～2020 年每年的资金供求情况进行总结，结果如表 5－18 所示。

表 5－18　河南省 2015～2020 年资金供求情况预测值

单位：亿元

年份	2015	2016	2017	2018	2019	2020
资金需求	34881.74	37928.73	41064.89	44309.24	47647.83	51111.12
资金供给	9200.91	10001.28	10865.69	11799.25	12807.50	13896.40
资金缺口	25680.83	27927.45	30199.2	32509.99	34840.33	37214.72

从表 5－18 可看出，资金缺口每年都在加大，截止到 2020 年资金缺口预计将达到 188372.5 亿元。

第四节 融资模式比较及对河南融资的建议

由以上结果可知，从 2015 年到 2020 年新型城镇化建设资金缺口巨大，传统的以政府为主导的融资模式难以满足新型城镇化的需要，因此，各地区纷纷开始探索新型融资模式，最普遍的是引入民间资本，采用公私合营的融资模式。本章首先对两种模式进行介绍和对比，并以此为基础为河南省未来融资模式的发展方向提出参考。

一 以政府为主导的融资模式

（一）传统的融资模式

传统的融资模式是以政府为主导的，由政府提供城镇化建设中所需的资金，并由政府进行管理的融资模式。传统的融资模式主要包括财政收入、土地财政、地方政府融资平台三种融资方式。

1. 财政收入

2014 年，河南省市政公用事业建设资金来源中财政资金占 73.46%（见图 5-8），是市政公用事业中最主要的资金来源，而国内贷款、利用外资等其他资金的占比略小，这说明了财政收入对城镇化建设至关重要。

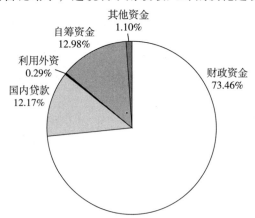

其他资金 1.10%
自筹资金 12.98%
利用外资 0.29%
国内贷款 12.17%
财政资金 73.46%

图 5-8 河南省市政公用事业建设资金来源

资料来源：《中国城市建设统计年鉴》。

　　2014 年，地方财政收入达到 75876.58 亿元，只有全国财政收入的 54.05%，河南省财政收入只达到全国财政收入的 19.51%。从 2011 年开始，河南省财政收入虽在不断上升，但其增长率一直保持着下降的趋势，增长势头减缓（见图 5-9），再加上新型城镇化建设的推进带来了新的融资需求，融资缺口进一步加大。

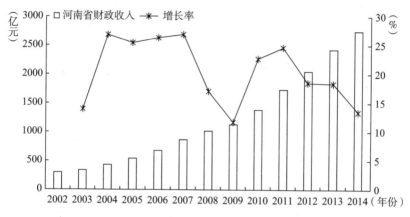

图 5-9　河南省财政收入情况

资料来源：《河南统计年鉴》。

2. 土地财政

　　1994 年分税制改革后，地方政府财权和事权不匹配，地方政府开始开辟其他的途径获得相应的收入，土地的有偿使用政策得到了广泛实施，许多城市就将土地产生的经济收益拿来为城市建设服务。最近这些年，大多数城市采用开发土地以及建设公共基础设施的方式来提升土地的价值，然后将这些土地采用招商和有偿转让的方式获取收益，并将获取的收益用到城市整体规划中去，如此一来，城市建设工作与土地转让就进入一个良性循环，土地财政为当今的城镇化建设争取了大量的资金。

　　土地出让金（即土地财政收入）一直是地方政府城镇化建设资金的主要来源之一。财政部最新公布的数据显示，土地出让金占地方政府财政收入的比重在 2013 年竟然达到了 59.8%，到 2014 年回落至 56.2%，而 2015 年土地财政收入则占到地方财政收入的 39.9%。中国指数研究院研究了全国 300 个城市的数据指出，2015 年这些城市的土地出让金总额为 21793 亿元，同比减少 10%，但其中郑州市 2015 年土地出让金为 360.6 亿元，同比增长 0.4%，在全国城市中排第 14 名。房地产市场去库存化政策导致土地财政收入下滑，但郑州作为河南的省会城市，土地财政收入的作用并没有减弱。

3. 地方政府融资平台

受有关政策约束，地方政府部门不可以独自向社会发放债券，但是城镇建设需要大量的资金，为了解决这一矛盾，地方政府部门成立了以政府为主导的投融资平台，以此来拓宽融资渠道。

政府融资平台一般是由地方政府投入资产设立的，其投入的资产主要是财政拨款、土地、股权等，利用土地、股票、债券、补助、担保等方式获取的资金用于偿还债务，由政府部门绝对控股。因为政府部门对该平台有着直接控制权，因此，地方政府融资平台最为普遍的管理方式是由同级政府确定平台的定位和发展方向；其中相应的政府资产管理部门对融资平台的资产和经营情况进行考察；相应的政府部门则可以负责融资平台领导的任命和晋升；相应的行业主管部门则对融资平台的业务进行管理。

在融资过程中，由于融资平台有地方政府的支持和保障，政府部门为该平台的运转提供源源不断的动力，这样一来，就会增强各金融机构和公司投入资金的信心，地方政府融资平台更容易得到银行以及其他金融机构的支持。另外，融资平台还能够采用发行股票、债券以及特许经营、资产转让、项目融资等多种方式吸纳社会资本，这对城镇化建设来说有着重大意义。

2015 年年初，河南省政府出台《河南省人民政府办公厅关于促进政府投融资公司改革创新转型发展的指导意见》，为融资平台的转型发展提出了指导意见，明确了河南政府投融资平台要从依赖财政性融资向政府引导的市场化融资转变，这也意味着河南省政府融资平台开始转型发展。

（二）传统的融资模式中存在的问题

传统的融资模式支撑和推动了城镇化的发展，但不可否认的是传统的融资模式也暴露出了很多问题，主要包括以下几点。

第一，融资模式单一。城镇化融资完全由政府主导和承担，即使是地方政府融资平台也是以政府划拨的土地为担保向银行借款，并由地方政府担保，对股权融资、债券融资等直接融资模式运用得较少，民间资本参与度低。

第二，融资平台风险较大。一是融资平台由政府注资成立并担保还款，利用融资平台融资实际上提高了政府的隐形债务风险。二是由于融资平台实际是由政府控制的，不能决定自己的筹资方式和投资方向，所以在经营过程中存在的风险较大。正是由于融资平台的风险过大，中央对融资平台土地的注入以及地方政府融资举债进行了严格的规范，融资平台筹集资金受到了监管和限制，从而纷纷走向转型之路。

第三，土地财政不可持续。土地资源是有限的，而面对源源不断的资金需求，对土地的征收会失去控制，会出现违征耕地的状况，而河南省作为一个农业大省，农民众多，必须守住 18 亿亩耕地红线，以保证粮食的供给。对于农民来说，失去耕地就是失去了谋生的手段，而且政府对征地农民的补偿非常低，土地财政实际上损害了农民的利益。另外，土地财政的一部分地被用来进行商品住宅区的开发，土地财政实际上与楼市挂钩，地方政府为了筹资会提高土地的出让价格，间接地造成了房产泡沫。

二　公私合营融资模式

（一）公私合营融资模式的相关理论

公私合营的融资模式又称为 PPP 模式，PPP 模式中政府部门与一些民间团体签订合同以规定各方的职责和任务，形成长期和稳定的合作关系，共同进行公共设施的建设、向公众提供必需品和服务。PPP 模式是由政府和民间团体共同主导的融资形式，也就是说民间资本可以进入由政府主导的工程建设中去，比如水利工程、电力工程等，并且能参与建设过程中的决议环节并分享收益。

在 PPP 项目中，政府与社会资本合作设立特别目的公司（英文简称 SPV），也就是项目公司，它能够通过银行贷款和发行债券的方式来获取资金，并开展组织和运营工作。PPP 模式的本质其实是：政府将特许经营权与收益权下放给一些民营企业，以此来加快公共设施的施工进程，并保证其使用效果，最终做到共同获益、减少风险。

公私合营的融资模式有利于政府建设公共设施，比如：电力、热力等其他城市领域的设施；道路、桥梁、航空等其他一些交通领域的项目；卫生、文化、健康等社会公众领域的建设；水文、自然资源、环保等方面的建设。对于不同地区的新型城市化建设和城镇化改进工程，有必要采取这种这种模式。

PPP 模式的具体施行可以根据投资主体分为下述三种。

第一种模式是投资于具有明确的使用者付费机制的，并且可以通过收费弥补成本的经营性项目。民间资本通过获得特许经营权收取使用者付费收入并取得投资回报。

第二种模式是投资于经营收费不足的准经营性项目，此类项目仅靠使用者付费无法收回成本，为引入民间资本，政府需补贴资金。民间资本可通过取得特许经营权、政府补贴或直接投资参股等方式获得回报。

第三种模式是投资于没有对使用者收费的非经营性项目，这类项目主要依靠"政府付费"回收投资成本。民间资本可由政府购买的形式获得回报。

截至 2016 年 5 月，河南省财政厅公开向社会推介 PPP 项目 131 个，其中 41 个被列入财政部第二批示范项目，大多数为轨道交通、供水、供暖、污水处理、教育、医疗等经营方面的项目。政府通过特许经营的方式参与项目的建设。

（二）PPP 模式的成功案例

北京的地铁四号线是我国在铁路交通领域第一个采用 PPP 模式的项目。

2003 年 11 月，北京市基础设施投资有限公司成立，其子公司四号线投资公司专门负责北京地铁四号线项目。北京地铁四号线项目的具体施工被划分成 A、B 两个环节，其中，A 环节是指火车在地下行驶空间、车站等方面的施工，由政府出资建设；B 环节指的是设备的购买、运作和养护，这些属于经营性质，运用特许经营权的方式进行公私合营融资。2005 年，北京市政府、香港地铁有限公司（以下简称港铁）以及北京首创集团有限公司（以下简称首创）在特许经营方面达成了一致意见，并与四号线投资公司共同创建了北京京港地铁有限公司（以下简称京港公司），由该公司负责地铁四号线的资金筹集、施工以及运作。其中港铁与首创方面的股份持有率都是 49%，剩下的股份为四号线投资公司所有。北京地铁四号线项目建设需要 153 亿元，按照之前签订的协议书，A 环节大概需要 107 亿元，由政府提供，B 环节大概需要 46 亿元，由京港公司筹集（见图 5－10）。项目建设完毕后，在规定运营年限内，京港公司享有地铁四号线的使用权，并负责四号线的运营、维护工作。京港公司的收益主要来源于地铁使用者，包括售票所得、车站内商业销售以及其他形式的收益，在上述收益中，票价应当根据政府的要求来定，如果规定的票价低于公司制定的盈利价格，那么政府就会补偿两者之间的差价。运营期限之后，京港公司务必要将地铁四号线完整无缺地移交给北京政府。

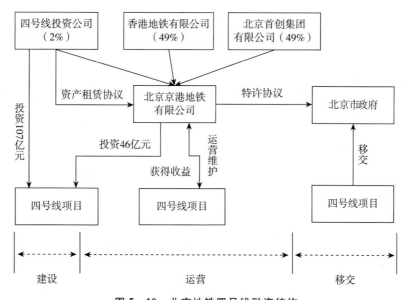

图 5－10　北京地铁四号线融资结构

地铁四号线工程采用了公私合营的形式，虽然民间资本在所有资本中占的比重仅为 30％，然而 PPP 模式的运用、地铁工程的高质量完成标志着我国在轨道交通方面迈出了大胆的一步，这会深刻影响到我国在轨道交通方面的发展。

北京地铁四号线 PPP 模式的成功实施，主要是由于以下几点。

一是政府的大力支持，为项目的顺利进行提供了保障。项目初期北京市政府就出台了《关于本市深化城市基础设施投融资体制改革的实施意见》，为四号线项目提供了政策支撑。在项目的前期准备阶段还组建了专业的顾问团队，总结、分析了国内外 PPP 经验，形成了项目实施方案，最终促进了项目的成功。

二是合理的收益分配机制。四号线项目制定了合理的票价机制，不仅为公众提供了便利，而且保证了社会资本的盈利。港铁的进入也带来了先进的地铁建设理念、管理理念和经营理念，提高了地铁的建设效率和服务水平。

三是政府角色的把控。项目通过特许协议等文件的签订，确定了政府与京港公司在项目建设过程中的权利和义务，明确了风险分担机制。在四号线项目中，北京市政府从文件的审批、建设过程的验收到服务质量的检查，做到了全过程的监管和控制。

（三）PPP 模式中存在的风险

PPP 模式中存在的风险包括政治风险、法律风险、建设风险以及市场运营风险。其中政治风险又包括政府信用风险、政府干预风险等，法律风险包括法律变更的风险、合规风险等，建设风险包括施工风险、资金风险等，市场运营风险包括收益不足的风险以及运营成本增加的风险等。本章认为 PPP 模式中存在的风险主要是政府信用风险、法律变更的风险以及收益不足的风险。

政府信用风险。在 PPP 项目中，虽然企业会与地方政府签订协议，但PPP 项目持续时间长，中间会存在地方政府领导的更换问题，有可能会导致 PPP 项目的失败，甚至还有地方政府为了吸引民间资金，与企业签订一些不切实际的合同以吸引民间资本投资，直接危害到企业的利益。另外，在 PPP 项目的建设过程中，企业是以利润最大化为目标的，但是政府会较多地考虑服务的质量，影响合同的执行。其中最突出的案例是鸟巢项目。在体育馆的建设中，本来应将设计责任交给投标人，但是北京市政府出于对国家形象等方面的考虑，在招标前就已经选定了设计方案，在后期建设过程中还减少了体育场中的商业设施，影响了体育场赛后的商业运营。

法律变更的风险。法律变更的风险着重指，修缮、补充或重新定义法律法规使得相关工程应当在合法性、效用等方面做出相应的调整，这样一来可能会导致工程建设中途停止甚至取消。我国采用 PPP 模式开展项目建设目前正处于萌芽时期，绝大多数时间都是在摸索着前进，法律法规尚未完善，对 PPP 模式的理解也是日新月异，因此极易遭受这种风险的危害。上海的大场水厂采用了 PPP 模式，该工程是英国的一个水务集团和上海政府共同完成的。可是到了 2002 年，国家颁布了有关外国在中国创办投资项目的法规，这使得英国公司方面不得不重新与上海政府进行谈判，最终上海政府于 2004 年收购了这一工程。

收益不足的风险。收益不足的风险就是指项目运营的收益无法覆盖成本或无法达到预期的风险。杭州湾跨海大桥工程由杭州市政府和 17 家民间团体组成的民间资本合作开展，采用了 PPP 模式。随着杭州嘉绍大桥的建成及运营，在杭州范围内计划建设的桥梁、道路、高铁工程也对杭州湾跨海大桥的运营造成一定的影响。该工程投入使用五年之后，建设资本无法收回，民间资本无法获得盈利。于是民间团体陆续撤回投入的资金，使得工程无法继续开展下去。

三　两种模式的对比分析

传统的融资模式与公私合营的融资模式各有优劣，为了更加明确两种模式的区别，探索更适合河南省的新型城镇化融资模式，本章从融资主体、参与主体、参与主体地位、资金使用效率以及风险承担机制这些方面对两种模式进行了对比。

融资主体不同。传统的融资模式是以政府为主导的，民间资本只能投资于地方政府融资平台，民间资本没有决策权与经营权，而且有很多行业不允许民间资本进入。而 PPP 融资模式则是以政府和企业共同作为融资主体，两者处于平等的地位，基于合同的规定，相互协助，共同管理项目。

参与主体不同。PPP 模式中的参与方通常包括政府、社会资本方、特许经营 PPP 项目的公司、金融机构、咨询公司、承包商以及供应商等，涉及多种法律关系。传统的融资模式主要由政府和金融机构参与，社会资本极少能直接参与到城镇化的建设中去。但实际上在传统的融资模式中，各地政府也尝试着采用了 BOT、BT 等方式，具体操作方式为融资平台独资或合资成立项目公司，项目公司拿到项目后进行投资建设，项目进入回购期后，由政府回购。社会资本在这一阶段采用参股项目公司的方式参与投资过程。

参与主体地位不同。在传统融资模式下，政府要么凭借自身信用向银行借款以完成基础设施建设，要么向非银行企业融资。向非银行企业融资就是上文中所提到的 BOT、BT 等方式，即地方政府授予个别企业特殊权利去建设、经营某基础设施建设项目，在一段时间后企业将建成项目移交给政府的模式。在这一过程中，企业首先垫付资金建设项目，根据具体模式经营一段时间后直接移交项目成品于政府，在这里企业充当了债权人的角色，政府充当债务人的角色，政府向企业支付一定的现金作为回报，完成项目的移交。民间资本虽然以这种方式进入了城镇基础设施的建设中，但对资金的使用以及项目的管理没有发言权。在这种模式中，政府依然是以管理者的角色出现的，而且政府与项目公司之间是债权债务关系。而在PPP模式中，地方政府与企业之间以股份公司的形式进行合作，双方控股形成利益共同体。PPP模式意在形成一种长期合作模式，实际上就是利用少量的政府资金吸引并通过财务杠杆操纵大量的社会资金，提高政府的资金使用效率，更好、更多地进行社会建设。在PPP模式中，政府和私人签订合同共同管理项目，两者是一种契约关系，都是投资方或者股东，地位平等。

资金使用效率不同。PPP模式在不增加广义货币流通量的情况下，引入社会资本进行公共基础设施建设。在PPP模式中，政府和公共部门不仅仅引入了民间资本，更重要的是在PPP模式中，政府将项目交由民营部门建设，引入了民营部门有效率的生产与管理技术。通过PPP模式，政府不仅得到了工程、社会资本，而且承担了工程未来若干年的维护、运营、服务工作，可以说确保了项目的质量。和传统的融资模式相比，政府和社会资本合作的PPP模式中各方的地位和任务更加明晰，减少了政府对企业的行政干预，降低了委托－代理成本。另外，资本都是逐利的，在PPP模式下项目公司将在保证建设质量的前提下尽可能降低工程造价和缩短建设周期，使项目尽快完成并得到政府批准以投入使用，进而开始获得收益。

风险承担机制不同。传统的融资模式均是由政府或融资平台进行融资，围绕土地做文章，政府为贷款提供担保，债务风险高度集中于土地以及依赖土地收益的中国各大银行。除此之外，传统的融资模式也有引入民间资本的BT模式，但是在BT模式下地方财政会给企业一个财政承诺函，即若与投资方合作的平台公司无法获得收益，则政府对其进行财政补贴。风险依然只集中在政府。但是PPP模式是以政府信用为背书，未来收益为保证，通过非金融渠道融资，由政府和民间资本共同承担项目中的风险，还对风险的分担方式做出了具体规定。在保证地方政府固定资产投资规模的同时，调整政府负债结构，分散了银行高度集中的风险。

四 河南省融资模式的发展建议

与传统的以政府为主导的融资模式相比，PPP 模式更适合当前的社会发展，但现阶段 PPP 模式资本回收期太长，普通企业根本无力招架；尚未形成统一的标准，国内没有相关的立法和规范，合同的执行问题等导致民间资本的利润得不到保证，但其中经营性项目实施较好，因此，本章认为基于河南省当前的情况，河南省融资模式可以以 PPP 模式的推广实践为主，以传统的融资模式作为过渡。

河南省自 2014 年大力推广、运用 PPP 模式以来，随着政府支持力度的加强和各方了解的深入，PPP 项目运作成效显著。省财政厅现已通过 PPP 项目库公开向社会推出 690 个 PPP 项目，预计需要总投资 7895.53 亿元，得到了社会的广泛响应。

但是，推广、运用 PPP 模式的实际进度远低于预期。到目前为止，省财政厅项目库中只有 62 个项目和企业完成了签约，已签约项目的投资总额仅有 1265.39 亿元。而且目前签约的 PPP 项目多数是在建类项目，采用 PPP 模式的新建项目签约率更低，且引入的社会资本大多是国有企业性质的，而民间资本、私有企业等参与较少。相对于新型城镇化进程，PPP 项目签约率低、落地难、推广和运用的进度较慢，一些示范项目在实施过程中还存在不少困难。从目前已推出的 PPP 项目来看，除部分轨道交通、污水处理、垃圾焚烧等项目外，大部分是没有收益的路、桥、隧道项目，社会资本参与积极性不高。而签约的 PPP 项目大都是有较好盈利的污水处理、垃圾焚烧、医院、交通枢纽等经营性项目，但是同时，另外一些项目无人问津。

本章认为 PPP 模式推广难主要是由于法律框架不健全，资本回收期太长，项目持续时间太长，监管、咨询实力不够等。

但是从中央政府层面来看，财政部接连发文，从《关于推广政府与社会资本合作模式的通知》到发布操作指南，推动力度十分大。在政府的大力推动下，立法问题肯定会很快提上日程。而且财政部已经成立了"PPP 中心"，监管规范的问题已经在稳步推进。

有些 PPP 项目的资本回收期较长，普通企业可能难以进入，但我国有

104.1 万亿元（2013 年的数据）的国有企业，国有企业有充足的资金实力。我国已批准保险资金入市，保险资金投资期限长、回报稳定的特点，与 PPP 天然符合。

总的来说，笔者认为 PPP 模式适合当前中国的经济环境，而且由于政府的大力推动，PPP 有非常好的应用前景。但是目前 PPP 模式属于新兴事物，部分民间资本仍持观望的态度，河南省在当前的情况下，应规范 PPP 的操作过程，严格遵守合同内容，对于污水处理、垃圾焚烧、医院、交通枢纽等经营性项目采用 PPP 模式融资，难以签约的准经营性项目和非经营性项目暂时采用传统模式融资，完善政府补贴及政府购买方式。在未来的一段时间内，建议河南省以 PPP 模式为主、以传统融资模式为辅进行新型城镇化建设融资。

第六章　农村金融与农业现代化

第一节　研究背景与文献评论

一　研究背景

经济与金融之间存在内在的必然联系，农业现代化作为农村经济发展的重要内容，其与农村金融之间也具有重要的联动性，二者是相互影响、相互促进的关系。从理论上讲，加快推进农业现代化进程，一方面可以促进农业综合生产力的提高；另一方面，农业现代化的发展也需要更多的资金支持，这种高效的资金来源必然与农村金融的各部门有关。农村金融的发展为农业发展提供资金支持，使农业能够使用先进的科学技术，实现农业产业化，进而推进农业现代化的发展。反过来，农业现代化水平的提高也必将作用于农村农业发展的各个层面，推进农业经营方式的转变，实现农业全面发展，提高农民收入水平，有助于我国农村经济的健康发展并实现农村金融的长足有序发展。

在国家总体政策背景下，国家提高了对农村发展的支持力度，中央一号文件连续发布针对农村金融发展问题的政策部署。经过多年的探索和改革，现在，在我国农村金融市场上已经初步形成了以传统的正规金融机构为主、部分新型金融机构为补充的相对完善的农村金融体系。但这些金融机构在具体的运行中存在金融机构定位不清晰、农村资金大量外流、信贷资金有效供应不足、市场竞争不充分、金融服务体系不健全等诸多问题。因此，现阶段的主要任务是对农村金融体制进行改革创新，提高农村金融服务效率，提高货币资金的利用率，为农业发展和农业现代化的发展扫除障碍，加快推进农业现代化的发展进程。

金融是当代经济的核心，而农村金融作为当代金融业不可或缺的一部分，为农业现代化的发展提供必要的资金支持，在农业现代化进程中的地位无可替代，已经成为持续推进农业现代化建设和发展的核心力量。作用主要表现在三个方面：第一，农村金融可以通过多种渠道吸收农民和乡镇企业的存款，从而提高农村地区的总体储蓄水平，进而提高农村储蓄的投资转化率，为农业现代化的发展提供持续、优质的资金支持；第二，农村金融能够及时且全面地反映农村经济的运行状况，为农业现代化提供准确的信息支持；第三，农村金融通过合理有效的引导和调节农村货币资金的流动与优化配置，有效地推进农业现代化进程。因此，研究农村金融对农业现代化的影响具有十分重要的现实意义。

二　文献评论

关于农村金融的理论研究主要针对发展中国家的经济发展状况提出了符合其农村经济发展需求的金融理论，分别为农业信贷补贴理论、农村金融市场理论和不完全竞争市场理论。

20世纪80年代以前，在农村金融理论界占主导地位的农村金融发展理论是农业信贷补贴理论。农业信贷补贴理论认为，农村的资金供给不足是由农村居民特别是处于贫困阶层的居民基本或根本没有储蓄能力导致的；此外，由于农业自身的低收益性、收入的风险性和投资的长期性等特殊的产业特性，以利润最大化为目标的商业银行也不将它作为融资对象。因此，该理论提出了从农村外部注入资金的政策主张，主要方法是以较低的利率将政策性资金不断注入农村，形成农村金融的政策性支持模式。然而，该种政策过分依赖外部资金的注入，自身储蓄能力不足，资金回收比例低下，成本昂贵，使许多发展中国家陷入了严重的困境。因此，不难看出，农业信贷补贴理论并不是解决农村发展资金短缺这一问题的一种有效理论。

农村金融市场理论在20世纪80年代以后成为农村金融发展的主导理论，取代了农业信贷补贴理论在农村金融理论界的地位。该理论强调市场机制的作用，对采用廉价的信贷政策分配农村货币资金持否定意见。以俄亥俄州立大学戴尔·亚当斯为代表的经济学家认为，政府实行的政策性金融只是为了满足政治上的需求，没有使经济资源得到优化配置，严重扭曲了农村金融市场，使农村金融市场陷入困境。因此，当局应该实施自由经济政策，减少对农村金融市场的干预，鼓励和支持正规金融与非正规金融共同构建能够满足农村经济多层次需求的农村金融体系。但是，由于在农村金融市场理论主导下形成的农村金融市场过分依赖于市场机制，所以自 20 世纪 90 年代以来的实践就证明了它不是一种有效的农村金融理论。

20 世纪 90 年代以来，东南亚的一些国家爆发了严重的金融危机，这使人们清醒地意识到市场会失灵，市场机制不是万能的，因此，要建立稳定、有效的农村金融市场，适当、合理的政府干预是必不可少的。斯蒂格利茨从不完全竞争理论的角度出发对农村金融市场进行分析，他认为，由于存在市场失灵，农村金融市场普遍缺乏效率，政府应该对完全依赖市场机制的农村金融市场进行合理、有效的干预，要突出政府在金融市场中的地位，采用间接调控的方法，实现政府监管和市场自由调节的互补，形成不完全竞争的农村金融市场，不完全竞争理论被实践证明为有利于农村金融发展的理论。关于农村金融问题的研究，我国的起步比较晚，但是理论研究成果还是十分显著的。张杰对中国农村金融制度进行研究，根据中国农民的特殊性，详尽地分析了中国农村金融的制度变迁及其不足，认为人们当下的选择取决于他们以往的选择，指出农村金融制度的变迁具有路径依赖性。王双正（2008）对"三农"问题进行分析，认为农村金融应当和农业现代化实现良性互动。从不同方面分别剖析了制约农村金融发展的原因，并提出了未来农村金融的发展模式选择。吴斌（2010）从金融深化和金融抑制角度入手，研究了农村金融与农村经济之间的关系，他指出农村的金融阻碍了农村经济的增长，最终导致农村金融和农村经济陷入恶性循环。李刚（2005）从实证分析入手，其研究结果显示农村金融通过实际利率、金融资本总量和金融运行效率等方面对经济增长产生影响。祝健（2007）对我国的农村金融市场的供求状况进行实证考察发现，供给和需求不均衡是农村金融供求不均衡的原因，而金融供给不足是根本原因。

关于农村金融与农业现代化关系的研究在国外并没有作为一个独立的

整体而存在，只是散在一些关于金融发展和涉农问题的研究之中，并且文献比较少。Grilices 通过测算美国政府从 1940 年到 1960 年的农业科技投放回报率，认为高新技术和资金支持是实现农业现代化必不可少的两个条件，同时，农业现代化所需的大量资金来源于两个渠道：一个是政府的财政补贴，另一个是金融市场的支持。Chambers 提出农业现代化的发展无论是在短期内还是在长期内都与农村金融市场的发展息息相关。Ravendra 和 Bakual 对发展中国家从 1965 年到 1987 年经济发展与农业现代化之间的关系进行了实证检验，并提出加大对农业的资金支持、加速实现农业现代化发展是实现农村经济发展的有效途径，此外，农村经济的发展会提升农业的总产值，提高农村储蓄水平，进而间接促进农村金融发展。Pande 和 Burgess 通过研究印度从 1961 年到 2000 年银行业的政策变化情况，指出印度农村的经济活动受到了其农村银行业影响，影响主要表现为农村生产活动和雇佣关系改变使得农村的产出水平提高、贫困地区减少。Klose 和 Outlaw 认为农业产业化的健康发展需要强大的金融支持，但是，农业产业化的发展受到了融资困难、资金短缺的严重制约，因此，构建支撑农业产业化健康发展的农村金融组织体系意义重大。

姚耀军（2006）提出，农村经济的增长与农村金融的发展关系密切，滞后的农村金融体制严重制约了农村经济的发展，在一定程度上进一步影响了农业产业结构的及时调整和农民收入的提高。谢平和徐忠（2006）认为，农村金融没有达到金融支农的目标，主要原因是其过多地承担财政职能，致使农村资金大量外流，没有实现资源的优化配置，资源配置的低效率和大量的资源浪费造成严重损失，无法有效地完成金融支农的任务。土地制度改革和农村金融支持是促进农业现代化发展必不可少的两个条件，我国农业现代化进程中的农村金融问题主要表现为金融服务产品单一和非标准化金融支撑不足这两点。实际上，利用农村产业资本和金融资本的有机结合，实现农村的土地流转，鼓励农民在小农经济的基础上实行适度的规模经营，对于推进农业现代化的发展有重要意义。魏文静（2012）通过对西方农业发展过程中农业现代化发展经验的阐述和总结，提出我国当下农村金融的主要任务是健全法律法规体系、完善农村金融体系及改善农村金融市场环境。

第二节　我国农村金融发展现状

一　我国农村金融的发展历程

我国的金融体制一直处于改革变迁中，农村金融为了能够更好地支持农村经济的快速发展，自改革开放以后也在不断地进行深化改革，大体上分为三个阶段。

第一阶段（1979～1997年）：恢复发展阶段。在该阶段，中国农业银行与中国人民银行于1979年彻底独立。中国农业银行的主要工作是专门负责经营农村金融领域的信贷业务。中国农业发展银行于1994年11月正式成立，发挥国家政策性金融的支农作用，主要职责是办理农业政策性金融业务和代理拨付财政性支农资金。农村信用社于1996年正式与中国农业银行分离，直接受中国人民银行的监管。至此，我国农村金融体系逐步形成，农村金融市场形成了"三足鼎立"的局面，分别是政策性金融（中国农业发展银行）、商业性金融（中国农业银行）与合作性金融（农村信用社）。

第二阶段（1997～2004年）：农村金融体系的整顿阶段。在该阶段，主要整顿两个方面：第一，撤并商业银行在农村区域的经营网点；第二，增强对农村金融风险的监督和控制。在此期间，中国农业银行撤并大量设在县及县以下的分支机构，农村合作基金会在全国被统一取缔，非正规金融由此进入了"地下"运行阶段，规模也骤然减少。

第三阶段（2004年至今）：农村金融深化改革阶段。在该阶段，中国农业发展银行与中国农业银行加快了对涉农业务的改革，增加了对农村金融领域的投入与支持力度。农村信用社于2004年在全国范围内进行深化改革并持续至今，步入一个全新的发展阶段。2007年，邮政储蓄银行正式成立，经国务院和银监会的批准，邮政储蓄银行可以全面开展农村领域的金融业务。此外，为了增强农村金融服务能力，满足农村多层次的金融需求，以村镇银行、贷款公司、农村资金互助社等为代表的新型农村金融组织不断涌现，进一步弥补了我国农村区域的金融服务空白，为农村金融市场注入了新的血液，增添了活力。

二 我国农村金融的构成

伴随着改革开放的时代潮流，我国的农村金融体制也与日俱进、不断创新。在借鉴西方成熟经验、吸取我国农村改革的实践教训并结合当前的发展现状的基础上，我国农村金融市场不断进行开拓，不断注入新活力，我国的农村金融体系正不断融入全国金融体系内，并由低层次、单一化向高层次、多元化的方向演化，基本形成了正规和非正规金融两个类别。其中，正规金融主要包括国家政策性银行（中国农业发展银行）、国有商业银行（中国农业银行、农村信用社、邮政储蓄银行和新型农村金融机构）等。非正规金融主要是指没有经过中央监管部门的批准，游离在国家金融当局监管之外，非法定的金融组织及其所提供的间接融资与直接融资的金融交易行为。目前，中国的非正规金融主要有以下四种形式：合会、私人钱庄、典当业信用和民间集资。

经过 40 余年的探索、改革，我国农村金融不断完善、发展，目前已经形成了相当完善的农村金融体系，主要包括传统的正规金融机构、非正规金融机构、农村新型金融机构和农村辅助性金融机构四大类型。具体构成如图 6 - 1 所示。

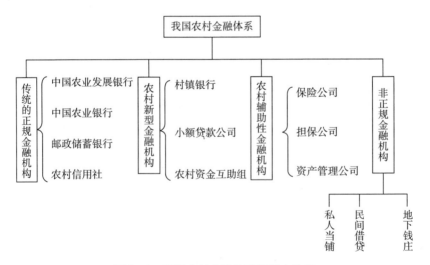

图 6 - 1　我国农村金融体系的基本结构

三　我国农村金融体系的发展现状

我国的农村金融从新中国成立以来一直发展得比较缓慢，而农村金融的实质性变革是从 21 世纪开始的。21 世纪初，国家开始重视"三农"问题，并致力于解决"三农"问题，加大了对农村经济和农业发展的支持力度，农村金融改革也取得了一定的成效。在国家大的政策鼓励、引导之下，2003 年，我国农村信用社继续深化改革，正式启动改革试点工作，自此，中国的农村金融机构建设步入了一个新时期。2006 年，国家对农村金融市场的准入限制放低，新型金融机构开始广泛建立，其中以村镇银行为代表。与此同时，担保公司与保险公司等辅助性金融机构在农村建立，它们进行的体制改革和业务创新对银行类金融机构形成了有利的补充，增加了面向农村的资金供给，极大地丰富了农村的融资渠道。经过多年的改革和发展，中国的农村金融体系已具有多样化、多层次、覆盖面广的特点，以往以正规金融为主的局面被打破，支农信贷规模也在不断加大，在一定程度上满足了农户的资金需求，满足了农户基本的金融服务需求，极大地促进了我国农业现代化的发展。

四　我国农村金融发展存在的问题

（一）农村金融服务体系不健全

第一，商业性金融机构的支农力度不足。随着我国经济的不断发展，国有正规商业银行主要将信贷资金投入利润率高的城市和工业，农村机构网点不断萎缩，近 30 年来，撤销了县级以下网点数万个。中国农业银行作为国有银行中支农的主力军，在上市之后为了提高利润，撤销了很多效益不好的农村网点，同时缩减了县级以下网点的授信额度，这使得正规金融机构的资金供应不能满足农业发展的资金需要。

第二，政策性金融机构的支农力度不足。中国农业发展银行是国家为了支持农业发展而专门设立的金融机构，然而由于其在网点设置、业务范围和信贷渠道方面的限制，无法对农业发展起到足够的支持作用。在网点设置方面，县级以下不设网点，这使得国家的支农政策得不到有力地执行，也不便于及时、准确地获取农村金融市场的信息；在业务范围方面，只从事粮食、棉花和油料作物的收购，对资金实行封闭管理，无法充分满足农业发展多方面的资金需求；在信贷渠道方面，由于缺乏健全的机构体系，农业贷款的发放效率很低，而且忽视了对信贷资金的监管，存在重放轻收甚至只放不收的问题。中国农业发展银行的发展与其建立的初衷相去甚远。

第三，农村信用社的支农力度不够。农村信用社作为主要力量来支持农业的发展，在农村金融市场上具有近乎垄断的地位，故而，农村与农民的闲置货币资金绝大部分存入农村信用社，然而自从2003年改革以后，农村信用社不断强化内部管理制度与风险控制制度，其经营方向具有明显的商业化倾向，农村的存贷差不断扩大，金融资金大量流入风险小、利润率高的城市地区。同时农信社还存在政企不分的现象，这使得其业务创新不足，运营效率低下，对农业现代化发展的支持力度不断减小。

第四，邮政储蓄银行的支农力度不够。邮政储蓄银行也是农村金融资金大量外流的一个重要渠道，邮政储蓄银行成立之初以与其他金融机构相同的利率吸收存款，然后以更高的利率转存中央银行，坐收利差又无任何风险，因此，邮政储蓄银行吸收存款的积极性很高，网点扩张的速度也很快。邮政储蓄银行自2006年成立以来，在农村开展贷款业务，但其存款绝大部分都流出了农村领域，造成了农村资金的大量流失，不能满足农村地区农业发展的资金需求。

（二）农村资金外流现象严重

第一，存款准备金的缴存。金融机构存款准备金的缴存是国家的制度规定，农村金融机构除了要缴存法定存款准备金外，还要上存二级存款准备金和结算资金，这在一定程度上降低了农村金融机构的信贷能力。

第二，资金的约期上存。金融机构要求下级机构按约定的期限和数额按一定的内部转移价格上存资金，从而将资金实行信贷或投入同业资金拆借市场或资本市场以获取利润。农村金融机构的资金上存会获得稳定的利息收入，而且这部分利息收入往往高于农村信贷的收入，且风险相对较小，因此农村金融机构更加愿意约期上存资金以获取稳定的利润，这也是农村信贷资金供给不足的原因。

五　我国农村金融供给不足的原因

我国农村金融供给不足问题由来已久，既有我国特有制度设置导致的历史原因，又有现实国情产生的现实原因；既有客观原因，又有主观原因。因此，我国农村金融资金供给不足是多方面原因共同作用的结果。

（一）城乡二元结构

我国从新中国成立以来，面对国内外的压力和客观的经济现实，将优先发展工业作为我国的经济发展战略。农业一直以来只是工业发展的辅助产业，国家将大部分的资源和政策都倾向于工业，这使得新中国的工业化发展较快，而我国的农村和农业发展滞后。

改革开放以来，我国虽然坚持走具有中国特色的社会主义市场经济道路，但是并没有形成城乡一体的自由市场竞争体系，城乡二元经济结构依然存在，而且有限的金融机构出于自身发展的需求和国家政策的导向，将金融资源分配给对资金需求较高同时收益率也较高的工业，农业的发展基本上处于自给自足的状态，农业现代化进程由于得不到充足资金而发展缓慢，农村的发展状况没有得到根本的改善。

进入21世纪，我国的经济社会取得了突飞猛进的发展，此时"三农"问题作为历史遗留问题成为我国经济社会发展极其不协调的一面，国家正式将"三农"问题提上日程，并将解决"三农"问题作为我国现阶段发展工作的重中之重。但是国家对"三农"的支持政策只停滞于政策导向方面，没有为"三农"的发展出台有力的金融方面的法律法规和市场机制，农业的金融需求依然无法得到满足。

（二）农村金融市场不完善

第一，农村金融机构不健全。随着我国农村金融的发展，多元化的农村金融体系形成了，然而多元化的农村金融主体并没有形成充分的竞争，三大银行在农村设立的网点有限，中国农业银行在股改和上市之后甚至撤销了很多县级以下的机构，而且剩余的农村金融机构的农业信贷门槛高，授信额度小；三大银行只发展自己的优势业务，农村金融市场不但没有竞争反而形成了割据的局面。这使得农民对正规金融的依赖度很低，农民往往会通过向亲戚朋友借钱等非正规金融渠道来满足自身的需求。而由于非正规金融缺乏有效的法律规范和监管，非正规金融的借贷行为成为农村发展的不稳定因素。

第二，农村金融市场的竞争不充分。现阶段我国农村金融市场的竞争机制尚未形成，在利率方面，存款利率一直是法定利率，由中国人民银行设定，不得浮动；贷款利率的浮动范围也仅仅局限于"三农"政策扶持的范围内。利率上的限制使得农村金融市场无法形成充分有效的竞争，利率的人为设定形成了农村信贷需求和供给的巨大空档。

第三，农村金融市场发展落后于产品市场。随着我国对"三农"问题重视程度的不断提高，我国逐渐形成了相对成熟的产品市场，农民的收入水平也不断得到提高。然而农村金融机构的网点数量少、产品单一、业务范围狭窄，使其无法为农业发展提供适当的资金支持；同时由于农村金融机构产品的单一性，农民增加的收入没有较好的投资渠道，只能将其以较低的利率存入银行甚至投入非正规金融市场。这也加剧了农村正规金融市场的缩减，促进了非正规金融的发展。

（三）农业的高风险性

农业具有地域性、季节性和高风险性的自然属性，同时我国的农业还存在"两高一低"的特点，即农业发展的资金投入高、风险高，而收益低。农业的这种特殊的产业特性决定了以利润最大化为目的的商业金融在一般情况下不会对农村金融进行大量的融资而只能依靠政府的财政补贴作为主要的资金支持。农村金融机构从自身发展的角度考虑，不愿将资金投入农业金融领域。

（四）农民信用意识的缺失

我国农民的家庭和宗族观念根深蒂固，这使得农民在需要资金的时候往往是借助亲戚朋友等的非正规金融方式，缺乏向正规金融借贷的意识，这助长了非正规金融的发展并加剧了正规金融的萎缩。在我国农村金融市场发展缓慢的情况下，信用中介机构在农村的发展十分缓慢，缺乏对农村金融体系信贷的有效监管，使得农村金融市场秩序混乱、信用缺失。对于农业中产生的不良贷款，国家往往采用冲销的方式，农民违约的经济成本较小，而且我国农民的受教育程度普遍较低，受到小农意识的影响，往往只关注眼前利益而不在乎自身的长远发展，这大大增加了农业信贷的违约风险。

六　农业现代化的金融需求

与传统农业相比，我国农业现代化的发展需要强大的金融支持，主要表现在以下几个方面。

1. 农村基础设施建设

农业现代化实现的物质前提是完善的农村基础设施建设。我国农村基础设施主要包括农村生活基础设施、农业生产性基础设施、农村社会发展基础设施三大方面。我国农村地区范围广，并且普遍存在基础设施落后的现象，这就导致要完善我国农村地区的基础设施建设需要大量的资金支持，而这大量的资金需求不仅需要依靠政府的财政补贴，而且需要农村金融机构的金融支持。

2. 农业生产资料购置

农业现代化的发展是传统农业向现代农业转变的过程，农业的生产方式也发生了重大的变化，机械化成为农业现代化的主要特征，集中化生产成为现代农业的主要生产模式。我国农业机械化程度的提高使得对购置农业机械设备的资金需求大幅度增长，而集中化的大规模生产也需要大量周转性资金，亦增加了对农村金融的金融需求。

3. 农业保险体系建设

我国的农业发展是我国社会主义现代化建设的薄弱环节，主要原因有两点：第一，农业有低收益性、收入的不确定性和投资的长期性等特殊的产业特征；第二，农业的风险性高且抵御风险的能力较弱。农业的风险主要有自然风险和市场风险，要实现农业现代化的发展，就必须提高农业抗风险能力，而农业保险是提高农业抗风险能力的一条有效途径。但是，农业保险起步晚，在中国还处于初级阶段，农业保险制度不完善，以及农业保险的收益低、风险高都使得我国农业保险的发展需要大规模的资金支持。

4. 农业产业化发展

农业产业化是加速我国农业现代化进程、有效实现农业现代化发展的必由之路。可以通过优化农业产业结构，延伸农业的产业链，实现农业生产的规模化经营，加快农业现代化的进程。农业产业化的龙头企业在促进农业现代化建设、增加农民就业和提高农民收入等方面发挥着不可替代的作用，但是，目前中国的农业产业化尚处于起步阶段，因此，随着我国经济的发展和农业现代化进程的加快，农业产业化的发展也会产生大量的金融需求。

第三节　农村金融作用于农业现代化的理论与实证分析

一　农村金融对农业现代化影响的理论分析

金融是当代经济的核心，在社会、经济的发展中发挥着十分重要的作用，会对社会的方方面面产生巨大影响。毫无疑问，农村金融是农村经济的重要组成部分，是农业现代化的核心驱动力量，在农村经济发展中发挥着至关重要的作用，具体表现为以下几点。

第一，农村金融的健康、蓬勃发展能够有效提升农村社会乃至全社会的储蓄水平，促使储蓄向投资方向转化，为农业现代化的发展提供持续、优质、快捷、安全的资金保障。农村金融机构作为一种信用中介，一边连着借款人，另一边连着存款人，实际上就是在资金盈余方和资金短缺方进行资金融通。一方面，农村金融机构通过开办各种形式的储蓄业务，将农户和农村企业手中闲散的货币资金以储蓄存款的方式集中起来，使之成为银行信贷资金的重要来源；另一方面，农村金融机构将集中起来的货币资金以发放贷款和参与投资等形式，提供给暂时有资金需求的客户使用。因此，农村金融机构将农村闲散的货币资金集中起来，通过信用创造的功能将资金分配到农村经济中的各行业、部门中去，从而促进农业和农村经济的持续、健康发展。

第二，农村金融健康、蓬勃发展可以实现农村货币资金的有效配置，避免重复投资和资源浪费的状况，进而推进农业现代化进程。从价值运动的角度看，农村物质产品生产过程和农产品流通过程实质上就是农村货币资金的运动过程，而农村货币资金的运动就是农村各种资金在形态上、时间上相互依存、周而往复的变化运动。在货币资金的运动过程中，货币资金既是起点也是终点。作为资金运动的起点，货币资金投入代表着各种生产要素和社会经济资源的投入，并在各行业之间、各部门之间、各项目之间形成相应的配置结构；作为资金运动的终点，货币资金的实现包含了一部分新创造价值的实现，货币资金的分配和再分配代表着在各行业之间、各部门之间、各项目之间对各种生产要素和社会经济资源进行重新配置。这样，通过货币资金的分配和再分配，促进农业经济结构的调整，使农业向着高产、高效、优质的方向发展，能够有效促进农业现代化的进程。具体来说，农村金融中介会依据国家产业政策和市场的需求状况，有效安排信贷资金的投放规模和投放方向，对于农业和农村经济运行中的不同部门、不同行业分别赋予不同的贷款利率、贷款期限及贷款额度，引导和扶持那些符合国家产业政策和农村经济发展的重点行业和项目，限制那些违反国家产业政策和农村经济政策的行业和项目，使农村经济和整个国民经济之间、农业和其他产业之间能保持合理、有序、和谐的关系。

第三，农村金融的健康、蓬勃发展能够及时、准确地反映农村经济的实际运行状况，为农业现代化提供必要的信息保证。农村金融是农村闲散资金管理的一个重要交易平台，与农村经济各部门之间都有着千丝万缕、不可割弃的联系，因而可以通过农村资金的收支状况来有效反映农村经济的运行态势，把握农村经济的运行规律。也就是说，农村金融监管机构通过研究农村信贷资金变化情况、农村企业或农户借贷和偿还情况，来了解农村经济的运行状况，科学、有效地制定合理的"三农"政策，进而促进农业现代化的发展。

二　农村金融对农业现代化的投入

农村金融作为农村经济的核心部分，其对农村经济增长的影响和对农业现代化的资金支持主要通过农村储蓄能力，即储蓄转化为投资的效率的途径实现。

（一）农村储蓄情况

农村储蓄是中国农村地区资金自我积累的首要来源，改革开放以后，中国经济得以快速发展，农村居民的收入渠道也不断拓宽，农户的收入水平与收入额度也逐年稳步增长，农村的储蓄率在农村 GDP 不断增加的前提下也呈快速增长的趋势。历年来农村储蓄存款的增长趋势如图 6－2 所示。

由图 6－2 和图 6－3 可知，我国农村储蓄逐年增长和稳步增长为我国农业现代化的发展提供了丰富的金融资源，农业现代化发展有了比较稳固的资金基础。

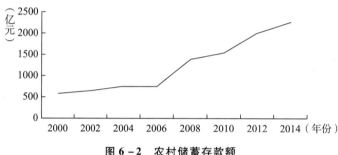

图 6－2　农村储蓄存款额

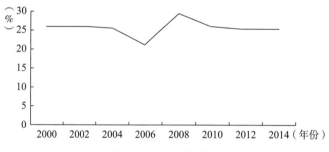

图 6－3　农村储蓄率

（二）农村储蓄存款转化率的基本情况

随着储蓄的不断增长，农村金融的贷款规模也不断扩大（见图 6－4），但是农业贷款的效率呈现逐年下降的趋势，农村存款存在大量外流的现象。虽然农村储蓄能力逐年增强，但农村储蓄并没有有效地转化为农村投资，农村资金大量外流的现象严重，农村储蓄存款的转化率不高（见图 6－5）。农村资金的大量外流将直接影响农村金融对农村发展的资金投入，也会阻碍农业现代化的发展。

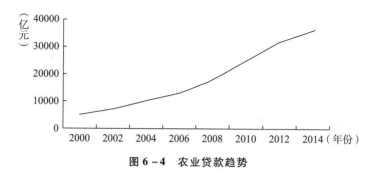

图 6 - 4　农业贷款趋势

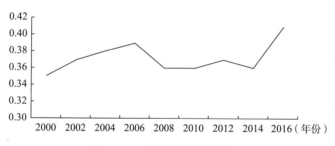

图 6 - 5　农村储蓄存款转化率

三　农村金融影响农业现代化的实证分析

（一）研究方法

本章采用的研究方法为灰色关联分析法，灰色关联分析法的主要目的是基于微观或宏观行为的几何相似性，判断因子之间的相互影响程度和因子对行为主体的贡献度。其基本思路是基于两条序列曲线的几何相似性来判断研究对象之间的联系是否紧密。曲线接近程度越高，研究对象之间的关联度就越大；曲线离散程度越大，则说明研究对象之间的关联度就越小。

灰色关联分析一般包括下列计算步骤。

第一步，确定比较数列（评价数列）和参考数列（评价标准）。

设评价对象为 m 个，评价指标为 n 个，比较数列为 $X_1 = \{X_1(k) \mid k = 1, 2, \cdots, n\}$；$i = 1, 2, \cdots, m$；参考数列为 $X_0 = \{X_0(k) \mid k = 1, 2, \cdots, n\}$。

第二步，指标的无量纲化处理。

第三步，计算灰色关联系数（协调度）：

$$U_{ik} = \frac{\displaystyle\min_i\min_k \mid X_0(k) - X_i(k) \mid + p \max_i\max_k \mid X_0(k) - X_i(k) \mid}{\mid X_0(k) - X_i(k) \mid + p \max_i\max_k \mid X_0(k) - X_i(k) \mid} \qquad (6-1)$$

其中 p 为分辨系数，p 一般取值为 0.5。利用公式计算关联系数 U_{ik}（$i = 1, 2, \cdots, m$；$k = 1, 2, \cdots, n$），得关联系数矩阵 E：

$$E = \begin{bmatrix} U_{11} & U_{21} & \cdots & U_{m1} \\ U_{11} & U_{22} & \cdots & U_{m2} \\ \vdots & \vdots & \ddots & \vdots \\ U_{1n} & U_{2n} & \cdots & U_{mn} \end{bmatrix} \qquad (6-2)$$

第一，确定所要分析的系统；第二，根据系统内的相关数据绘制序列曲线；第三，根据序列曲线研究其相似性；第四，判定系统内每一行为特征因素与各相关因素之间的关联程度，得出灰色关联判断矩阵。本章利用南京航空航天大学开发的灰色系统理论建模软件 3.0 对其进行测算。进行灰色关联分析首先要确定研究系统行为特征的主序列和相关因素序列。在一般情况下，系统行为特征序列由因变量构成，计为 b_i，相关因素系列由自变量构成，记为 a_i，那么每一个序列都是由不同的因变量和自变量构成的。采用邓氏关联度时，分辨系数一般取值为 0.5。如果有 m 个因变量，计作 a_1，a_2，a_3，$\cdots$，a_m；有 n 个自变量，计作 b_1，b_2，b_3，$\cdots$，b_n；那么每一个因变量都有 n 个自变量与之对应，就构成 n 个关联度。所以，将第 i 个因变量与第 j 个自变量的关联度记为 u_{ij}，然后把因变量和自变量构成的关联度列成灰色关联度矩阵 E：

$$E = \begin{bmatrix} u_{11} & u_{12} & u_{13} & \cdots & u_{1n} \\ u_{21} & u_{22} & u_{23} & \cdots & u_{2n} \\ \vdots & \vdots & \vdots & \ddots & \vdots \\ u_{m1} & u_{m2} & u_{m3} & \cdots & u_{mn} \end{bmatrix} \qquad (6-3)$$

矩阵 E 中，列项表示同一个自变量对不同因变量的影响，行项表示不同自变量对同一因变量的影响。然后，根据灰色关联矩阵对相关因素做出优势分析，找出优势因素和非优势因素。优势因素和非优势因素可以根据 E 矩阵中各关联度的大小进行判断。优势因素是指影响系统行为特征的主要因素；非优势因素是指对系统行为特征影响最小的因素。

各行各列关联度的大小可以判断相关因素对系统行为特征的作用，具有主要影响的因素称为优势因素，而具有最小影响的因素称为最劣因素；如果没有最优因素，可找出准优因素。最优因素是指其所在列的各个元素都大于其他列的各个元素；最劣因素是指其所在列的各个元素都小于其他列的各个元素；而准优因素是指其所在列的各元素的和均大于其他各列各元素的和。进行优势分析的目的是为决策提供参考建议。

（二）指标选取

农村金融发展指标的选取：

（1）农村金融发展规模指标。该指标又包括 3 个次一级指标，分别是农村借贷余额占农村总产值的比重（A1）、农业借贷额占农村金融机构贷款的比重（A2，体现农村金融发展状况）、乡镇企业贷款额占金融机构贷款的比重（A3，表明农村金融对农业的资金支持力度）。

（2）农村金融发展结构指标。该指标包括 1 个次一级指标，即农信社贷款占农村贷款余额的比重（A4），表明农村金融市场资源分配模式。

（3）农村金融发展效率指标。该指标包括 1 个次一级指标，即农村借贷余额占存款余额的比重（A5），表明农村存款转化为投资的能力。

农业现代化水平指标的选取：

（1）畜牧业占农业 GDP 的比重（B1）。

（2）农业总产值 GDP 占 GDP 的比重（B2）。

（3）农业劳动生产率（B3）。

本章数据主要根据 1994～2014 年的《中国统计年鉴》《中国农村统计年鉴》《中国金融年鉴》的数据整理计算而得，各指标走势如图 6-6 至图 6-9 所示。

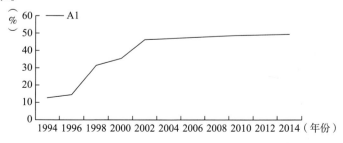

图 6-6　农村借贷余额占农村总产值的比重

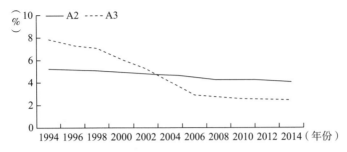

图 6 - 7　农业借贷额、乡镇企业贷款额占金融机构贷款的比重

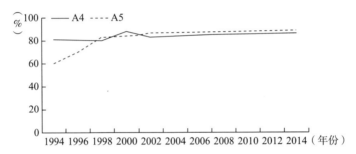

图 6 - 8　农信社贷款占农村贷款余额的比重与农村借贷余额占存款余额的比重

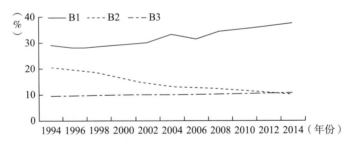

图 6 - 9　农业现代化情况

由图 6 - 6 至图 6 - 9 可知，A2 与 B2 的变化趋势相近；A4 与 B1 的变化趋势相近；A5 与 B3 的变化趋势相近。

实证分析利用灰色系统理论建模软件 3.0 测算出系统中各特征因素之间的关联度，得到关联矩阵 E：

$$E = \begin{bmatrix} 0.8893 & 0.8760 & 0.5693 & 0.9437 & 0.9212 \\ 0.7634 & 0.9597 & 0.5612 & 0.8392 & 0.9223 \\ 0.8327 & 0.9412 & 0.5713 & 0.8874 & 0.9584 \end{bmatrix}$$

　　由矩阵可得，第一，关联矩阵 E 中的相关元素为 0.56～0.96，数值都比较大，说明农村金融从其发展规模、资金结构和发展效率上对农业现代化水平的提高具有重大影响。这也说明了农业现代化水平的提高和农业现代化进程的加快离不开农村金融的大力支持，农村金融要提高其服务水平，完善其经营模式，全方位支持农业现代化多层次的资金需求。第二，从长远来看，农村金融发展效率是对整个农业现代化水平具有主要影响的因素，农村金融中的农业贷款规模是第二影响因素，农村金融资金结构是第三影响因素。农村金融发展效率是农业现代化发展的物质前提，它表明了农村地区储蓄转化为投资的能力，它的提高有利于农村储蓄投资转化率的提高，为农业现代化发展提供大规模资金，因此在农业现代化进程中发挥的作用最突出。第三，u_{22} 为 0.9597，是矩阵 E 中最大的元素，说明农业的贷款规模对第一产业影响最大，第一产业的增长速度随着农业贷款规模的增大而增大。u_{35} 为 0.9584，是矩阵 E 中第二大元素，说明农业劳动生产率的提高受农村金融发展效率的影响。u_{14} 为 0.9437，是矩阵 E 中第三大元素，说明随着近日资金结构的优化升级，畜牧业的发展也会越来越好。

　　实证结果表明，农村金融的发展在加快农业现代化进程方面具有不可替代的作用。其中，农村金融的发展效率是促进农业现代化发展的最主要影响因素之一，这表明农村金融市场上投资转化率水平的提高给予了农业现代化发展大量的资金支持。此外，农村金融结构及农村金融规模分别反映了农村金融对农业的贷款额度，都对农业现代化的发展产生了重大影响。总之，农村金融从其发展效率、规模结构等方面对农业现代化的发展进程产生影响。

第四节　结论与政策建议

　　通过以上分析可知，我国农业现代化的发展需要大规模的资金支持，而农村金融供给不足是由历史的、现实的、主客观等各方面因素综合造成的，在国家推进农业现代化发展的政策背景下，依据农村金融发展现状与存在问题，应在以下四个方面着力强化建设。

一 完善农村金融体系，构建多元化农村金融组织体系

完善农村金融体系、构建多元化农村金融组织体系对提高农村金融发展的服务水平和质量起着至关重要的作用。基于此，在政府服务性金融机构方面，要确定并执行中国农业银行、中国农业发展银行、邮政储蓄银行与农村信用社等农村金融机构的职责和功能。在商业性金融方面，中国农业银行在加快商业化改革的同时要致力于向市场化迈进，重点加大对农业产业化经营和农产品专业化建设的支持力度，继续发挥其在促进农业现代化的快速发展中的重要作用；在政策性金融方面，中国农业发展银行应加快调整其在农村金融市场上的职能定位，特别是建立农村信贷风险与防控体系，完善其内部控制与约束机制，加大中长期信贷资金在农业基础设施方面的投入力度，从而增强中国农业发展银行促进农村金融发展的作用。农村信用社在服务"三农"、提高农村服务水平和促进农村经济与农业现代化发展方面发挥的作用不可估量，它以农村金融市场上的主力军的姿态存在，因此农村信用社要在深化改革之后继续服务于"三农"，为农业现代化的发展提供充足的资金支持。邮政储蓄银行首先应充分利用自身网络和资金优势，加快农业信贷产品创新，促进农村经济发展；其次，要致力于小额信贷、村镇银行等新型农村金融机构的推广与发展，提倡民间金融的积极加入与健康发展，使其形成适度竞争的良好局面，同时为农村的金融创新与发展输入新的血液，增添新的活力，构建多元化农村金融体系以促进农村经济发展。

二 加大金融支农的政策扶持力度

在全世界范围内尤其是西方发达国家对涉及农业的金融机构给予大力扶持，并且成效明显，这对我国来说是较好的经验，政府引导金融机构支农的发展可以从以下几点着手。第一，加大涉农金融政策扶持力度。对农村金融机构在运行中出现的风险给予政策上的优惠，以保证其平稳、健康发展。第二，分类监管。金融监管部门应考虑到涉农金融机构在运行中出现的各种损失，放宽农村金融机构涉农贷款不良率标准，降低农村金融机构的存款准备金率和贷款利率，保证农业的健康发展。第三，增加惠农金融补贴。对有利于农业产业化发展的乡镇企业和地方规模较大的农业给予

适当的贴息补偿。

三　进一步推动农村金融产品和服务方式创新

随着农村经济与农业现代化的不断发展，"三农"对农村金融的需求也时刻产生着变化，因此，加速推进农村金融产品创新、完善农村金融服务方式对农村经济发展具有不可估量的作用。第一，调整信贷结构，创新适合农村金融发展的产品，满足农村金融发展的多样化需求。第二，涉农金融机构要充分认识农村的具体情况，做到因地制宜，对农村金融的工作流程、服务模式进行创新，推动农村金融向着多层次的成熟方向发展。第三，创新担保方式，扩大贷款抵押担保物范围，探索适合农业和农民需要的金融中介服务，充分发挥金融中介将储蓄转化为投资的重要作用。

四　改善农村金融生态环境

改善农村金融生态环境有利于农村金融机构更好地服务于"三农"，为更好地发挥农村金融信贷对农业现代化的支持作用，为农村经济的有序发展提供良好的金融服务，对农村金融发展的生态环境进行改善势在必行。第一，对农村金融法制建设进一步完善，全面健全、落实农村金融的相关法律体系并指出与之适应的法律监管制度。修正已有的金融监管制度，提高其在农村金融市场运行的公信力。对相关的空白区域应总结我国农村的金融改革经验，学习西方成熟的农村金融实践，并依据我国农村金融市场的实际情况，实事求是，因地制宜，合理制定相关的法律和法规，一方面弥补我国农村金融在监管方面的缺陷，另一方面促使农村金融的运行秩序得到合理的规范。第二，建立健全农业活动风险补偿与农业保险体系。大力提倡商业保险在农业生产中的开展，对涉农的保险企业进行政策支持，给予适当的财政补贴。同时，应加大对农民从事农业生产的直接补贴，以提高农民收入。第三，政府应加强对农村金融风险突发事件的防控和管理，并专门设立农村金融风险应急机构，切实维护农民利益。

第七章　人力资本投资与河南农民工市民化

第一节　研究背景与文献评论

一　研究背景

21世纪以来，在快速城镇（市）化的当今世界中，随着我国经济社会发展的需要和工业化、城镇化的不断深入，越来越多的农村居民由农村进入城市。他们在城市就业和长期生活，逐步成为城市工人队伍中的重要成员。于是农民工市民化的问题日益凸显，解决这一问题已经成为我国现阶段推进城镇化建设的任务。城市经济的迅速发展和国民生产总值的增加等都离不开农民工的贡献，根据江西农业大学刘文教授的调查数据估算得出，为城市做出的贡献每年基本达到一万亿元的农民工群体是我国城市工人队伍的主要部分。不容乐观的是，尽管农民工群体为城市做出了巨大贡献，但是他们的经济地位和社会地位都排在了25种职业的最后一位。不仅他们从事的工作是最脏、最累、最苦、最重、最险的，而且约90%的农民工的工作时间超过了《劳动法》明确规定的每月和每周的标准。更糟糕的是，农民工群体普遍没有享受与城镇职工平等的社会福利，主要体现在养老、医疗、失业、住房等方面。据国家统计局监测，截至2011年年底，进城务工的农民工群体中参加城镇职工医疗保险、工伤保险和养老保险的比例仅有21%、26.8%、14.9%。总体来看，农民工群体的生活状况无论在哪方面都不容乐观，他们的市民化程度太低。因此，根据以上情况本章认为，农民工成为市民、真正融入城市社会的过程还很漫长，他们市民化的进程依然受到太多因素的阻碍。

中共十八大提出，全面建成小康社会和实现现代化的重要措施就是城镇化，而大规模的农民工群体又是城镇化迅速发展进程中的产物。由于他们受层层社会障碍的影响，大部分都没有实现真正意义上的市民化，逐渐成为徘徊在城市边缘的群体。随着我国城镇化步伐的不断加快，努力推进城镇公共服务全覆盖，有序推动进城务工农民工实现市民化，已经引起了学术界和全社会的广泛关注。如何更快、更好地实现这些目标，加快农民工市民化的问题就成为研究的核心问题。市民化不仅仅是指农民工身份和职业的转变，从农民到城市居民，从业范畴由农业转向非农产业，更重要的是在生活方式、社会交往、思想理念等方面与城市逐步融合。简言之，既要获得市民的身份，又要真正享受到市民的生活福利，而不能只是生活和身份分离的市民化，于是让广大农民工普遍享受到与城镇居民同等待遇的居留、受教育、选举、社会保障等权利成为研究的关键。促进农民工市民化对统筹城乡和谐发展具有不可估量的现实意义，不仅关系我国农村剩余劳动力的顺利转移和农村的稳定发展，而且关系和谐社会的构建，已经成为城乡统筹发展中亟须解决的核心问题，所以必须以解决农民工市民化问题为出发点促进我国城乡一体化的协调发展。然而由于受教育程度的局限和劳动技能欠缺等人力资本水平的限制，绝大部分农民工市民化的能力较弱。他们在城市中依然从事着工资水平低、技术含量少、工作环境差的职业，长期处于城市的边缘和底层，被排斥在社会福利待遇之外，处于一种"非城非乡"的尴尬境地。

由此引发的一系列社会问题纷纷引起了全社会的广泛关注，因而学术界将农民工市民化问题纳入社会讨论的范畴，但是考虑到长期以来对农民工市民化问题的探讨普遍侧重于社会制度障碍层面抑或道德层面的限制，对农民工市民化的研究机制，尤其是从人力资本因素视角进行实证研究的寥寥无几。因此基于前人的研究，本章采用问卷实地调查，从影响农民工自身的人力资本水平的因素角度出发，研究关乎人力资本水平的健康状况、受教育程度、劳动技能培训、工作经验和拥有资格证书的情况等对农民工市民化进程的作用机理，深入探讨人力资本水平对市民化进程的巨大影响。一方面，让农民工群体认识到人力资本水平对其市民化进程的重要意义，从而有针对性地提高自身的人力资本水平，加速其市民化的进程；另一方面，希望社会、政府和企业共同努力，发挥支持与配合作用，切实采取有效措施，提高农民工市民化的能力，促进农民工顺利融入城市社会，实现真正意义上的市民化，有效推动中国城镇化的进程和美好社会的建设。

二　文献评论

（一）国内研究综述

我国自 1978 年改革开放以来，随着社会经济的迅速发展，农村富余劳动力向城市转移的规模和速度都在提高。30 多年来，随着城镇化的不断推进，"农民工"这一特殊身份的群体应运而生。从党的十七大提出完善国家对进城务工农民工的政策问题后，有关农民工及其市民化的问题不仅引起了政府和社会的高度重视，而且受到了国内外学术研究者的普遍关注。几十年来，国内学者对我国农民工及其市民化的研究最早从农村劳动力向城镇的转移开始，之后大都集中在影响市民化进程的因素和实现办法等紧密联系的几大方面，对此概括如下。

国内对农民工问题的探讨最初始于改革开放初期。对于农民工问题的由来，学术界将其概括为四个具有不同特征的阶段。第一阶段是 1979 ~ 1989 年，农民工向城镇流动经历了由发轫到大量流动的变化。据以前学者的观点，从第一产业到第二、第三产业是他们转移的主要方向。这一阶段最突出的成果是国务院发展研究中心农村政策研究室的年轻学者做的关于农村劳动力转移的调查报告，对农民工流动的状况做了详细调查。此阶段最具有指导性意义的论著有 1988 年著名学者马侠的《中国农村人口向城镇的大迁移》。第二阶段是 1990 年后的几年，这一阶段大规模"民工潮"的出现引起了社会学学者的广泛关注，但对农民工是否应该大规模流动的研究后来被证实滞后于实践，学者们并没有进行切实有效的调查分析，其研究多为应急式的研究。本阶段的典型著作有 1991 年李梦白的《农村流动人口对城市发展的影响对策》。第三阶段是 20 世纪末期，鉴于第二阶段"民工潮"的出现，原劳动部的农村经济研究中心通过组建 8 个课题组对 26 个省份将近 2 万个农户的抽样调查，汇集多门学科的力量，多角度进行分析，对农民工大量流动的研究落后于实践的状况一举改观，做出了重要的研究贡献，以 1998 年李培林主编的《中国进城农民工的经济社会分析》为代表。第四阶段是 21 世纪后，随着工业化和城镇化的步伐加快，按照国家城乡一体化的发展原则，社会各界对农民工流动的认识开始发生变化，通过调查得出农民工进入城市务工是经济社会发展的必然趋势，进而在态度上转变为保护这一弱势群体。此阶段对农民工的现状进行了具体分析并对其发展趋势指明了详细方向，其中有重要影响的著作有田凯主编的《农民工基本现状和城市适应性》、李强的《中国流动城市农民工问题》和吕柯的《中国农民工市民化的意义和途径》。这些著作都对后来研究我国农民工市民化的问题做出了巨大贡献，可以归结为以下两方面：第一，从农民工流入地和流出地的角度分别对农民工特征和现状，从事职业、工作收入及生活环境进行了研究；第二，从城乡角度研究农民工进城发展的意义和对城镇经济的贡献，以及在城乡一体化的趋势下农民工市民化的潜在必然性。

随着城镇经济发展的加快，农民工仅仅流入城市就业已不能满足农民工发展的需要和城镇化的趋势，学术界开始将目光倾向于研究如何使农民工顺利融入城市社会以实现市民化的机制，于是"农民工市民化"问题一时间成为备受学术界瞩目的焦点。起初对于农民工市民化的现状，学术界并未达成一致观点，主要形成了以下三种具有代表性的观点。一是以王春光（2006）为代表的农民工"半城市化"观点。他经过大量调研分析得出，城市化的不完全是当今我国农民工没有取得市民资格的现实状况，这是农民工市民化必经的一个过渡状态。二是以陈丰（2007）为代表的农民工"虚城市化"观点。他指出农民工市民化的征程始于 20 世纪 80 年代，由于来自社会制度体制的层层障碍和农民工自身素质、劳动技能等能力的局限，他们在城市就业、生活并成为暂时性的城市市民，并没有改变农民的身份和社会地位，长期以来，逐渐成为游离于城市和农村的边缘群体，这就是所谓的"虚城市化"。三是以刘传江（2010）为代表提出的"市民化的第二阶段"。他认为，中国农民工群体出现在我国城市体制的特殊转型时期，由于市场经济和第三产业的迅速兴起，农民工在城市的生活和就业状态呈现扭曲的"中国式路径"，即农民工市民化分为两个阶段：从农村剩余劳动力到城市农民工，再由城市农民工到真正意义上的城市市民的转换。目前第一阶段已基本实现，第二阶段仍处于艰难转型时期，市民化进程缓慢，困难重重，步履维艰。

针对第二阶段的困境，国内学术界开始将关注方向逐渐转变到影响市民化的主要因素和解决对策的角度上。首先，将学术界已有的对农民工市民化的影响因素和研究对策概括如下。早在 2004 年，江西财经大学的人口资源环境的教授江立华就指出，农民工是我国城市工人队伍的主力军，为城市化发展做出了不可估量的贡献，但由于城乡二元结构的制度影响，他们一直处于城市的边缘和底层，难以享受与城镇居民同等的待遇。简新华和张建伟（2005）提出，制度障碍和社会文化排斥对农民工市民化的进程有显著的制约作用，解决这一问题不仅需要社会完善制度体制，而且需要从文化和心理层面使农民工认同城市文化和思想理念。王慧博（2006）提出社会硬性的制度和非制度因素是制约我国农民工市民化的两大因素，主要原因在于社会保障体系不健全，非制度因素主要是指农民工自身知识技能低、传统的思想观念浓厚以及法律意识薄弱等。随后熊巍俊、王满四和彭咏虹（2005）提出社会制度和政策障碍是阻碍农民工市民化的关键因素，需要从制度层面去研究促进农民工市民化的影响机制。章友德（2010）通过研究 5 年来农民工在城市的状态指出，农民工市民化程度低的主要原因是其自身素质低，加之从事体力性的职业使他们在不完善的社会保障体系下根本享受不到城镇居民的待遇。刘林平和王苗（2013）通过调查研究得出，农民工在城市的发展和身份地位的变化，需要依靠充足的社会资本，他们的社会网络规模越宽泛，越有利于他们融入城市社会，研究表明社会资本会促进农民工的市民化进程。蔡昉（2012）提出，中国城市的社会保障制度门槛太高、衔接程序难等社会因素严重阻碍了农民工社会保障权益的实现，进而影响了农民工市民化的进程，使大规模的农民工陷入了"非城非农"的尴尬境地。吕同舟（2014）在上述学者研究的基础上，提出农民工在城乡间的长期流动造成的市民身份归属与心理混乱是市民化进程缓慢的主要原因，即城市化发展迅速，而缓慢的市民化进程远远赶不上城市化的步伐，这两者不统一的步调使农民工市民化陷入了困境。也有的学者认为，就业是影响农民工市民化的主要因素，由于严重的城乡二元就业制度使他们遭受就业歧视和不公平的就业待遇，影响了他们的市民化意愿和居民归属感，加上城市的生活成本较高，他们无法获得稳定的收入，因此市民化能力较弱，通过提高农民工的就业满意度可以促进市民化。朱炜华（2015）又提出农民工就业渠道狭窄和自身就业能力较低是影响市民化的主要障碍。在上述学者的研究基础上，季文（2008）又进一步指出，农民工进城务工后获得的一系列社会资本是建立在人力资本的基础上的，即人力资本相对充足的农民工在社会交际中与同层次的人力资本优越者具有相同的话语权，在心理上更能认同城市生活的理念。

（二）国外研究综述

在中国，农民工市民化是社会转型时期的独有社会现象，在西方国家几十年的发展进程中，几乎从未真切经历过农民工到市民身份转变的特殊时期。国外的发展经济学、人口学等相关的研究理论也都没有提供具体的解释有关农民工市民化的理论机制，主要是因为国外农业剩余劳动力的非农化与农村人口的市民化几乎是同步进行的，没有出现城市农民工这一群体，区别于中国农民到农民工再到市民身份转变的独有路径。但是在城市化发展进程中，国外发达国家也出现了农民大量直接向城市转移的现象，但这类群体并没有经过中国式的农民工状态和引起相关的社会问题，国外一些国家在农民进城后高效率地解决了农村劳动力的转移和就业问题，使得市民化在城市化的进程中几乎同步实现了。虽然它们没有我国切实存在的特有的农民工市民化现象，但就最初农村人口流动的规律问题和西方国家解决农民市民化的经验，国外学术界的研究也积累了丰富的经验。这对于理解我国农村人口向城镇流动的动因和规律以及当今我国完成农民工市民化的进程具有实际的启发和借鉴意义。

诺贝尔经济学奖得主刘易斯最初在1954年首次提出，发展中国家的经济变化趋势具有典型的二元经济结构的规律。正是这一独有的二元经济结构，一方面在巨大收入差距的引力下，逐渐使传统农业部门积累大量过剩的劳动力；另一方面也促使这部分过剩劳动力大规模向城镇工业部门转移，最终让这部分农村过剩的劳动力成批地被吸纳到城市中来。随后美国的一位著名的经济学家托达罗（2009）以刘易斯的二元经济结构理论为基础，进一步建立了迁移预期收入理论模型。托达罗通过这一理论为发展中国家缩小城乡差距提供了借鉴，他强调发展中国家要想实现经济结构的转型，即实现从二元经济结构到一元经济结构的转变，首先要重视的就是改善农业人口转移到城镇的现状，这可以从某种程度上为农民工之后的市民化提供有力的基础。在很长一段时间内，国外由于没有真切经历农民工到市民这样的独有路径，对于研究农村人口转移到城镇的问题存有大量空白。一直到 20 世纪 50 年代后期，博格对于农村劳动力的流动规律通过推－拉理论做了细致的分析，在该理论中，他认为农村劳动力的转移是两个关键因素即流入地的拉力和流出地的推力两项共同影响的结果，由于存在转移人口的正负效益之分，因此在宏观上这是个人根本无法控制的趋势，为后来我国大规模农村劳动力向城镇转移并且日益凸显的城市化问题做了一定的解释。

后来美国经济学家伊沃里特·李（1966）又进一步提出了全新的观点，他认为愈演愈烈的城市化问题是出发地、目的地、制度和政策障碍以及农民工自身等因素共同影响的结果。其中以英国、法国、日本和韩国的农民市民化最为明显，15 世纪法国实行宽松的人口流动政策后，通过完善进城农民的社会保障体系很快且有效地解决了农民的市民化问题。英国当时由于工业发展速度较快，需要大量劳动力，进城务工的农民很快就被工业吸收了。韩国的新村运动一开始就将目光转移到农村，首先从农村起步，逐渐向周边的城市和工厂延伸，这就使得进城的农民不会面临失业问题并且很顺利地就实现了在城市的就业。在日本，农民的流动不受户籍限制，更没有中国式的二元户籍管理体制，农民可以根据实际情况，自愿向城市转移，但是正因如此，在城市化的迅速发展中，大规模的农民向城市转移，造成城市交通和医疗教育的沉重负担。日本政府发挥积极作用，采用了将工业引入农村的发展战略，很快就使城市化扩展到了农村地区，提供了大量就业机会，顺利实现了农民市民化。之后 Henderson 经过分析我国农民工现状，表明农民工数量与城镇经济劳动生产率的关系。随后结合中国各大城市的国内生产总值，指出大部分城市都没达到最优规模，他认为这是大规模的农民工没有成功实现市民化的结果。

改革开放后的几十年来，伴随着我国经济社会的迅速发展，农民工的数量愈来愈多。据国家统计局 2002 年公布的数据，我国共有外出务工和经商的农村流动人口 3226 万人，自 2005 年以来，几乎每年增加将近 700 万人，他们已经逐步成为我国新兴产业工人的主力军。但是由于种种社会制度制约、社会文化排斥以及城乡二元结构的影响，这部分群体一直处于

"城市边缘人"的状态。

(三) 文献述评

通过以上一系列国内文献概述,我们可以得知国内学者对我国市民化进程的研究从不同方面均产生了不同程度的影响,但他们大部分都是从社会角度如制度和非制度层面、社会保障层面以及农民工个人的心理观念、行为方式、就业、人际交流等问题层面来探讨农民工市民化的影响因素,分析不够全面,具有一定的缺陷。从农民工自身的人力资本存量视角分析市民化的实证研究较少,尤其是分析影响农民工市民化进程的关键因素——农民工自身综合素质即人力资本的存量水平的研究较少。制度是外因,能力是内因,外因起辅助作用,内因起决定作用,农民工市民化的进程除了受客观因素如社会制度制约、社会文化排斥外,更关键的是与主观因素密切相关,如农民工自身的健康状况、受教育程度、劳动技能、工作经验等体现人力资本水平的综合能力。2013 年,复旦大学社会发展与公共政策学院的任远教授提出,农民工大量涌入城市一方面为城市带来了众多低成本的劳动力,另一方面也推动了工业化和城市化的进程。但是已有研究证明,自2012 年以来,我国人口结构中的适龄劳动人口所占比例正在逐步下降,在某种程度上这会促使低成本的劳动力优势开始弱化,经济社会越来越重视高素质人才,因此社会和企业需要重视农民工的人力资本投资,这也是城镇化进程中农民工成功实现市民化需要投资的方向。用人力资本优势来代替劳动力的数量优势,一方面提高了农民工的生产率,另一方面也使他们更易于融入城市社会,实现市民化,这有利于城市化的顺利实现与和谐社会的构建。

由国外理论界的研究成果可知,国外学者有效解释了无体制约束的劳动力流动与人口城市化,但不适合我国农村劳动力向城市迁移的特殊过程,而且对我国特有的农民工城市化现象也没有做出合理解释。国内对市民化关注得较少,尤其表现在对农民工如何融入城市社会、提升市民化能力的问题进行深入探讨的较少。对于此类独特现象的影响因素,学者们的研究和关注整体上不多。比如人力资本如何引致农民工市民化,农民工市民化进程中人力资本水平的高低究竟发挥了怎样的影响作用,如何增加农民工自身的人力资本存量等问题。因此,我们应立足国内农民工面临的现状,积极探寻加快农民工市民化的影响指标及其改善此类现状的有效建议。

第二节 人力资本与农民工市民化的理论基础

一 相关概念界定

(一) 人力资本

人力资本理论是西方经济学发展进程中基于教育学理念提出的一种理论。早在 1962 年，被后人称为 "人力资本之父" 的 Theodore W. Schultz 就对人力资本做出了解释，他认为人力资本是体现在人身上的体能、知识和技能等用于生产和消费的综合能力。他将其分为工作能力、学习能力和创新能力三类具有特殊价值的能力，而且通过投资可以获得这些能力。1987年，Gary S. Becker 又进一步对人力资本做了诠释，他指出人力资本不仅包括知识和技能，而且包括人的体力、健康和寿命，这些资本可以通过多种途径来获得，如通过投资教育、完善社会对医疗的保障支出等。在 Theodore W. Schultz 和 Gary S. Becker 的研究基础上，Murray Milgate 又对人力资本的内涵做了进一步的延伸，他将其定义为与经济活动紧密相关的劳动者身上具备的知识、技能与多种品质存量的综合。在这个概念提出之后，美国经济学家 Ponald J. Johnston (1998) 根据自己的学术研究，从经济价值角度将人力资本定义为凝结在人自身的知识、技能和其他素质等与经济活动有关的能力总和。

人力资本理论首次被引入中国是在 20 世纪 80 年代，当时不同经济领域的学者认为中国的国情不同于国外。基于我国的实际情况，学者们提出了不同见解，进一步丰富并完善了人力资本的含义。周坤 (1997) 将人力资本分为两大层面即凝结在健康人身上的知识、技能、经验和体现在劳动者身上的智慧和才赋，这里的智慧暗指人身上具备的能被开发出来的资源和潜能。也有学者认为，人力资本是相对经济价值而言的，因此将人力资本定义为某种特定的商品。李玲 (2003) 提出，人力资本能带来收益是因为人身上的知识、技能、经验和自身的健康体质、工作能力可以通过后天的投资而获得，并将人力资本定义为以上能力的综合。朱必祥 (2005) 又从价值角度加以更正，认为人力资本是通过知识、技能和健康等七个因素体现出来的，但不能认为是它们的综合。之后俞荣建将人力资本定义为一种具有特殊价值的资本，既包括天生自带的禀赋，又包括后天的投资形成的才能，而这些才能和天赋通过体现在人身上的知识、技能、健康与工作经验表现出来。随后，阙祥才（2010）根据前人的研究结果，将人的思想观念加入人力资本的定义中，指出人力资本是自身具备和通过后天习得的知识、技能、健康和思想观念等因素的综合。

直到现在，学者们对人力资本的定义也没有形成一个被社会大多数学者认同的一致的概念，但是本章同意舒尔茨对人力资本的定义。人力资本是相对于物力资本而言的一种资本，狭义概念是指人们脑力和体力的综合即劳动力的使用价值。广义概念是指通过对人力资本的投资进而开发形成的体现在人身上的各种能力的综合，它包括人们的健康、科学知识、受教育程度、劳动技能及其他能力的综合。农民工的人力资本是通过文化教育、职业培训、工作经验累积等多种形式的投资而形成的农民工自身所具备的生存能力、职业转换能力、社会融入能力等的总和。简言之，农民工的人力资本存量和状况是由其自身所具备的综合素质和资本投入这两大因素决定的，综合素质和资本投入高的农民工人力资本的含量大，他们的生存发展能力、职业转化和社会融入能力强，进而市民化的能力强，易于顺利融入城市社会。

（二）市民化的界定与内涵

随着工业化和城镇化的迅速推进，大规模的农民从农村转移到城市并成为城市产业工人的主体，这种转移不仅表现为生活方式和身份的转化，而且表现为行为方式、思想观念、文化修养等方面的转化。姜作培（2003）指出，农民工市民化是在城镇化不断推进的过程中，远离非户籍所在地的农民逐步脱离土地，在城镇长期从事非农产业，其间通过身份、职业、思想观念和行为方式的转变逐步融入城市社会的过程。宋明、钟玉英（2008）经过研究指出，农民工市民化是农民工在城市就业并生活，实现经济层面、社会层面、心理层面三个方面的市民化。郑杭生（2005）从狭义和广义两个方面对市民化做了诠释。狭义概念是指农民工在城市获得市民身份，并没有享受市民待遇和社会权利；广义概念是指农民工通过职业和身份的转换，在身份、地位、行为方式、社会权利、思想观念、文化素质等各方面全面向真正意义上的市民转化。前者仅仅指农民工户籍的转变，后者是指农民工在社会和心理方面的综合转化。2012 年，经济学家周士荣经过大量的研究指出，农民工市民化不仅仅是指身份和职业的转变，更关键的是在生产方式、思想观念、社会价值等综合方面逐步向城市市民转变，实现真正意义上的市民化（朱巧玲、甘丹丽，2014）。

对本章来讲，笔者认为农民工市民化是我国城市化的关键，也是经济发展和社会进步的必然趋势。从定义来讲，农民工是指远离非户籍所在地，在城镇长期生活并从事非农产业工作、依靠工资收入来维持生活的农村户籍人员。区别于市民化的概念，农民工市民化是指进城务工或经商的农民在城市长期生活并定居，通过身份和职业的转变逐步融入城市社会，在生产和生活方式、社会心理与社会价值观念上逐步认同自身新的社会身份并向城市居民转化的状态，进而实现从农民到农民工再到市民的全面转型。这一过程不仅包括身份和职业的转变、地域和产业的转换，而且包括农民工自我意识的提高、自身综合素质的提升和心理价值理念、行为生活方式的变化。换言之，取得市民的身份只是表面形式，真正融入并享受到与城镇市民同等待遇的住房、就业、社会保障和子女教育等福利待遇和公共服务才是实质。已有研究者普遍认为农民工成功市民化包含三个层面的内容：经济融入层面、社会融入层面和心理融入层面。只有三个层面的融入共同实现，农民工才能成功适应城市社会，实现市民化。因此本章认同周士荣提出的观点，将市民化定义为不仅包括农民工户籍和职业上的转变，而且包括生活方式、思想观念、心理认同、教育、社会交往等基本权利的转变。

二　人力资本理论的提出与发展

（一）人力资本理论的萌芽

人力资本理论最初是源于对人的经济价值的研究。英国著名经济学家威廉·配第 1662 年在其著作《赋税论》一书中明确将土地和劳动视作财富的源泉，提出了著名论断即"土地是财富之父，劳动是财富之母"，从该论断中暗示了人作为财富主体的重要地位。随后，亚当·斯密（1776）又进一步提出劳动（即通过分工实现劳动生产率的提高）、资本等都能增加一国的财富，这里所说的分工其实就是人力资本的形成过程。李斯特（1961）在前人研究的基础上又指出，要重视财富创造的动力，他强调对生产力的研究更加重要，其著作提到了两个财主使用自己财产的典型例子。其中一名将资本用于对生产力的投资上面，通过对劳动者的知识弥补和经验传授，使其积累一种所谓的生产力资本，结果取得了较多的财富。事实上该例子提到的生产力投资就是指对人力资本的投资，而且这种投资强调了人力资本的私有性和社会性。

紧接着德国经济学家屠能（1986）指出，人作为劳动的主体，在同样的装备条件下，收入水平与受教育程度呈正相关关系。受过更高教育的劳动者可以获得相对丰厚的收入，这也暗示教育在经济增长中发挥的作用，更关键的是创造财富的人的劳动能力还可以通过教育培训、不断学习和经验积累等提高，这种论断已经基本接近了"人力资本"的含义。经济学家西奥多·舒尔茨（1990）随后便在美国经济学年会上指出，"把人视为资本的三位杰出代表人物"之一的马歇尔的论断对我们认识人力资本具有新的意义。他提出，劳动者对正式教育、在职培训、健康的投资最终会形成其个人的"人力资本"，并强调所有资本中最有价值的就是对人力资本的投资，此后正式将提高劳动者的知识水平引入人力资本的研究框架。由此可见，在舒尔茨明确提出人力资本定义并将其引入经济增长理论前，古典经济学家就已经对人力资本的作用有所研究。尤其是马歇尔（1890）指出，在所有资本中，最有意义的投资就是对人力资本的投资，他继承了舒尔茨的人力资本投资概念即人力资本是包含于人自身的一种综合能力。人力资本一方面与生俱来，另一方面需要通过后天教育和学习培训来获得，它是劳动者的知识、技能、经验及其所表现的综合能力的体现。

20 世纪 80 年代中后期，Lucas 和 Romer 等又相继提出了新经济增长理论，进一步对专业知识、人力资本、技术创新、劳动分工和技术扩散等相关因素在经济增长中的作用进行了更深入的分析，进而构建了内生动态经济增长模型。该模型强调人力资本的存量对经济增长起着关键作用，突破了劳动、资本、土地等投入要素收益递减的限制性假定，诠释了人力资本对经济增长的作用机制。

（二）人力资本理论的正式提出

人力资本理论的正式提出是在 1961 年舒尔茨的学术论文《人力资本

投资》正式发表之后，该文的发表标志着学者对人力资本的研究正式开始。舒尔茨着重提出"技能和知识这种资本的增长带来的长远效益远超物质资本"，这种论断创造性地将资本定义为人力资本，随着社会经济的发展和城市化的推进，将人力资本的概念引入对经济增长的研究中。舒尔茨认为，教育投资带来的收益率主要体现在经济增长上，对此他还做了大量的定量研究，得出"劳动生产率的提高最有效的途径就是对知识和技能的投资"这一结论，而且认为人力资本存量的积累能够更好地解释当前我国城市化和工业化进程中日益凸显的农民工市民化问题。

对于当今农民工市民化的问题，舒尔茨针对人力资本理论做出的研究给我们带来了深刻的启示。首先，长期以来，国内经济学家们注重于从社会制度体系、二元户籍结构、企业行为因素、社会文化排斥等方面解释市民化进程缓慢的原因，而忽视了对农民工人力资本投资的分析。在很长一段时间内，学者们都没有从人力资本水平的角度出发来解释我国市民化进程缓慢的原因，也没有将两者的关系结合起来考虑。由于农民工市民化进程中人力资本研究的空缺，农民工在城镇的尴尬境遇无法得到很好的解决，而且各界对农民工人力资本水平对市民化的影响的实证研究关注得也甚少。自从舒尔茨的人力资本理论正式提出以后，人们对于社会中出现的经济问题有了新的研究角度，不再仅仅局限在一个范围。其次，舒尔茨将人力资本看作一种重要资源，强调了人力资本对市民化顺利实现的重要作用，并且这种作用是长期的。人力资本带给农民工的经济效益远远高于社会制度体系障碍带给他们的效率损失，在实现农民工市民化的过程中发挥着无可比拟的巨大作用。最后，人力资本理论的形成不仅使我们对经济增长有了新的解读，为研究我国市民化问题引入了新的方向和建议，而且让我们认识到人力资本投资的长远价值，对我们进一步研究当前农民工在城市化进程中实现市民化的问题具有很大的启发和借鉴意义，在此之后学者们对人力资本投资的关注越来越多。

（三）人力资本理论的发展

人力资本理论起源于新古典经济学的研究框架的一个分支，是对特定经济学现象的延伸。人力资本理论自问世以来，主要经历了三个发展阶段。第一阶段是早期的人力资本思想。在这个阶段中，人力资本理论得到了进一步的完善和研究，人力资本思想指出一切资源中最重要的一项就是人力资源，后来成为经济学很长一段时间的研究核心。冯继红（2008）提出，人力资本的作用在经济增长中远远大于物质资本，而且人力资本的投资增长速度较快，她还指出，进行人力资本投资的核心就是教育投资，这种方法带来的经济效益也十分可观。第二阶段是现代人力资本思想。这个思想问世以来还不到40年，国内外的许多经济学家都从不同方面和角度阐述了人力资本的有关思想，做出过巨大贡献的代表有瓦尔拉斯和古典学派著名经济学家亚当·斯密。他们从个人的健康和教育投资角度进行了经济意义上的分析，如冯·图思的个人收入差别研究认为，将人的能力作为人力资本进行投资很有经济价值。第三阶段是当代人力资本理论。该阶段集合了前人的研究成果，丰富了经济学理论，在新的经济研究领域开辟了新道路，对人力资本投资的重要性做了进一步的肯定。以贝克尔（2016）的《人力资本》为代表，他从微观经济学的角度研究了在职培训的重要性，对人力资本的研究具有开拓性的意义。这对后来我国农民工在城市的收入差别做了很好的解释，暗示了教育投资对农民工收入的巨大影响，同时也进一步完善了早期的人力资本理论。继贝克尔之后，丹尼森、索洛、乌扎花、卢卡斯、罗默等利用美国近30年的相关数据，弥补了舒尔茨宏观研究领域的缺陷，从实证角度测算了正规教育和在职培训所带来的收益差距，《生产率的经济分析》论证了在职培训的不可替代性，进一步强调了进行人力资本投资的巨大优势。但相对于丹尼森等在人力资本方面的贡献，以上研究缺乏全面性，他们通过美国1929～1957年的数据对人力资本要素进行计量分析，认为经济增长的成果在很大程度上归功于教育的投资和发展以及专业化知识的分化，并进一步提出对人力资本的投资也是影响收入的关键因素这一结论。这些学者在人力资本方面的研究都为后来农民工在城市的适应能力提高提供了参考建议。

三　人力资本在农民工市民化研究中的意义

（一）人力资本影响人口城乡结构

从表7-1的数据分布中可以看到，随着我国城镇化的加快，农村人口在全国人口的分布中所占的比例越来越小，城镇人口的比重呈现逐步上升的趋势。一方面，经济的发展带动了大量人口向城镇转移；另一方面，在城镇就业的人员逐步适应城市社会，向市民转化，造成了城市人口的剧增。基于以上人口的变化趋势，促进更多农民工实现市民化自然顺应城镇发展的需求。本章在研究我国农民工市民化的进程中，选取农民工自身的人力资本水平作为影响变量进行探讨，可以说是一个大的进步，这对我国以后农民工市民化进程的加快具有启发和实际意义。具体表现可以概括为三个方面。首先，对农民工自身的人力资本存量的影响因素如身体健康状况、受教育程度、职业资格证书数量、劳动技能、工作年限等相关研究，改变了人们以往过度重视社会制度因素和社会政策对农民工市民化的层层障碍，使众多学者在研究农民工市民化进程的影响因素方面有了新的研究角度和思路。其次，尤其在研究制度障碍和社会文化排斥等外在因素时，将视角转换到农民工自身的人力资本投资上，无疑会给市民化进程缓慢以很好的解释。最后，对帮助我国大量农民工脱离在城市的尴尬境地也具有很大的实践意义，尤其是通过研究影响人力资本水平中教育投资的重要性，呼吁社会全方位关注教育投资，以加快我国农民工市民化的步伐。

表 7-1　全国人口数及城乡分布

单位：万人，%

年份	总人口	按性别分				按城乡分			
		男		女		城镇		农村	
		人口数	比重	人口数	比重	人口数	比重	人口数	比重
1999	125786	64693	51.43	61094	48.57	43748	34.78	82038	65.22
2000	126743	65437	51.63	61306	48.37	45906	36.22	80837	63.78
2001	127627	65672	51.46	61955	48.54	48064	37.66	79563	62.34
2002	128453	66115	51.47	62338	48.53	50212	39.09	78241	60.91
2003	129227	66556	51.50	62671	48.50	52376	40.53	76851	59.47
2004	129988	66976	51.52	63012	48.48	54283	41.76	75705	58.24
2005	130756	67375	51.53	63381	48.47	56212	42.99	74544	57.01
2006	131448	67728	51.52	63720	48.48	58288	44.34	73160	55.66
2007	132129	68048	51.50	64081	48.50	60633	45.89	71496	54.11
2008	132802	68357	51.47	64445	48.53	62403	46.99	70399	53.01
2009	133450	68647	51.44	64803	48.56	64512	48.34	68938	51.66

年份	总人口	按性别分				按城乡分			
		男		女		城镇		农村	
		人口数	比重	人口数	比重	人口数	比重	人口数	比重
2010	134091	68748	51.27	65343	48.73	66978	49.95	67113	50.05
2011	134735	69068	51.26	65667	48.74	69079	51.27	65656	48.37
2012	135404	69395	51.25	66009	48.75	71182	52.57	64222	47.43
2013	136072	69728	51.24	66344	48.76	73111	53.73	62961	46.27
2014	136782	70079	51.23	66703	48.77	74916	54.77	61866	45.23

注：以上数据均来源于历年《中国统计年鉴》。现役军人包括在统计总人口中的城镇人口数中。除 2000 年和 2010 年两年的数据外，其余年份人口统计数均为抽样调查推算得出。

（二）人力资本水平影响城镇化进程

21 世纪以来，随着社会经济的发展和城市化进程的加快，涌入城市就业的农村劳动力数量愈来愈多，他们逐渐成为城镇产业工人的主力军。农民工的市民化意愿越来越明显，他们在城市中也出现了常住趋势，于是日益凸显的农民工市民化问题成为我国城镇化的关键问题。如社会政策因素、市民行为和企业行为的缺失以及社会文化阻碍等多重影响，在一定程度上成为农民工市民化进程缓慢的主要原因。而已有的研究大多仅围绕以上外在因素来进行探讨。这引发我们从农民工自身角度出发，对影响人力资本水平的因素进行探析。要想使我国农民工成功实现市民化，增加对农民工自身人力资本的投资不失为一种较为明智的做法。

第三节　人力资本对农民工市民化的影响研究

一　有关人力资本度量指标的争议

国内外众多学者起初对人力资本的研究基本上集中在人本身的受教育程度、劳动技能和职业等方面的测算上。以 Duncan 为代表的经济学家将个人的受教育程度作为人力资本的指标。从数据的可测量性来讲，选用农民工的受教育程度来衡量人力资本的存量与城市融入之间的关系，数据相对容易获取。单用受教育程度来衡量人力资本存量很快就遭到了相当数量的研究者的反对，他们认为这个指标虽然比较容易获取，但在科学性研究的说服力层面存有较大异议。提出异议的研究者指出，受教育程度仅仅是衡量人力资本水平的其中一把尺子，而人力资本水平是一个综合性的概念，人力资本水平源于多方面的综合能力，受教育程度并不是唯一的能力。使用受教育程度来衡量人力资本水平以此来研究农民工市民化影响因素的指标显然不全面，也一定会引起异议。赵延东和王奋宇（2002）使用三个变量如受教育程度、更换职业频率和是否接受工作培训来衡量农民工的人力资本。陈成文（2004）认为，人力资本因素包括自致和先赋两大因素，文化水平、职业技能、工作经验、政治面貌和普通话水平与自致因素有关，而个体特征中的年龄、性别、身体健康状况和职业则与先赋因素有关。刘建娥（2010）认为，我国农民工市民化进程缓慢的关键因素集中在六大因子上，即人力资本、社会资本、就业环境、经济因素、社区文化和健康状况。

上述学者选取的指标大多数侧重于单个影响因素抑或多个综合性因素，来泛泛考察其对农民工市民化的影响，而且调查的对象主要以还没有真正获得市民身份的农民工为基础。极少的研究者用已经成功获得市民身份和徘徊在城市边缘尚未成功实现市民化的农民工进行对比来考察影响市民化进程的主要因素，更不用说以农民工自身内生的有关人力资本的因素为着力点来进行研究。

二　衡量人力资本与农民工市民化关系的指标选取

本章以当今农民工面临的实际现状为基础，结合前文中对人力资本的定义解释，选取反映农民工人力资本水平的五大关键指标即自身的健康状况、受教育程度、培训次数、拥有专业技术资格证书的数量和工作年限来探讨其对市民化进程的作用。其中用体能状况来反映农民工的健康情况，用受教育程度来反映农民工的智能，通过拥有专业技术资格证书的数量来反映劳动技能，以培训次数来反映接受培训的时间和以工作年限来反映农民工在就业过程中积累的工作经验。同时，按照学术界的研究者对市民化做出的定义，本章赞成金崇芳（2011）提出的反映市民化的四个角度，即具体分为经济融合、行为融合、文化融合与社会关系融合这四个方面。再根据田凯（1996）划分的三个层面即经济层面的融入、社会层面的融入和心理层面的融入的状况依次考察市民化的程度。不难看出，他们共同指出，在心理即文化层面实现融入才说明农民工市民化的真正实现，经济和社会层面的融入是立足城市社会的基本，而农民工在城市生活的广度通过社会融入程度反映出来。本章认同该观点，以文化即心理融入程度为主要衡量指标，以此设计评价指标体系，主要以反映农民工心理/文化层面的问题。根据受访者的选择，借助刘建娥（2010）的得分求和方法来分别调查不同人力资本水平下的农民工市民化程度。通过数据整理结果，建立实证模型，得出人力资本各因素在农民工市民化进程中的重要作用。采用问卷调查的方式，以不区分是否已经获得市民身份为前提，随机选定河南省新郑县 300 名农民工为研究对象，建立 logistic 逻辑回归模型，通过 Eviews 计量软件，重点从反映农民工人力资本水平的各因素出发，剖析其对农民工市民化的影响。

三　人力资本对农民工市民化的影响机制

从整体上讲，当今农民工群体面临的普遍性问题就是综合素质相对偏低，这是阻碍他们顺利实现市民化的主要问题，进一步讲就是自身的人力资本水平达不到现代城市社会的要求。他们跟不上城市社会快速发展的脚步，在城市务工并长期定居不仅要在生产生活方式上融入城市，而且要逐步认同城市社会的文化思想和价值理念，真正从心理层面去提高作为一个现代市民所具备的素质。众多研究显示，农民工健康状况的好坏不仅影响其劳动生产率的高低，而且影响他们的收入水平和职业取向。一般情况下，身体健康状况良好的劳动者会有更多的选择机会，同等条件下劳动的生产率也会较高。反之，在同等条件下，受教育程度的高低与农民工在城市工作、就业和生活中遇到困难时的解决能力成正比。简单地讲，受教育程度越高，接受外界陌生事物的能力越高，综合适应能力越强，越容易克服困难，更容易获得就业机会，同时市场信息敏感的劳动者处理工作和生活中的问题的能力也越高。总之，受教育程度较高的劳动者在同等条件下综合素质更突出，应变能力更强。拥有专业技术资格证书的数量多少是劳动者工作技能的一种表现，有些职业只有拥有基本的从业证书才有从事本行业的资格如会计行业，因此拥有专业技术资格证书的劳动者在工作中有更宽泛的就业空间，有机会从事社会地位较高的职业，取得的收入也会比较丰厚。接受工作培训的次数和培训时间越多，越容易掌握工作技能，工作效率越高，越能赢得同事和领导的认可，反之就会遭遇失业的危机。拥有丰富工作经验的劳动者易于获得高收入的职位，进而容易应对城市社会较高的生活成本，更容易取得城市居民的认同和融入城市社会。然而，随着城市产业结构的优化升级和经济发展水平的不断提高，他们难以胜任高技能工作的问题也愈发凸显，这也是他们融入城市社会、实现市民化的最大障碍。

四 研究假设与研究设计

（一）变量介绍与研究假设

由前文的相关理论和研究成果得知，在农民工市民化的影响因素中，部分学者也指出了农民工自身因素是影响其市民化进程的主要因素。同时，农民工自身的人力资本水平对其市民化的作用也得到了学者们的肯定。鉴于此，针对人力资本水平对市民化是否真的有影响以及是如何影响的，本章采用多元线性回归方法研究不同的人力资本水平对农民工市民化的影响关系。通过问卷调查，分析数据，选用 Eviews 软件对各影响因素进行回归分析，探索并验证两者的关系。首先对研究变量加以介绍：农民工的健康状况（health）通过体能水平来反映，一般通过五级标准（优、良、一般、合格与不合格）来进行测度；使用学历高低来反映农民工的受教育程度（education），或者说智慧能力；通过拥有专业技术资格证书的数量（certificate）来反映劳动技能；以培训次数（training）来反映接受在职培训的时间；以工作年限来反映农民工在就业过程中积累的工作经验（experience）。

因此提出以下研究假设：农民工自身的健康状况、受教育程度、取得专业技术资格证书的数量、培训次数、工作经验等反映人力资本水平的各因素对他们融入城市社会、实现市民化有显著的影响作用。

基于以上情况提出五个假设：

假设1：健康状况对农民工市民化具有显著的影响作用。

假设2：受教育程度对农民工市民化具有显著的影响作用。

假设 3：劳动技能对农民工市民化具有显著的影响作用。

假设 4：培训次数对农民工市民化具有显著的影响作用。

假设 5：工作经验对农民工市民化具有显著的影响作用。

由于本章的研究对象选取的是已经实现市民化和尚未实现市民化的农民工，对于农民工的个体背景特征如性别、年龄等对其市民化的作用的研究借鉴前人的研究成果。然后将农民工自身的个体特征如婚姻状况、职业类型和月均收入、从事职业的类型等作为控制变量考虑在研究范围内，以更具体地探讨人力资本相关因素对市民化的影响程度。

（二）研究设计

本章基于前人的研究，对河南省新郑县四个典型村庄的 300 位农民工进行实地问卷调查。利用春节时段，对归家团聚的农民工发放问卷。为了使选取样本得出的数据更具有可靠性，本章选取新郑县的四个典型村庄的城市就业农民工，一部分是对农民工的亲戚和朋友的长辈进行问卷调查，另一部分是对年龄稍大或者是文化水平较低者，让他们的子女代为填写问卷。首先，将影响人力资本水平的因素划分为五大主要指标，依次为健康状况、受教育程度、专业技术资格证书数量、培训次数和工作年限。其次，借鉴田凯（1995）和金崇芳（2011）对市民化的分析，从三个层面和四个角度直接考察农民工市民化的程度。由于篇幅的限制，该章只选取这两种观点中均强调的心理即文化层面融合来设计问卷问题，以此反映农民工市民化程度。问卷中共选取了与心理层面紧密相关的 10 道题目，每道题目根据受访者对某方面的感受设计，参考刘建娥（2010）五级量表描述受访者的基本情况以及相关感受程度，程度逐项升高，如通过问卷调查收集农民工健康状况和在城市就业中承受高强度的工作压力状况的数据来反映农民工自身的体能。对市民化程度的测度具体通过对城市生活理念和生活方式的认同、遇到困难时能够求助的城市居民数量、对城市人的评价和对城市价值观的感受、参与社区活动的意愿程度等问题来反映。结合具体问题来描述相关强度，对每一道问题设置受访者的主观感受程度，依次设计"完全认同、基本认同、部分认同、不太认同和不认同"这样特定的五个选项。按照受访者实际感受程度的强弱由高到低进行排序，根据受访者的选择答案依次赋值 5、4、3、2、1（李克特量表形式），并假设设计的每一个问题同等反映市民化程度，得分区间为 [10，50]。经过检验后的量表 alpha 值大于 0.7，具有一定的信度。采用 Excel 根据得分求和的分析方法测量农民工的市民化程度，结合受访者的选项，根据得分的高低直接反映市民化程度。另外补充关于农民工个体的背景特征即性别、年龄、婚姻状况、职业类型和月均收入等有关因素作为控制变量来进行研究。

五　变量选择和数据处理

（一）样本选择和数据来源

本研究于 2015 年 12 月至 2016 年 2 月在河南省新郑县的 4 个典型村庄随机进行了问卷调查。发放问卷总数量为 300 份，总共收回的问卷数是 282 份，其中有效问卷 258 份，有效回收率达到 86%。样本的具体结构如表 7－2 所示，具有一定的代表性。

表 7－2　农民工基本情况

单位：人，%

样本特征		人数	比例
性别	男	152	58.91
	女	106	41.09
年龄	20 岁以下	43	16.67
	21～30 岁	86	33.33
	31～40 岁	72	27.91
	41～50 岁	40	15.50
	50 岁以上	17	6.59
婚姻状况	已婚	199	77.13
	未婚	59	22.87
职业类型	建筑业	61	23.64
	餐饮业	42	16.28
	服务业	43	16.67
	制造业	39	15.12
	金融业	28	10.85
	批发零售业	24	9.30
	其他行业	21	8.14

样本特征		人数	比例
月均收入	2000 元以下	59	22.87
	2000～3000 元	71	27.52
	3000～4000 元	67	25.97
	4000～5000 元	42	16.28
	5000 元以上	19	7.36
受教育程度	小学及以下	33	12.79
	初中	117	45.35
	高中	92	35.66
	大专及以上	16	6.20
工作年限	2 年以下	21	8.14
	2～3 年	101	39.15
	3～5 年	89	34.50
	5～7 年	23	8.91
	7～10 年	19	7.36
	10 年以上	5	1.94

本章主要采用了文献法和问卷法进行资料搜集。通过查阅大量相关的文献研究资料，依次为研究设计与分析论证提供有力的经验依据和理论基础。结合涉及农民工市民化的相关分析，问卷中有 5 个有关农民工个体背景特征的问题、5 个与人力资本水平相关的问题以及 10 个与心理或文化融合相关的问题，力图具体地体现农民工的市民化状况。在确定指标权重时，采用资料分析方法，使用 Eviews 进行数据分析计算。

（二）样本的基本特征

由表 7－2 可见，通过调查的 258 份有效样本数据得出，男性 152 人，女性 106 人，男性占受访者人数比例较高，高达 58.91%。已婚者占大多数，年龄在 21～30 岁者居多。受教育程度为高中及以下者所占的比重较大，达到了调查人数的 93.8%，而且这类群体从事的工作大多属于体力型，收入偏低。受访的对象中大多数为已婚人士，占到了 77.13%。从事的职业大多以中低收入的建筑业、餐饮住宿业和制造业为主（见表 7－3），从事技术型和管理型的职业仅仅占到了受访者的 17.4%。从数据比例可以看到这类群体从事的职业范围狭窄，一般都是集中在劳动密集型的、技术含量较低的低收入行业，这也加大了他们在就业市场上向高收入行业流动的难度。

表 7 - 3　农民工从事的主要行业分布

单位：%

行业	2008 年	2009 年	2010 年	2011 年	2012 年	2013 年
建筑业	13.8	15.2	16.1	17.7	18.4	19.9
制造业	37.2	36.1	36.7	36.0	35.7	34.8
批发零售业	9.0	10.1	10.1	10.3	9.8	9.2
交通运输和邮政业	6.4	6.8	6.9	6.6	6.6	6.7
餐饮住宿业	5.5	6.0	6.0	5.3	5.1	4.9
居民服务和其他	12.2	12.7	12.7	12.2	11.9	11.2

资料来源：2014 年国家统计局对全国农民工的检测报告。

（三）研究变量选择

本研究首先选取被解释变量，根据受访农民工与心理层面的融合紧密相关的 10 个问题反映，依据刘建娥得分求和的方法衡量农民工的市民化程度，以此作为研究指标。将解释变量分为两大方面合计 10 项指标（见表 7 - 4）。其一，农民工个人的背景特征，即性别、年龄、婚姻状况、职业类型、月均收入，以此作为考虑变量；其二，设计反映农民工的人力资本水平的因素，健康状况、受教育程度、证书数量、培训次数、工作年限等，以此作为自变量。

表 7 - 4　统计性描述和变量说明

变量类型	变量名称	赋值和变量解释	最小值	最大值	均值	方差
个体特征	性别（sex）	女 = 0，男 = 1	0	1	0.59	0.519
	年龄（age）	20 岁以下 = 1，21 ~ 30 岁 = 2，31 ~ 40 岁 = 3，41 ~ 50 岁 = 4，50 岁以上 = 5	1	5	2.62	1.325
	婚姻状况（mar）	未婚 = 0，已婚 = 1	0	1	0.77	0.977

196

续表

变量 类型	变量名称	赋值和变量解释	最小值	最大值	均值	方差
个体 特征	职业类型 （ind）	体力型（建筑/餐饮/制造）=1，技术型（金融）=2，管理型（其他）=3	1	3	1.51	0.625
	月均收入 （inc）	2000元以下=1，2000～3000元=2，3000～4000元=3，4000～5000元=4，5000元以上=5	1	5	2.58	0.899
人力 资本	健康状况 （hea）	优=1，良好=2，一般=3，合格=4，不合格=5	1	4	1.45	1.131
	受教育程度 （edu）	小学及以下=1，初中=2，高中=3，专科（含中专）=4，本科及以上=5	1	4	2.35	1.05
	证书数量 （cer）	没有=1，1个=2，2个=3，3个=4，3个以上=5	1	4	1.67	1.433
	培训次数 （tra）	没有=1，1次=2，2次=3，3次=4，其他=5	1	4	1.52	1.224
	工作年限 （wor）	2年以下=1，2～3年=2，3～5年=3，5～7年=4，7年以上=5	1	5	1.74	0.911

六　计量分析：logistic 逻辑回归模型

本章的研究从文化即心理层面的感受程度出发，通过问卷调查来对相关问题进行考察，对各选项赋值并计算得分，根据调研结果对农民工市民化中的意识差别进行识别，以此来解释农民工市民化的社会意愿。相关变量的确定根据文献通行的做法进行，在实际研究中，为了最大限度地考察农民工市民化过程中各因素的作用，使用逐步回归分析方法，以提高针对性。本研究主要将五个指标包括农民工的受教育程度、健康状况、工作年限、培训次数和证书数量等作为自变量，探讨这些变量在农民工市民化进程中的影响程度。在进行分析之前，通过选取反映人力资本水平和农民工个体特征的各五个具体指标，运用逐步回归分析法对自变量进行筛选。

逐步回归分析的思路是，第一步建立总回归方程，确定因变量和自变量，其后进行自变量的 T、F 假设检验。在此基础上，观察总方程各个变量的显著性，如果总方程不显著，表明研究中各变量间不具有线性关系。通过逐步回归确立最优回归方程，在逐步回归分析中，当出现对因变量影响不显著的自变量时，需要在排除这个变量的基础上，重新建立剔除该变量后的线性回归方程，逐步将呈现显著影响的变量作为要研究的自变量。

（一）建立因变量和自变量之间的总回归方程

$$\ln(cit) = c + c_1\ln(hea) + c_2\ln(edu) + c_3\ln(wor) + c_4\ln(tra) + c_5\ln(cer)$$

$$+ c_6\ln(age) + c_7\ln(inc) + c_8\ln(ind) + c_9 sex + c_{10} mar + \varepsilon \qquad (7-1)$$

式（7-1）分别对农民工的性别、年龄、婚姻状况、职业类型、月均收入、健康状况、受教育程度、工作年限、证书数量和培训次数共 10 个变量进行多元线性回归。同时在剔除异常值、误差值等因素之后，对 258 个样本数据进行回归分析，得出的结果如表 7-5 所示。

表 7-5　变量回归结果

变量	系数	标准差	t 统计量	P 值
常数项	2.897	0.417	6.945	0.000
健康状况	0.438	0.178	2.462	0.018
受教育程度	0.246	0.099	2.496	0.016
证书数量	0.199	0.097	2.050	0.046
工作年限	0.097	0.145	0.667	0.109
培训次数	0.069	0.097	0.708	0.483
月均收入	0.262	0.116	2.264	0.529
职业类型	0.225	0.107	2.113	0.041
年龄	-0.142	0.154	-0.925	0.360
性别	-0.069	0.101	-0.679	0.501
婚姻状况	-0.058	0.207	-0.278	0.583

$$R^2 = 0.4111; \qquad F = 2.652^{**}$$

** 表示 5% 的显著性水平。

从表 7-5 可以看出，健康状况的系数是 0.438，受教育程度的系数是 0.246，证书数量的系数是 0.199，职业类型的系数为 0.225，这四个自变量的系数均大于 0，表明农民工的健康状况、受教育程度、证书数量以及职业类型均与其市民化程度呈正相关关系。然而观察这四个变量的 P 值发现，其 P 值均小于 0.05，表明四个变量均对市民化有显著的影响。但是根据回归分析结果可以看到，人力资本因素中工作年限和培训次数的回归结

果是不显著的，还有个体特征中的性别、年龄、婚姻状况、月均收入均对
市民化的作用不显著。由此得出结论，工作年限和培训次数对市民化的作
用与研究假设 4 和假设 5 不一致，有可能是因为这几个自变量之间有共线
性关系或者是其他因素的影响，因此可对四个显著的变量重新进行线性回
归分析，并根据回归分析结果观察它们之间的关系。

（二）对影响市民化能力的三个显著自变量的回归分析

依然以农民工市民化程度为因变量，以农民工的健康状况、受教育程
度、证书数量为自变量，建立回归方程：

$$\ln(cit) = c + c_1\ln(hea) + c_2\ln(edu) + c_3\ln(cer) + \varepsilon \qquad (7-2)$$

通过式（7-2），对调查样本进行回归分析，结果见表 7-6。

表 7-6　变量回归结果

变量	系数	标准差	t 统计量	P 值
常数项	2.838	0.220	12.917	0.000
健康状况	0.176	0.155	1.782	0.010
受教育程度	0.121	0.074	1.623	0.020
证书数量	0.113	0.059	1.919	0.040
$R^2 = 0.744393$;　　　F = 7.485***				

*** 表示 1% 的显著性水平。

从表 7-6 可以明显看出这三个自变量的回归结果，它们的 P 值在 0.05
的水平上均对市民化呈现显著的影响，初步判定这三个显著影响变量可以作
为下一步分析的基础。那么，对于人力资本因素中其他两个变量培训次数、
工作年限和个体特征中的年龄、性别、婚姻状况还有月均收入对市民化是否
产生其他作用？这些变量间是否存在线性关系才造成回归分析结果不显著
呢？如果将它们分别与上述三个显著变量依次重新进行回归，会得到什么样的
结果？

（三）在三个显著变量的基础上分别加入单个变量进行回归分析

在农民工的健康状况、受教育程度、证书数量这三个变量的基础之上

再分别加入年龄、性别、婚姻状况、培训次数、工作年限和月均收入这六个变量进行回归，结果见表 7 - 7。可见，农民工的年龄系数为负值，表明年龄与市民化呈负相关关系，P 值为 0.459，在 0.05 的水平上对市民化的影响不显著，这与农民工现状是相符的。随着年纪增大，农民工在心理上更倾向于返回家乡，再加上现代城市的生活压力持续增加，年龄大的农民工不愿意长久地待在城市。

表 7 - 7　变量回归结果

变量	系数	标准差	t 统计量	P 值	R^2	SSR
性别	0.007	0.091	0.081	0.536	0.044	42.984
年龄	- 0.122	0.194	- 0.745	0.459	0.043	40.117
婚姻状况	0.067	0.142	0.473	0.054	0.042	45.892
培训次数	0.117	0.073	1.599	0.116	0.045	40.619
工作年限	0.101	0.132	0.766	0.042	0.013	46.198
月均收入	- 0.042	0.101	- 0.420	0.176	0.548	2.415

继续观察其他变量的结果发现，工作年限的统计结果在 0.05 水平上是比较显著的，因此，也可以把这个变量作为最优自变量进行回归分析。而性别、年龄、婚姻状况、培训次数这四个变量的结果依然是不显著的。可能原因是随着现代化社会的发展，人们传统的封建观念"男主外、女主内"的思想意识逐渐淡薄，越来越多的已婚女性脱离家乡和爱人一起来到城镇工作和生活，于是出现性别对市民化的影响不显著；对于年龄和婚姻状况这两个变量，可能由于本章调查的受访农民工大多以已婚男性所占比例较多，造成其对市民化的作用不显著。

（四）最优解释变量的确定

通过以上分析，我们把农民工的健康状况、受教育程度、证书数量、职业类型和工作经验这五个变量作为解释农民工市民化的最优解释变量，在这里需要注意，职业类型作为农民工的个体特征，尽管不属于衡量人力资本水平的指标，但对市民化具有显著的影响，因此将其考虑在最优变量的行列。同时对这五个自变量再次进行多元线性回归分析，得出的统计结果见表 7 - 8。

表7-8　变量回归结果

变量	系数	标准差	t 统计量	P 值
常数项	2.527	0.326	7.740	0.000
健康状况	0.381	0.157	2.421	0.016
受教育程度	0.190	0.086	2.221	0.030
证书数量	0.116	0.063	1.833	0.002
职业类型	0.023	0.080	0.323	0.002
工作经验	0.089	0.074	0.715	0.045
$R^2 = 0.744393$;　　$F = 7.485^{***}$				

*** 表示 1% 的显著性水平。

从表7-8可以看出，在控制了其他变量之后，农民工的健康状况、受教育程度、证书数量、职业类型、工作年限的P值在0.05水平上均显著，说明这五个自变量均对市民化具有显著的影响，印证了假设1~假设3以及假设5的结论。对于假设4，农民工的培训次数对其市民化的影响不显著。一方面，可能是因为农民工在城市每天的工作时间长，工作强度大，受此限制，没有过多的时间和精力参加，加之在农村生活形成的传统思想和生活习惯，在心理上产生排斥培训的心理；另一方面，由于在城市生活高昂的成本以及背后的家庭负担都需要他们承担，即使他们想参加培训但是鉴于支付不起培训需要交纳的费用，只能放弃。

健康状况对农民工是否愿意留在城市也有较强的影响，身体健康的农民工不需要承担城市中昂贵的医疗费用，同时也可以获取较多的工作机会，因此就增加了顺利融入城市、实现市民化的概率。受教育程度相对较高的农民工会倾向于选择较高社会地位和较好待遇的职业，由于他们的学习能力强，更能适应新事物，更容易融入城市生活。拥有专业技术资格证书较多的农民工在工作中可以获得较高的收入，对城市的高生活成本承受能力强，而且易于认同城市居民的生活方式。部分在城市工作并生活时间较长的农民工一方面能够逐步适应城市的生活节奏，加上长时间工作积累的经验，他们有更多的就业机会，能够获得较高的收入，易于融入城市社会生活，实现市民化；另一方面，在城市待的时间越长，越有机会接触其他领域的人，这样就会使他们的社交圈发生变化，不再仅仅局限在以亲缘和地缘为主的范围，这样实现市民化的可能性就越大。

第四节　结论与政策建议

通过以上分析得知，提高人力资本水平是促进农民工市民化进程的有效途径。农民工通过全方位提升自身素质以增加对人力资本的投资，一方面，提高了人力资本存量，自身的综合素质得到提升，为以后在城市顺利就业奠定了基础；另一方面，提升人力资本水平的过程也是一个间接与城市居民交流的过程，能够加深对城市文化的了解，也是一个通过社会交往实现被尊重和被认可的过程，增加对城市适应的能力。结合以上分析结果，本章提出以下建议。

一　重视教育投资

伴随经济发展水平的提高和劳动力市场化程度的增加，知识的匮乏可以导致贫困，教育可以改善人们知识匮乏的状态、提高人们学习知识和理解信息的能力。教育也是人力资本投资的重要组成部分，是提高人力资本存量最有效的途径，也是一个必不可少的途径。研究得知，随着接受教育年限的增加，劳动者的人力资本存量积累得就越多，同时劳动者的劳动技能和劳动生产率就提高得越明显。另外，受教育程度与劳动者的生活水平和收入也存有紧密的关系，对于农民工来讲，受教育程度将直接影响其在城镇的职业选择和劳动报酬，因此落实教育政策，提供选择性教育机会，为更多农民工提供优越的教育福利，不但有利于提高他们在城市的适应能力，而且从长远上还可以逐步缩小社会教育差距，为大规模农民工的市民化打下坚实的教育基础。政府和企业可以从以下两方面入手。

第一，大力宣传教育培训对农民工市民化能力提升的重要性。鼓励社会各方力量积极参与，大力宣传教育培训的作用，促使农民工转变思想观念，让他们从心理上明白人力资本水平的提升对他们实现市民化的作用，从而主动参加教育培训，缩小与城市市民的差距，逐步提高自身的人力资本水平，增强市民化能力。

第二，由政府主导，鼓励企业等多方力量增加对农民工的教育支出。大多数农民工群体的受教育程度偏低，加之综合劳动技能匮乏，在工作中针对具体情况可以开展有针对性的成人继续教育以弥补农民工前期文化知识的匮乏，进而从工作适应能力层面提升他们的学历和文化知识水平，提高他们的文化素质，为将来人力资本存量的积累和顺利融入城市打下基础。

第三，全方位完善并健全针对农民工的教育体系。由政府的大力支持作后盾，鼓励社会力量共同参与，积极为农民工建立一个相对健全的教育体系，充分发挥基础教育、中高职的职业教育为农民工市民化能力提升带来的作用，丰富他们的文化知识，提升其在城市的生存能力和工作技能。

二　全方位改善医疗卫生服务条件，提高农民工的身体素质

从表7－5中我们得知，农民工的健康状况对其市民化具有显著的影响。人们的健康状况也是人力资本的重要组成部分，拥有良好身体素质的农民工在工作中的劳动生产率也会较高，同时在制订医疗卫生服务方案时，要结合农民工的实际情况，区别对待不同年龄段的医疗投资，保证农民工的健康状况得到全方位的改善。政府还要支持建立完善的针对农民工的医疗卫生服务体系，逐步提高广大农民工的身体素质。另外，国家财政部门应该加大各地市医药卫生等方面的支出，切实保障农民工的身体健康。

三　农民工自身应树立正确的市民意识

农民工除了要努力提高自身的文化素质和职业技能外，还应该树立正确的市民观念，逐步摒弃传统价值观念，适应现代市民行为方式并遵循规章制度。首先，要培养正确的职业观念，不断拓宽自己的就业渠道，树立积极的就业观；其次，要不断提高自己的交往能力，拓宽社会交际网络，加强与城市居民的沟通交流，积极参与社区活动，增加对城市文化的认同感，尽快成功转化为真正意义上的市民；最后，社会各方力量和民间公益组织应采取有效措施为农民工群体和城市居民搭建一个综合性的交流平台，增进农民工对城市文化的了解和认同，逐步消除心理隔阂，加快市民化进程。

参考文献

[1] 阿尔弗雷德·韦伯：《工业区位论》，李刚剑译，商务印书馆，1997。

[2] 阿瑟·刘易斯：《二元经济论》，北京经济学院出版社，1989。

[3] 阿瑟·刘易斯：《经济增长理论》，周师铭译，商务印书馆，1999。

[4] 巴曙松：《地方债务问题评估及避险之道》，《人民论坛》2011年第26期。

[5] 巴曙松、王劲松、李琦：《从城镇化角度考察地方债务与融资模式》，《中国金融》2011年第19期。

[6] 白文周、吴义周：《中国特色农业现代化道路的内涵及实现途径》，《经济问题探索》2008年第5期。

[7] 波拉特：《信息经济》，湖南人民出版社，1987。

[8] 步德迎：《谈信息化与工业化融合：信息化与工业化融合的本质》，《中国信息界》2009年第6期。

[9] 蔡昉：《如何进一步转移农村剩余劳动力?》，《中共中央党校学报》2012年第1期。

[10] 蔡昉：《中国的二元经济与劳动力转移——理论分析与政策建议》，中国人民大学出版社，1990。

[11] 蔡昉：《中国二元经济与劳动力配置的跨世纪调整——制度、结构与政治经济学的考察》，《浙江社会科学》2000年第5期。

[12] 蔡昉：《中国二元经济与劳动力配置的跨世纪调整——制度、结构与政治经济学的考察》，《浙江社会科学》2000年第5期。

[13] 蔡禾、刘林平、万向东等：《城市化进程中的农民工》，社会科学文献出版社，2009。

[14] 蔡孝箴：《城市经济学》，南开大学出版社，1998。

[15] 蔡新会：《中国城市化过程中的乡城劳动力迁移研究——根据人力资本投资的视角》，博士学位论文，复旦大学，2004。

[16] 曹凤岐：《以金融创新视角开展新型城镇化建设》，《债券》2013 年第 10 期。

[17] 曹庭珠：《中原崛起与绿色中原建设》，《林业资源管理》2007 年第 1 期。

[18] 车莹：《长三角工业化与城市化互动发展的理论与实证研究》，硕士学位论文，东南大学，2006。

[19] 车莹：《工业化：概念、发展理论和衡量指标》，《安徽工业大学学报》（社会科学版）2008 年第 3 期。

[20] 陈成文、王修晓：《人力资本、社会资本对城市农民工就业的影响——来自长沙市的一项实证研究》，《学海》2004 年第 6 期。

[21] 陈丰：《从"虚城市化"到市民化：农民工城市化的现实路径》，《社会科学》2007 年第 2 期。

[22] 陈枫：《黑龙江垦区农业现代化问题研究》，博士学位论文，东北农业大学，2004。

[23] 陈军、曹远征：《农村金融深化与发展评析》，中国人民大学出版社，2008。

[24] 陈亮：《信息化对工业化的推动作用研究》，博士学位论文，华中科技大学，2011。

[25] 陈世伟、陈金圣：《城乡融合中的农民市民化：困境与出路》，《北京工业大学学报》2008 年第 4 期。

[26] 陈伟：《江西省两化融合状况的实证研究》，硕士学位论文，江西财经大学，2013。

[27] 陈旭峰、田志锋、钱民辉：《"半城市化"的政治边缘人——农民工的社会融入状况对农民工组织化的影响研究》，《浙江社会科学》2010 年第 8 期。

[28] 陈艳霞：《我国农村金融市场存在的问题及改革方向》，《经营管理者》2014 年第 12 期。

[29] 陈一琳：《农村金融改革及其多层次服务体系的构建》，《现代物业》2010 年第 11 期。

[30] 陈甬军、陈爱民主编《中国城市化：实证分析与对策研究》，厦门大学出版社，2002。

[31] 陈宇：《农业现代化进程中金融支持存在的问题及建议》，《现代农业科技》2014年第5期。

[32] 陈雨露、马勇：《农村金融论纲》，中国金融出版社，2010。

[33] 程开明：《从GDP波动轨迹看杭州经济发展》，《浙江统计》2000年第1期。

[34] 戴双兴：《新型城镇化背景下地方政府土地融资模式探析》，《中国特色社会主义研究》2013年第6期。

[35] 丹尼尔·贝尔：《后工业社会：一种思想的演变》，《展望》1971年第2期，第107页。

[36] 丹尼尔·贝尔：《后工业社会的来临》，高铦等译，商务印书馆，1984。

[37] 丹尼尔·勒纳：《传统社会的消失》，上海译文出版社，1996。

[38] 丁远杏：《湖北省新型城镇化融资模式创新研究》，《科技进步与对策》2013年第24期。

[39] 董承明：《金融支持农业现代化的建议》，《中国农村信用合作报》2013年8月20日。

[40] 冯继红：《人力资本在农民增收中的作用分析》，《经济经纬》2008年第5期。

[41] 冯彦邦、马星：《中国城市化发展水平及省际差异》，《经济经纬》2005年第1期。

[42] 冯云廷：《城市聚集经济》，东北财经大学出版社，2001。

[43] 弗里茨·马克卢普：《美国知识的生产和分配》，人民出版社，1962。

[44] 弗里德里希·李斯特：《政治经济学的国民体系》，商务印书馆，1961。

[45] 甘中达：《信息化与工业化融合的理论与道路选择》，电子工业出版社，2009。

[46] 高立、张令奇：《采取综合措施 规范地方融资平台》，《宏观经济管理》2010年第10期。

[47] 高占林：《我国信息化和工业化深度融合的措施》，《天水行政学院学报》2013年第5期。

[48] "工业化与城市化协调发展研究"课题组：《工业化与城市化关系的

经济学分析》，《中国社会科学》2002 年第 2 期。

[49] "工业化与城市化协调发展研究"课题组：《工业化与城市化关系的经济学分析》，《中国社会科学》2002 年第 2 期。

[50] 龚炳铮：《信息化与工业化融合程度（融合指数）评价指标和方法》，《中国信息界》2010 年第 11 期。

[51] 顾焕章、王培志：《论农业现代化的涵义及其发展》，《江苏社会科学》1997 年第 1 期。

[52] 顾锦杰：《金融支持农业现代化发展问题研究》，《浙江金融》2013 年第 11 期。

[53] 顾明、陈磊：《农业现代化发展呼唤金融支持——对农业银行如何支持农业现代化的思考》，《现代金融》2013 年第 2 期。

[54] 郭刚：《中部区域农村经济发展金融支持机制及实证研究》，博士学位论文，中南大学，2012。

[55] 郭辉：《人力资本、社会资本与农民工社会流动》，《知识经济》2009 年第 8 期。

[56] 郭克莎：《中国工业化的进程、问题与出路》，《中国社会科学》2000 年第 3 期。

[57] 郭强：《我国农业现代化转型中的农村金融服务功能创新》，《中国证券期货》2010 年第 3 期。

[58] 郭熙保：《农业发展论》，武汉大学出版社，1995。

[59] 郭裕明、张婉盈：《我国农村金融改革存在的问题及对策》，《现代农业科技》2014 年第 8 期。

[60] 郭之茵：《河南省农村劳动力现状对农业现代化影响研究》，硕士学位论文，河南农业大学，2012。

[61] 韩伟莺：《西方人力资本理论研究及发展综述》，《经营管理者》2012 年第 19 期。

[62] 河南省社会科学院课题组、喻新安、刘道兴、谷建全：《在实践中探索区域科学发展之路——河南以新型城镇化引领"三化"协调发展的认识与思考》，《中州学刊》2012 年第 3 期。

[63] 贺仁雨、贝兴亚、郭东辉：《加快湖南工业化进程研究》，湖南大学出版社，2002。

［64］侯风云：《农村外出劳动力收益与人力资本状况相关性研究》，《财经研究》2004 年第 4 期。

［65］胡爱华：《工业化与城市化互动机制发展研究》，硕士学位论文，华中科技大学，2004。

［66］胡必亮：《发展理论与中国》，人民出版社，1998。

［67］胡必亮：《灰色区域理论概述》，《经济研究》1993 年第 6 期。

［68］胡江：《新生代农民工市民化的现状与对策——以重庆为例的调查研究》，《中国青年政治学院学报》2011 年第 6 期。

［69］胡杰成：《社会排斥与农民工的城市融入问题》，《兰州学刊》2007 年第 7 期。

［70］胡俊平：《中原经济区"三化"协调发展测度及路径选择》，硕士学位论文，郑州大学，2012。

［71］黄国祯：《农业现代化再界定》，《农业现代化研究》2001 年第 31 期。

［72］黄江泉：《农民工分层：市民化实现的必然选择及其机理浅析》，《农业经济问题》2011 年第 11 期。

［73］黄江泉、邓德胜、曾月征：《人力资本视角的农民工城市化研究综述及展望》，《中国农学通报》2012 年第 26 期。

［74］黄锟、简新华：《中国工业化和城市化进程中的农民工问题研究》，人民出版社，2008。

［75］黄群慧：《中国城市化与工业化的协调发展问题分析》，《学习与探索》2006 年第 2 期。

［76］黄瑞玲、谈镇：《构建三位一体的新型城镇化融资机制》，《中共中央党校学报》2014 年第 3 期。

［77］霍利斯·钱纳里、莫尔塞斯·塞尔昆：《发展的格局：1950～1970》，李小青译，中国财政经济出版社，1989。

［78］霍利斯·钱纳里、谢尔曼·鲁宾逊、摩西·赛尔奎因：《工业化和经济增长的比较研究》，吴奇译，格致出版社，1989。

［79］季文：《社会资本视角的农民工城市融合研究——以南京为例》，博士学位论文，南京农业大学，2008。

［80］季文：《社会资本视角的农民工城市融合研究》，经济科学出版社，2009。

［81］加里·贝克尔：《人力资本——特别是关于教育的理论与经验分析》，

北京大学出版社，1987。

[82] 加里·贝克尔：《人力资本》，陈耿宣等译，机械工业出版社，2016。

[83] 贾纪磊：《信息化与工业化融合：新型工业化必经之路》，《中国信息界》2009年第10期。

[84] 贾康、孙洁：《城镇化进程中的投融资与公私合作》，《中国金融》2011年第19期。

[85] 简新华：《论以信息化带动工业化》，《首都经济贸易大学学报》2002年第1期。

[86] 简新华、刘传江：《从外国的城市化看中国的城市化》，《城市问题》1997年第5期。

[87] 简新华、张建伟：《从"民工潮"到"民工荒"——农村剩余劳动力有效转移的制度分析》，《人口研究》2005年第4期。

[88] 江曼琦：《城市空间结构优化的经济分析》，人民出版社，2001。

[89] 姜爱林：《论工业化与信息化的关系》，《上海经济研究》2002年第7期。

[90] 姜作培：《农民市民化必须突破五大障碍》，《城市规划》2003年第12期。

[91] 蒋伏心：《体制现代化与中国特色的农业现代化》，《江海学刊》1995年第5期。

[92] 蒋伏心：《土地制度：内含与类型》，《江苏经济探讨》1996年第5期。

[93] 蒋文莉：《农民进城就业的教育培训问题与对策》，《财政研究》2007年第10期。

[94] 焦必方：《新编农业经济学教程》，复旦大学出版社，1999。

[95] 金崇芳：《农民工人力资本与城市融入的实证分析》，《资源科学》2011年第11期。

[96] 金江军：《两化融合之国内外现状趋势及经验分析》，《信息化建设》2009年第6期。

[97] 金江军：《政府如何推进信息化与工业化的融合发展》，社会文献出版社，2008。

[98] 金崇芳、胡荣：《农民工的城市融入与公平感》，《厦门大学学报》2012年第4期。

[99] 靳卫东：《农民的收入差距与人力资本投资研究》，《南开经济研究》2007 年第 1 期。

[100] 景普秋、张复明：《工业化与城市化关系研究综述与评价》，《中国人口·资源与环境》2003 年第 3 期。

[101] 景玉琴：《信息化带动工业化的制度基础》，《经济经纬》2004 年第 4 期。

[102] 柯炳生：《对推进我国基本实现农业现代化的几点认识》，《中国农村经济》2000 年第 9 期。

[103] 李爱红：《河南省企业信息化测度与现状分析》，《河南社会科学》2011 年第 6 期。

[104] 李宝慧：《基于人力资本理论谈在职培训的重要性》，《中国统计》2015 年第 5 期。

[105] 李刚：《农村金融深化对农村经济发展的相关性分析》，《财经科学》2005 年第 4 期。

[106] 李光勤：《工业化带动信息化还是信息化带动工业化》，《统计与信息论坛》2014 年第 5 期。

[107] 李金祥、吴定伟：《广西农村人力资本投资与农民收入的经济学浅析》，《企业科技与发展》2011 年第 2 期。

[108] 李军红：《河南农民工城市融入调查报告》，《市场研究》2009 年第 11 期。

[109] 李玲：《论人力资本投资的经济效应》，《北京市计划劳动管理干部学院学报》2003 年第 11 卷第 2 期。

[110] 李万峰：《新型城镇化的投融资体制机制创新》，《经济研究参考》2014 年第 8 期。

[111] 李伟、陈民、彭松：《政企合作》，社会科学文献出版社，2013。

[112] 李喜梅、彭云：《农村金融支持农业现代化发展的途径研究——基于东中西部典型省份的面板数据分析》，《湖南商学院学报》2012 年第 1 期。

[113] 李心雅：《农村转移人口市民化进程度量》，《中国经贸导刊》2014 年第 26 期。

[114] 李勋来、李国平：《农村劳动力转移模型及实证分析》，《财经研

究》2005 年第 6 期。

［115］ 李云才、刘卫平、陈许华：《中国农业现代化研究》，湖南人民出版社，2006。

［116］ 厉以宁：《农民工市民化人均需 13 万、新型城镇化钱从哪里来》，《人民日报》2013 年 11 月 7 日。

［117］ 连馨：《推动河南省农业现代化的金融支持创新研究》，硕士学位论文，中国林业科技大学，2013。

［118］ 林本喜：《浙江现代农业模式、评价与影响因素研究——基于资源利用效率的视角》，博士学位论文，浙江大学，2010。

［119］ 林毅夫：《解决农村贫困问题需要有新的战略思路——评世界银行新的惠及贫困人口的农村发展战略》，《北京大学学报》2002 年第 5 期。

［120］ 刘传江：《新生代农民工的特点、挑战与市民化》，《人口研究》2010 年第 2 期。

［121］ 刘传江、程建林：《第二代农民工市民化：现状分析与进程测度》，《人口研究》2008 年第 5 期。

［122］ 刘芳：《村落聚散形态及发展趋势研究》，硕士学位论文，南京农业大学，2001。

［123］ 刘国瑜：《中国农村劳动力转移与农村教育研究》，博士学位论文，南京农业大学，2004。

［124］ 刘怀廉：《农村剩余劳动力转移新论》，中国经济出版社，2004。

［125］ 刘建娥：《农民工社会融入实证研究——基于五大城市的调查》，《人口研究》2012 年第 4 期。

［126］ 刘建娥：《乡－城移民（农民工）社会融入的实证研究——基于五大城市的调查》，《人口研究》2010 年第 4 期。

［127］ 刘林平、王茁：《新生代农民工的特征及其形成机制——80 后农民工与 80 前农民工之比较》，《中山大学学报》（社会科学版）2013 年第 9 期。

［128］ 刘林平、郑广怀、孙中伟：《劳动权益的地区差异——基于对珠三角和长三角地区外来工的问卷调查》，《社会学研究》2011 年第 7 期。

[129] 刘顺百、周小刚：《农民市民化问题研究综述》，《经济纵横》2009年第9期。

[130] 刘源：《河南省农村劳动力转移问题研究》，硕士学位论文，北京林业大学，2008。

[131] 吕同舟：《失地农民市民化困境的逻辑归因》，《未来与发展》2014年第5期。

[132] 罗贵发：《河南农业现代化中农村金融支持问题探讨》，《经济研究导刊》2012年第27期。

[133] 罗杰·诺顿：《农业发展政策——概念与经验》，梅方权、王振江译，中国农业科学技术出版社，2006。

[134] 罗明琦：《地方债治理与我国当前城镇化融资的政策选择》，《当代经济研究》2014年第9期。

[135] 马生全、张忠辅、曹颖轶：《西北少数民族地区信息化建设投入对经济增长的作用研究方法初探》，《经济数学》2003年第1期。

[136] 马涛、李鹏燕：《DEA模型的新型工业化能力评价》，《哈尔滨工业大学学报》2009年第2期。

[137] 马歇尔：《经济学原理》，朱志泰、陈良璧译，商务印书馆，1890。

[138] 马永斌：《甘肃农村金融发展问题及对策研究》，《中国经贸》2013年第2期。

[139] 迈克尔P.托达罗：《发展经济学》，机械工业出版社，2009。

[140] 迈克尔·托达罗：《第三世界的经济发展》，中国人民大学出版社，1988。

[141] 迈克尔·托达罗、斯蒂芬·史密斯：《发展经济学》，机械工业出版社，2009。

[142] 梅方权：《我国农业现代化的发展阶段和战略选择》，《天津农林科技》2000年第1期。

[143] 闵耀良：《农村市场体系建设的回顾与思考》，《农业经济问题》2001年第6期。

[144] 孟春、王景森：《借鉴国际经验完善我国PPP机制》，《经济研究参考》2014年第36期。

[145] 莫艳清：《城市农民工市民化问题研究综述》，上海人民出版社，2008。

［146］穆光宗：《中国人口转变的风险前瞻》，《浙江大学学报》（人文社会科学版）2006 年第 11 期。

［147］牛润盛：《新型城镇化资金供需分析》，《金融论坛》2015 年第 3 期。

［148］潘功胜：《建立可持续的城市基础设施融资机制》，《中国金融》2013 年第 21 期。

［149］邱俊杰、邱兆祥：《新型城镇化建设中的金融困境及其突破》，《理论探索》2013 年第 4 期。

［150］阙祥才：《农村民间信仰的知识社会学考察》，博士学位论文，武汉大学，2010。

［151］石忆邵：《关于城市化的几个学术问题的讨论》，《同济大学学报》（社会科学版）2003 年第 3 期。

［152］世界银行：《1981 年世界发展报告》，中国财政经济出版社，1983。

［153］宋玲：《信息化水平测度的理论与方法》，经济科学出版社，2001。

［154］宋明、钟玉英：《推进失地农民市民化的社会工作方案探索》，《社会工作下半月（理论）》2008 年第 6 期。

［155］苏君华、孙建军：《全国及各省市信息化水平测度》，《理论纵横》2005 年第 6 期。

［156］速水佑次郎、弗农·拉坦：《农业发展的国际分析》，郭熙宝、张进铭译，中国社会科学出版社，2000。

［157］孙长学：《对我国农业现代化发展的战略思考》，《农业现代化研究》2002 年第 2 期。

［158］孙景蔚：《我国农民市民化进程中的人力资本投资分析》，《中国劳动经济学》2006 年第 3 期。

［159］孙中良、贾永飞、黄莉：《农业现代化内涵、特征及评估指标体系的建立》，《价格月刊》2009 年第 1 期。

［160］唐彪：《重庆农村劳动力转移与农业现代化建设协调发展研究》，硕士学位论文，西南大学，2009。

［161］唐踔：《对我国新生代农民工市民化问题的探析》，《理论研究》2010 年第 11 期。

［162］唐晓旺：《河南省新型城镇化投融资机制创新研究》，《管理学刊》2012 年第 5 期。

[163] 陶长琪：《推进信息化与工业化融合，增强产业发展动力》，《江西财经大学学报》2007年第6期。

[164] 陶长琪、陈伟：《江西省新型工业化与信息化的融合及其对经济贡献度分析》，《南昌工程学院学报》2011年第6期。

[165] 田凯：《关于农民工城市适应性的调查与思考》，《人口学刊》1996年第8期。

[166] 田凯：《关于农民工的城市适应性的调查分析与思考》，《社会科学研究》1995年第5期。

[167] 田野：《中国农村发展重大问题研究》，科学出版社，2004。

[168] 童有好：《信息化与工业化融合的内涵、层次和方向》，《信息技术与标准化》2010年8期。

[169] 童有好：《以标准化引领信息化与工业化融合》，《中国国情国力》2009年第5期。

[170] 汪彩玲：《农村剩余劳动力概念界定与辨析》，《统计与咨询》2011年第3期。

[171] 王春光：《农村流动人口的"半城市化"问题研究》，《社会学研究》2006年第5期。

[172] 王汉斌、李春鹏：《工业化水平的测度和实证分析》，《学术交流》2012年第1期。

[173] 王慧博：《失地农民市民化的制约因素及对策》，《农业科技管理》2006年第6期。

[174] 王金杰：《我国信息化与工业化融合的机制与对策研究》，硕士学位论文，南开大学，2009。

[175] 王婧、王旭辉：《人力资本理论发展脉络探析》，《渤海大学学报》（哲学社会科学版）2010年第3期。

[176] 王明华：《中国农业结构调整问题研究》，《调研世界》2001年第11期。

[177] 王明华、王淑贤：《消除城乡二元结构推进中国农村现代化》，《农业经济问题》2001年第2期。

[178] 王守清、刘婷：《PPP项目监管：国内外经验和政策建议》，《地方财政研究》2014年第9期。

[179] 王双正：《中国农村金融发展研究》，中国市场出版社，2008。

[180] 王小翠：《促进现代农业发展的金融支持探析》，《湖南商学院学报》2009 年第 4 期。

[181] 王小鲁、樊纲：《中国地区差距的变动趋势和影响因素》，《经济研究》2004 年第 1 期。

[182] 王晓燕、李美洲：《信息化与新型工业化互动机制分析》，《科技管理研究》2009 年第 8 期。

[183] 王洋：《我国城乡统筹发展的国际理论借鉴》，《科技咨询》2006 年第 27 期。

[184] 王应君：《河南省农业现代化的发展历程与现状分析》，《农业纵横》2010 年第 5 期。

[185] 王志江、郭东强：《企业信息化建设投入产出的相对有效性分析》，《运筹与管理》2001 年第 1 期。

[186] 魏文静：《农业现代化与农村金融制度创新》，《改革与战略》2012 年第 4 期。

[187] 乌家培：《正确处理信息化与工业化的关系》，《经济研究》1993 年第 12 期。

[188] 吴斌：《我国农村金融创新的路径选择》，《湖北社会科学》2010 年第 10 期。

[189] 吴芳：《重庆农村劳动力转移对农业现代化的影响研究》，硕士学位论文，西南大学，2010。

[190] 吴敬琏：《二元经济与农村剩余劳动力转移》，《教学与研究》1995 年第 6 期。

[191] 吴敬琏：《农村富余劳动力的转移与"三农"问题》，《宏观经济研究》2002 年第 6 期。

[192] 吴敏一、郭占恒：《中国工业化理论和实践探索》，浙江人民出版社，1991。

[193] 吴伟、丁承、龙飞：《城镇化融资问题的投行视角》，《新金融》2014 年第 2 期。

[194] 吴振明：《工业化、城镇化、农业现代化进程协调状态测度研究——以中国西部地区为例》，《统计与信息论坛》2012 年第 7 期。

[195] 吴志远:《江西信息化与工业化深度融合分析》,《江西行政学院学报》2013 年第 4 期。

[196] 西奥多·W. 舒尔茨,《论人力资本投资》,北京经济学院出版社,1990。

[197] 西奥多·舒尔茨:《改造传统农业》,商务印书馆,1987。

[198] 西奥多·舒尔茨:《人力资本投资——教育和研究的作用》,商务印书馆,1990。

[199] 西蒙·库兹涅茨:《各国的经济增长》,商务印书馆,2002。

[200] 西蒙·库兹涅茨:《现代经济增长》,戴睿等译,北京经济学院出版社,1966。

[201] 夏显力:《新生代农民工市民化意愿影响因素分析》,《内蒙古农业大学学报》(社会科学版) 2011 年第 1 期。

[202] 小松崎清介:《信息化与经济发展》,社会科学文献出版社,1994。

[203] 肖立军:《资源型城市工业化与城市化互动发展的机制分析》,《攀枝花学院学报》2012 年第 6 期。

[204] 肖日葵:《人力资本和社会资本对农民工市民化的影响》,《西北人口》2008 年第 4 期。

[205] 谢康、李礼:《信息化与工业化融合、技术效率与趋同》,《信息经济》2009 年第 21 期。

[206] 谢康、肖静华:《工业化与信息化融合:一个理论模型》,《中山大学学报》2011 年第 4 期。

[207] 谢康、肖静华、乌家培:《中国工业化与信息化融合的环境、基础和道路》,《经济学动态》2009 年第 2 期。

[208] 谢康、肖静华、周先波、乌家培:《中国工业化与信息化融合质量:理论与实证》,《经济研究》2012 年第 1 期。

[209] 谢平、徐忠:《公共财政、金融支农与农村金融改革》,《经济研究》2006 年第 4 期。

[210] 辛岭、蒋和平:《我国农业现代化发展水平评价指标体系的构建和测算》,《农业现代化研究》2010 年第 6 期。

[211] 辛玲、蒋和平:《我国农业现代化发展水平评价指标体系的构建和测评》,《农业现代化研究》2010 年第 6 期。

［212］熊巍俊、王满四：《论城市农民工的社会保障问题》，《经济视角》2005 年第 11 期。

［213］熊巍俊、王满四、彭咏虹：《论知识经济时代的工商管理本科教育创新》，《贵州民族学院学报》（哲学社会科学版）2005 年第 2 期。

［214］胥军：《中国信息化与工业化融合发展的影响因素及策略研究》，硕士学位论文，华中科技大学，2008。

［215］徐长生：《信息化时代的工业化问题——兼论发展经济学的主题》，《经济学动态》2001 年第 2 期。

［216］徐更生：《持续农业及其对我国的挑战》，《世界经济》1993 年第 6 期。

［217］徐和平：《构建贵州城市化与工业化互动机制研究》，新中国 60 周年与贵州社会变迁学术研讨会暨贵州省社会学学会年会，2009。

［218］徐建玲、刘传江：《第二代农民工及其市民化研究》，《中国人口·资源与环境》，2007 年第 17 卷第 1 期。

［219］徐维祥：《产业集群与城镇化互动发展机制及运作模式研究》，博士学位论文，浙江大学，2005。

［220］徐星明、杨万江：《我国农业现代化进程评价》，《农业现代化研究》2000 年第 9 期。

［221］许丹丹：《中国农村金融可持续发展问题研究》，硕士学位论文，吉林大学，2013。

［222］薛翠翠、冯广京、张冰松：《城镇化建设资金规模及土地财政改革——新型城镇化背景下土地财政代偿机制研究评述》，《中国土地科学》2013 年第 11 期。

［223］雅各布·雅荣、麦克唐纳·本杰明、皮普雷克：《农村金融问题、设计和最佳做法》，《世界银行研究报告》（2745 号），1998。

［224］亚当·斯密：《国民财富的性质和原因的研究（上卷）》，商务印书馆，1776。

［225］阎枭元：《我国农村金融对农业现代化影响研究》，硕士学位论文，辽宁大学，2013。

［226］杨波：《我国城市化滞后程度的定量分析》，《重庆商学院学报》，2001 年第 2 期。

[227] 杨瑾：《和谐社会构建中的农民工社会融入问题》，《福建省社会主义学院学报》2008 年第 4 期。

[228] 杨漫欣、翁雪鹭：《农民工在城市的培训现状与对策》，《教育发展研究》2008 年第 9 期。

[229] 杨培峰：《城乡一体化系统初探》，《城乡规划汇刊》1999 年第 2 期。

[230] 杨万江：《农业现代化评测》，社会科学文献出版社，2001。

[231] 杨小凯：《企业理论的新发展》，《经济研究》1994 年第 7 期。

[232] 姚耀军：《中国农村金融发展状况分析》，《财经研究》2006 年第 4 期。

[233] 伊藤阳：《日本信息化概念与研究的历史》，社会科学文献出版社，1994。

[234] 尹志超、王引：《健康人力资本积累与农民收入增长》，《中国农村经济》2012 年第 12 期。

[235] 于大川：《健康人力资本对农民农业收入增长的影响研究》，《社会保障研究》，2013 年第 2 期。

[236] 于乐、潘新兴：《"两化融合"相关问题研究综述》，《价值工程》2012 年第 14 期。

[237] 于小妹、孔融、徐彦：《我国农村剩余劳动力转移的特点和对农村经济发展的影响及对策》，《农业现代化研究》2007 年第 12 期。

[238] 俞立平：《工业化与信息化发展的优先度研究》，《科技与经济》2011 年第 5 期。

[239] 俞立平、潘云涛、武夷山：《工业化与信息化互动关系的实证研究》，《中国软科学》2009 年第 4 期。

[240] 约翰·冯·杜能：《孤立国同农业和国民经济的关系》，吴衡康译，商务印书馆，1986。

[241] 约翰·梅尔：《农业经济发展学》，农村读物出版社，1998。

[242] 岳书敬：《我国区域人力资本的综合评价与动态分析》，《现代管理科学》2008 年第 8 期。

[243] 岳文海：《我国城镇化基础设施融资模式研究》，《中州学刊》2013 年第 10 期。

［244］ 曾国安：《试论工业化阶段的划分》，《经济评论》1997 第 3 期。

［245］ 张炳、韩先锋：《中国信息化水平与经济增长关系研究》，《西安电子科技大学学报》（社会科学版）2011 年第 5 期。

［246］ 张炳南、韩先锋、师萍：《中国信息化水平与经济增长关系研究》，《西安电子科技大学学报》2011 年第 5 期。

［247］ 张昌东：《农村金融发展对农村经济增长的影响研究》，《经营管理者》2014 年第 4 期。

［248］ 张建伟、简新华：《从农民到农民工再到市民——中国农村剩余劳动力转移的过程和特点分析》，《中国地质大学学报》（社会科学版）2007 年第 6 期。

［249］ 张力：《技能型劳动力将成为中国就业主体》，《人民论坛》2006 年第 1 期。

［250］ 张林秀、罗泽尔、霍艾米：《农村经济发展与劳动力市场发育关系研究》，《中国农村经济》1998 年第 7 期。

［251］ 张培刚：《发展经济学教程》，经济科学出版社，2001。

［252］ 张培刚：《发展经济学通论》，湖南出版社，1991。

［253］ 张培刚：《农业与工业现代化》，华中科技大学出版社，2002。

［254］ 张少辉：《河南省城镇化发展水平的综合测度》，硕士学位论文，郑州大学，2003。

［255］ 张占仓、蔡建霞、陈环宇、陈峡忠：《河南省新型城镇化战略实施中需要破解的难题及对策》，《河南科学》2012 年第 6 期。

［256］ 张忠明、钱文荣：《农民工在城市的融合度问题》，《浙江大学学报》（人文社科版）2006 年第 7 期。

［257］ 张仲威：《中国农业现代化若干问题的探讨》，《农业现代化研究》1994 年第 3 期。

［258］ 张仲威：《中国农业现代化若干问题的探讨》，《农业现代化研究》1994 年第 3 期。

［259］ 章友德：《我国失地农民问题十年研究回顾》，《上海大学学报》（社会科学版）2010 年第 5 期。

［260］ 赵丽丽：《吉林省工业化、城镇化与农业现代化统筹发展问题研究》，硕士学位论文，吉林大学，2012。

[261] 赵双喜：《河南省农业现代化发展研究》，硕士学位论文，河南农业大学，2012。

[262] 赵延东、王奋宇：《城乡流动人口的经济地位获得及决定因素》，《中国人口科学》2002 年第 4 期。

[263] 赵延东、王奋宇：《城乡流动人口的经济地位获得及决定因素》，《中国人口科学》2002 年第 8 期。

[264] 赵耀辉：《关于改革农业科教体制、促进农科教结合的几点思考》，《农业科技管理》1999 年第 4 期。

[265] 赵耀辉：《中国农村劳动力流动及教育在其中的作用——以四川省为基础的研究》，《经济研究》1997 年第 2 期。

[266] 赵颖霞：《自我发展能力：农民工市民化的内在驱动力》，《农村经济》2013 年第 8 期。

[267] 郑杭生：《农民市民化：当代中国社会学的重要研究主题》，《甘肃社会科学》2005 年第 4 期。

[268] 郑建明：《信息化指标构建理论及测度分析研究》，中国社会科学出版社，2010。

[269] 郑连成：《农业现代化呼唤更深入的金融支持》，《光明日报》2013 年 4 月 19 日。

[270] 郑万军：《统筹城乡发展背景下的农民工市民化研究》，《河南师范大学学报》2011 年第 2 期。

[261] 郑远强：《我国人力资本效益实证分析》，《生产力研究》2006 年第 10 期。

[272] 中国人民银行郑州中心支行调查统计处课题组：《PPP 模式推广困难原因探析及对策建议》，《金融发展评论》2015 年第 11 期。

[273] 中国现代化课题报告组：《中国现代化报告（2012）》，《老区建设》2012 年第 9 期。

[274] 周阿利：《新型城镇化建设的投融资困境及其破解路径》，《理论导刊》2015 年第 4 期。

[275] 周宏仁：《信息化论》，人民出版社，2008。

[276] 周宏仁：《中国信息化形势分析与预测》，社会科学文献出版社，2014。

[277] 周坤：《论人力资本的特征及其价值实现》，《中国科技论坛》1997

年第 3 期。

[278] 周玲、刘传江:《社会资本与农民工的城市融合》,《人口研究》2010 年第 5 期。

[279] 周士荣:《城市化进程中失地农民市民化研究》,硕士学位论文,南京师范大学,2012。

[280] 周叔莲:《大力推进信息化业化融合》,《中国信息界》2008 年第 2 期。

[281] 周小川:《市政债和财产税搭配可缓解平台贷款风险》,清华大学经济管理学院,2011。

[282] 周亚虹、许玲丽、夏正青:《从农村职业教育看人力资本对农村家庭的贡献——基于苏北农村家庭微观数据的实证分析》,《经济研究》2010 年第 8 期。

[283] 周振华:《新型工业化道路:工业化与信息化的互动与融合》,《经济研究》2002 年第 12 期。

[284] 朱必祥:《论现代人力资本理论兴起的理论、技术和实践基础》,《南京理工大学学报》(社会科学版)2005 年第 2 期。

[285] 朱明芬:《城市化进程中农民工市民化研究》,《中国农村经济》2008 年第 6 期。

[286] 朱巧玲、甘丹丽:《新型城镇化背景下农民市民化评价指标体系的构建》,《福建论坛》(人文社会科学版)2014 年第 5 期。

[287] 朱炜华:《稳定就业是促进农民工市民化的首要条件》,《职业》2015 年第 1 期。

[288] 朱雪芹:《完善农民工教育内容促进农民工城市适应》,《湖南社会科学》2012 年第 1 期。

[289] 朱幼平:《论信息化对经济增长的影响》,《情报学报》1996 年第 5 期。

[290] 朱兆文:《金融支持农业现代化实践》,《中国金融》2013 年第 18 期。

[291] 祝健:《中国农村金融体系重构研究》,博士学位论文,福建师范大学,2007。

[292] 訾凤鸣:《我国农民工市民化问题研究》,硕士学位论文,河南农业大学,2010。

[293] 邹生:《信息化与工业化融合的内涵、难点和对策探讨》,《机电工程技术》2008 年第 7 期。

[294] Antonelli, C. , "Regional Technical Change: the New Information Technology and Knowledge Economy," *The European Certificate* 50 (2008): 134 – 150.

[295] Arrow, K. J. , "The Economic Implications of Learning by Doing," *The Review of Economic Studies* 29 (1962): 155 – 173.

[296] Bartel, Ann P. , "Acomparative Analysis of Methods Forestimating Informatization Efficiency in Regional Economic Systems," *Scientific and Technical Information Processing* 34 (2007): 131 – 138.

[297] Chenery, H. B. , Syrquin, M. , *Patterns of Development* (1950 – 1970) (London: Oxford University Press, 1975).

[298] Clark, C. , "The Conditions of Economic Progress," *Revue Economique* 4 (1957).

[299] Fei, J. C. H. , Ranis, G. A. , "Theory of Economic Development," *The American Economic Review* 51 (1961): 533 – 565.

[300] Goldsmith, Raymond W. , *Financial Structure and Development* (New Haven Conn: Yale University Press, 1969).

[301] Johnston, Ponald J. , *Human Investment: An International Comparison* (Paris France, OECD, 1998).

[302] Jorgenson, D. W. , "The Development of a Dual Economy," *The Economic Journal* 71 (1961).

[303] Kuznets, S. , *Economic Growth of Nations: Total Output and Production Structure* (Cambridge: Belknap Press of Harvard University Press, 1971).

[304] La Fuente, A. D. , Domenech, R. , "Human Capital in Growth Regressions: How Much Difference Does Data Quality Make," *Journal of the European Economic Association* 4 (2006): 1 – 36.

[305] Lee, Everett S. , *A Theory of Migration* (Springer, 1966).

[306] Lemth, Luc E. , "Public-Private Cooperation in Infrastructure Development: A Princip Agent Story of Contingent Liabilities. Fiscal Risks.

and Other (Un) pleasant Surprises," *Netw Spat Econ* (2009).

[307] Leruth, L. , "Public-private Cooperation in Infrastructure Development: a Principal-agent Story of Contingent Liabilities, Fiscal Risks, and Other (un) Pleasant Surprises," *Networks and Spatial Economics* 12 (2012): 223 – 237.

[308] Levine, R. , "Financial Structure and Economic Development," *Ssrn Electronic Journal* 15 (1990): 257 – 268.

[309] Lewis, W. A. , "Economic Development with Unlimited Supplies of Labour," *The Manchester School* 22 (1954): 139 – 191.

[310] Machlup, F. , *The Production and Distribution of Knowledge in the United States* (Princeton University Press, 1972).

[311] Northam, R M. , *Urban Geogarphy* (New York: John Wiley & Sons, 1979).

[312] San-Segundo, M. , Valiente, A. , "Family Background and Returns To Schooling in Spain," *Education Economics* 11 (2003): 39 – 52.

[313] Schultz, T. W. , "Transforming Traditional Agriculture," *The Economic Journal* 74 (1964).

[314] Show, Edward, *Finaneial Dee Pening in Eeonomie DeveloPment* (London: Oxford University Press, 1973).

[315] Stark, Taylor J. E. , "Migration Incentives, Migration Types: The Role of Relative Deprivation," *The Economic Journal* 101 (1991): 1163 – 2275.

[316] Zhang, J. , Zhao, Y. , Park, A. , et al. , "Economic Returns to Schooling in Urban China: 1988 – 2001," *Journal of Comparative Economics* 33 (2005): 730 – 753.

图书在版编目（CIP）数据

河南省工业化、信息化、城镇化与农业现代化同步发展研究 / 李恒等著. -- 北京：社会科学文献出版社，2017.10

（河南大学经济学学术文库）

ISBN 978 - 7 - 5201 - 1108 - 9

Ⅰ.①河… Ⅱ.①李… Ⅲ.①区域经济发展 - 研究 - 河南②社会发展 - 研究 - 河南 Ⅳ.①F127.61

中国版本图书馆 CIP 数据核字（2017）第 168593 号

·河南大学经济学学术文库·

河南省工业化、信息化、城镇化与农业现代化同步发展研究

著　　者 / 李　恒　等

出 版 人 / 谢寿光
项目统筹 / 恽　薇　陈凤玲
责任编辑 / 陈凤玲　田　康　崔红霞

出　　版 / 社会科学文献出版社·经济与管理分社（010）59367226
　　　　　　地址：北京市北三环中路甲 29 号院华龙大厦　邮编：100029
　　　　　　网址：www.ssap.com.cn
发　　行 / 市场营销中心（010）59367081　59367018
印　　装 / 北京季蜂印刷有限公司

规　　格 / 开　本：787mm × 1092mm　1/16
　　　　　　印　张：14.75　字　数：239 千字
版　　次 / 2017 年 10 月第 1 版　2017 年 10 月第 1 次印刷
书　　号 / ISBN 978 - 7 - 5201 - 1108 - 9
定　　价 / 79.00 元

本书如有印装质量问题，请与读者服务中心（010 - 59367028）联系